高等职业教育农业部“十二五”规划教材

运输与配送管理实务

叶伟媛 主编

中国农业大学出版社
·北京·

内容简介

本教材总共分十个项目，项目一是入门知识，主要介绍运输与配送的基本知识。项目二至项目五主要介绍运输管理实务，其中项目二介绍运输方式的选择，项目三介绍集装箱运输和国际多式联运，项目四介绍公路运输、水路运输、铁路运输、航空运输这四种运输方式的运输业务办理。项目五至项目八主要介绍配送管理实务，其中项目五介绍配送中心组织，项目六介绍订单处理作业，项目七介绍拣货与补货作业，项目八介绍送货和退货作业。项目九介绍配送成本管理，项目十介绍电子商务下的物流配送。

本教材适合高职高专物流管理专业及相关专业的学生学习使用，也可作为物流企业相关人员及从事相关工作岗位的人员作为参考资料阅读和使用。

图书在版编目(CIP)数据

运输与配送管理实务/叶伟媛主编.—北京：中国农业大学出版社，2014.9(2020.8 重印)
ISBN 978-7-5655-1014-4

Ⅰ.①运 Ⅱ.①叶… Ⅲ.①物流-货物运输-管理-教材 ②物流配送中心-企业管理-教材 Ⅳ.①F252 ②F253

中国版本图书馆 CIP 数据核字(2014)第 150704 号

书　名　运输与配送管理实务
作　者　叶伟媛　主编

策划编辑　康昊婷　伍　斌　　责任编辑　姚慧敏　康昊婷
封面设计　郑　川　　责任校对　王晓凤　陈　莹
出版发行　中国农业大学出版社
社　址　北京市海淀区圆明园西路 2 号　　邮政编码　100193
电　话　发行部 010-62818525，8625　　读者服务部 010-62732336
　　　　编辑部 010-62732617，2618　　出　版　部 010-62733440
网　址　http://www.cau.edu.cn/caup　　**E-mail** cbsszs @ cau.edu.cn
经　销　新华书店
印　刷　北京时代华都印刷有限公司
版　次　2014 年 9 月第 1 版　　2020 年 8 月第 2 次印刷
规　格　787×1092　　16 开本　　16.5 印张　　410 千字
定　价　43.00 元

编写人员

主　编　叶伟媛（丽水职业技术学院）

副主编　雷　鸣（丽水职业技术学院）
　　　　　李　刚（黑龙江商业职业学院）

参　编　江建秧（丽水职业技术学院）
　　　　　徐寿芳（湖州职业技术学院）

前言

在后金融危机时期，产业转型升级已成为我国经济发展的突破口，转型的重点是实现两个提升，一是提升服务业的比重，二是提升高端制造业的比重。经济转型一方面对物流人才的需求数量会持续增加，另一方面对物流人才的需求规格会发生重大变化。因此，新型物流人才的培养显得尤为迫切，一本好的教材是培养新型物流人才的根本保证，我们在经济转型的背景下，结合高职教育的特点编写了本教材，教材在编写过程中体现了以下特点：

1. 根据工作过程与岗位要求构建体系，强调可持续发展能力

教材内容以岗位职责为标准，针对物流企业的基层操作人员和管理人员的岗位职责设定内容。并以学习者能力提升为依据，将内容整合成十个项目，通过水平横向组合满足职业能力广度的要求，通过垂直方向确定职业能力的深度，满足培养可持续发展能力的要求。

2. 以项目引领，任务驱动，背景资料为线索编写内容

在教材的编写中，各章节撰写的基本框架为“学习目标—背景资料—任务描述—知识点学习—课后训练”五个部分。其中学习目标介绍该项目学习的基本内容与要求；背景资料是根据项目学习的内容与要求而编写的应用实例；任务描述是对每一个任务的内容进行总括性的描述；知识点学习是完成该项目任务所必须具备的知识与技能；课后训练是对每个项目的巩固，分理论训练与实战训练。

3. 强调内容的趣味性与实用性

教材内容力求实用与有趣，如在背景资料中，以故事连载的形式编写，在案例讨论中，设计了带有故事情节的案例，这些内容都极大地提高了教学内容的趣味性。课后训练部分设计了实战训练，突出了内容的实用性。

4. 强调教与学的便利性

一本好的教材，即要方便教师上课也要便于学生学习。本教材在每一项目中穿插了同步训练，知识拓展等栏目，丰富了教学的内容。课后训练中的选择题、判断题、案例讨论题、实战题等内容设计新颖实用，便于教师和学生的使用。

本教材由叶伟媛负责框架体系、栏目体例、编写大纲和部分项目的编写。教材编写的基本分工为，叶伟媛负责编写项目一、项目四、项目五、项目七和项目八，丽水职业技术学院江建秧老师负责编写项目二，丽水职业技术学院雷鸣老师负责编写项目三和项目十，湖州职业技术学院徐寿芳老师负责编写项目六，黑龙江商业职业学院李刚老师负责编写项目九，最后由叶伟媛

负责总纂。同时教材在编写过程中采纳了相关企业管理人员的建议，特别是浙江鸿汇医药物流有限公司王宏伟总经理，浙江联华华商集团潘春宝门店经理给予了大量的支持。

本教材在编写过程中参考了大量的报刊、书籍及相关网站的资料，在此一并向原著作者表示由衷的感谢。由于我们的水平、学识有限，教材中定有诸多纰漏和不足，请广大读者给予批评指正，不胜感谢。

叶伟媛

2012 年 8 月

目 录

项目一　入门知识 …… 1
任务一　认知运输基础知识 …… 1
一、运输的概念 …… 2
二、运输系统 …… 2
任务二　认知配送基础知识 …… 4
一、配送的概念 …… 4
二、配送的类型 …… 6
三、配送的历史 …… 7
四、配送的意义和作用 …… 10
任务三　认知配送模式 …… 11
一、按供应主体划分的配送模式 …… 12
二、按商流与物流的关系划分的配送模式 …… 14
课后训练 …… 15
一、理论训练 …… 15
二、案例讨论:共同配送救得了天原吗 …… 17
三、实战训练:配送模式的选择 …… 21
项目二　运输方式的选择 …… 22
任务一　认知常见的运输方式 …… 23
一、公路运输 …… 23
二、铁路运输 …… 24
三、水路运输 …… 26
四、航空运输 …… 29
五、管道运输 …… 31
任务二　运输方式选择的方法 …… 33
一、定性分析方法 …… 33
二、定量分析方法 …… 34
任务三　运输合理化的判断 …… 36
一、合理运输五要素 …… 36
二、不合理运输的主要表现形式 …… 37
三、运输合理化的途径 …… 40

课后训练 …… 43
一、理论训练 …… 43
二、案例讨论:运输合理化的四把利器 …… 44
三、实战训练:运输方式的选择 …… 46
项目三 集装箱运输和国际多式联运 …… 47
任务一 集装箱运输 …… 47
一、集装箱运输概述 …… 48
二、集装箱运输装箱方式 …… 54
三、集装箱运输交接方式 …… 56
任务二 国际多式联运 …… 58
一、国际物流与国际运输概述 …… 58
二、国际多式联运实施的条件 …… 61
三、国际多式联运实施的形式 …… 62
四、国际多式联运的合理化 …… 64
课后训练 …… 65
一、理论训练 …… 65
二、案例讨论:物流顽症:物流联运短路之谜“铁公机”各自为政 …… 67
三、实战训练:国际多式联运操作 …… 68
项目四 运输业务办理 …… 69
任务一 认知运输合同 …… 69
一、运输合同的概念 …… 69
二、运输合同的格式 …… 70
三、货运合同的权利和义务 …… 74
任务二 公路货物运输业务办理 …… 77
一、货物的托运 …… 77
二、货物的交接 …… 80
三、派车装货 …… 80
四、货物的搬运装卸 …… 81
五、货物运送及押运 …… 84
六、货物的到达与交付 …… 84
七、违约和货运事故赔偿 …… 85
八、货运统计与结算 …… 85
任务三 铁路货物运输业务办理 …… 86
一、提报货物运输计划 …… 86
二、货物的托运和受理 …… 88
三、进货和验收 …… 88
四、货物的装车作业 …… 90
五、制票和承运 …… 90
六、货物的途中作业 …… 90

七、货物的到达和卸车作业 …… 90
八、货物的交付和搬出作业 …… 91
九、运费的计算 …… 91
任务四 水路货物运输业务办理 …… 93
一、水路运输方式的选择 …… 93
二、货物的托运 …… 94
三、租船订舱 …… 95
四、出口货物集中港区 …… 96
五、报关、报验工作 …… 96
六、货物的装船与交接 …… 96
七、货物的卸船 …… 97
八、货物的交付 …… 97
任务五 航空货物运输业务办理 …… 97
一、出口货物航空运输 …… 98
二、进口货物航空运输 …… 104
课后训练 …… 105
一、理论训练 …… 105
二、案例讨论：从冰川式模式转变为雪崩式的杜邦物流 …… 107
三、实战训练：运输业务办理 …… 109
项目五 配送中心组织 …… 111
任务一 认知配送中心 …… 111
一、配送中心的概念 …… 111
二、配送中心的类型 …… 112
三、配送中心的地位和作用 …… 114
四、配送中心的功能 …… 115
任务二 配送中心设立 …… 117
一、配送中心定位 …… 117
二、配送中心物流分析 …… 118
三、配送中心规模设计 …… 120
四、配送中心选址 …… 121
五、配送中心的设施规划与设计 …… 122
六、配送中心的投资决策 …… 123
任务三 配送中心岗位设置 …… 124
一、配送中心的岗位设置 …… 124
二、配送中心职业岗位分析 …… 125
任务四 配送中心工作流程 …… 134
一、配送的一般工作流程 …… 134
二、特殊商品的特殊流程 …… 135

课后训练…… 137
一、理论训练 …… 137
二、案例讨论:四层楼的配送中心…… 138
三、实战训练:绿谷果品专业合作社配送中心规划…… 140
项目六 订单处理作业…… 142
任务一 订单认知…… 145
一、订单格式 …… 145
二、订单处理的含义 …… 146
三、实现订单处理合理化 …… 147
任务二 处理订单…… 148
一、接受订单 …… 148
二、确认订单 …… 150
三、设定订单号码 …… 151
四、建立客户档案 …… 152
五、存货查询及依订单分配存货 …… 152
六、计算拣取的标准时间 …… 153
七、依订单排定出货时间及拣货顺序 …… 153
八、分配后存货不足的处理 …… 153
九、订单资料输出 …… 154
任务三 完善订单…… 157
一、跟踪控制订单 …… 157
二、完善订单处理流程 …… 159
课后训练…… 162
一、理论训练 …… 162
二、案例讨论:订单处理各有各的道…… 164
三、实战训练:食堂物资的订单处理…… 165
项目七 拣货和补货作业…… 169
任务一 形成拣货资料…… 172
一、拣货信息传递方式 …… 172
二、形成拣货资料 …… 174
任务二 选择拣货作业方法…… 175
一、按作业方法确定拣货方法 …… 175
二、按作业程序分类确定分拣方法 …… 177
三、按分拣作业的手段确定分拣方法 …… 178
任务三 运用拣货策略…… 180
一、分区策略 …… 180
二、订单分割策略 …… 181
三、订单分批策略 …… 181
四、分类策略 …… 182

任务四 选取拣货路径 …… 182
一、拣货单位 …… 182
二、拣货路径的选择 …… 183
任务五 选择行走和搬运方式 …… 183
一、人至物方式 …… 184
二、物至人方式 …… 184
三、无人拣取方式 …… 184
任务六 拣取作业 …… 184
一、拣取与确认 …… 184
二、拣取方式的选择 …… 185
任务七 补货作业 …… 185
一、补货数量的确定 …… 185
二、确定补货时机 …… 185
三、确定补货方式 …… 186
课后训练 …… 188
一、理论训练 …… 188
二、案例讨论:主管的拣货困境 …… 189
三、实战训练:针对超市的拣货与补货 …… 193
项目八 送货和退货作业 …… 196
任务一 配货作业 …… 196
一、分货 …… 196
二、配货检查 …… 197
三、包装打捆 …… 197
任务二 车辆调度 …… 203
一、车辆调度的原则 …… 203
二、车辆调度的程序 …… 203
任务三 车辆配载 …… 205
一、分析影响车辆配载因素 …… 205
二、遵循车辆装载的原则 …… 206
三、车辆配载的方法 …… 206
四、货物装卸作业 …… 207
任务四 运送作业 …… 209
一、确定配送路线 …… 209
二、运送 …… 211
三、送达服务与交割 …… 211
任务五 退货作业 …… 212
一、商品退货管理原则 …… 212
二、常见的退货处理方式 …… 213
三、退货商品的处理流程 …… 214

课后训练…………………………………………………………………… 215
一、理论训练 ………………………………………………………………… 215
二、案例讨论:客户为什么退货………………………………………………… 216
三、实战训练:配送路线的优化………………………………………………… 217
项目九 配送成本管理………………………………………………………… 218
任务一 配送成本核算…………………………………………………………… 218
一、配送成本的含义 ………………………………………………………… 218
二、配送成本的构成 ………………………………………………………… 220
三、配送成本的核算 ………………………………………………………… 221
任务二 配送成本控制…………………………………………………………… 226
一、加强配送的计划性 ……………………………………………………… 226
二、确定合理的配送路线 …………………………………………………… 228
三、进行合理的车辆配载 …………………………………………………… 229
四、选择合理的策略 ………………………………………………………… 229
五、处理好配送成本和配送服务之间的关系 ………………………………… 230
课后训练…………………………………………………………………… 233
一、理论训练 ………………………………………………………………… 233
二、案例讨论:溢价的布鲁克林新鲜啤酒……………………………………… 234
三、实战训练:配送成本的控制………………………………………………… 235
项目十 电子商务下的物流配送………………………………………………… 236
任务一 认识电子商务与物流的关系…………………………………………… 236
一、电子商务与物流的概念 ………………………………………………… 236
二、电子商务与物流的关系 ………………………………………………… 238
任务二 认识电子商务与物流配送……………………………………………… 240
一、电子商务配送的含义 …………………………………………………… 240
二、电子商务配送的特点 …………………………………………………… 241
三、电子商务配送与传统配送的比较 ……………………………………… 242
四、电子商务对传统物流配送的影响 ……………………………………… 243
任务三 选择电子商务物流配送模式…………………………………………… 244
一、电子商务物流配送模式 ………………………………………………… 244
二、电子商务配送模式分析 ………………………………………………… 246
课后训练…………………………………………………………………… 248
一、理论训练 ………………………………………………………………… 248
二、案例讨论:让四方受益的物流宝…………………………………………… 249
三、实战训练:电商的物流配送模式选择……………………………………… 251
参考文献………………………………………………………………………… 252

项目一　入门知识

通过本项目的学习，我们将能完成以下学习目标：

【知识目标】

1. 明确运输与配送的含义。

2. 了解配送产生的历史。

3. 掌握运输系统的构成要素。

4. 掌握配送的模式。

【能力目标】

1. 能区别运输与配送的不同。

2. 能结合实际分析企业所采用的配送模式。

3. 能分析企业运输或配送中存在的问题，并能提出一些合理化建议。

【背景资料】

昌荣物流有限公司成立于2004年11月，是一家集货物运输、仓储、配送、国际海运代理、供应链方案设计及物流方案咨询于一体的现代物流企业。近年来，公司业务扩展，总公司于2008年在浙江杭州设立配送中心，主要负责浙江区域客户商品的运输和配送业务。随着配送中心业务量的扩大，公司决定向社会招聘具备一定物流理论知识和操作技能的员工。

王力和张蕾是某职业技术学院物流管理专业大三的学生，看到昌荣配送中心的招聘广告，于是两人去应聘，该公司的人力主管提出了以下问题：

1. 现代化的配送与运输有什么本质的区别？

2. 谈谈提高运输和配送的服务水平的措施？

3. 配送中心优化的工作流程是怎样的？

任务一　认知运输基础知识

【任务描述】

本项任务要求我们了解运输的基础知识，包括运输的含义、特征；运输系统的主要构成要素。

一、运输的概念

(一)运输的含义

我国国家标准《物流术语》(GB/T 18354—2006)对运输的定义是:用专用运输设备将物品从一个地点向另一地点运送。其中包括集货、分配、搬运、中转、装入、卸下、分散等一系列操作。

运输包括对人和物的载运及输送。物流的运输则专指"物"的载运及输送,它是在不同地域范围间(如两个国家、两个城市、两个工厂等)的较长距离的空间位移,是对"物"进行的空间位移。运输包括以下一些特点:

1. 运输服务可以通过多种方式来实现,不同的运输方式有不同的适用性

2. 运输服务分为自用型与营业型

自用型是指企业自己拥有运输工具,自己承担运行责任,从事物货物和旅客的输送活动。而营业型运输是以运输服务当作经营对象,为他人提供运输服务。

3. 运输不产生新的实物形态产品

运输不改变劳动对象属性和形态,只是改变它的空间位置。

(二)运输的作用

运输是物流系统中的一个重要环节,具有重大的意义和作用。运输的作用主要体现在以下 4 个方面:

1. 运输是物流最基本的一项活动,是物流的主要功能要素之一

根据物流的概念,物流是"物"的物理性运动,实现实物的空间转移,而任何实物的空间位移都要靠实实在在的运输来实现。运输是改变空间状态的主要手段,运输再配以装卸搬运、配送等活动,就能圆满完成改变空间状态的任务。

2. 运输能够创造"空间效用"

通过运输,将"物"运送到它的空间效用最高的地方,就能使"物"的潜力得到最大化的发挥,在整个社会范围内实现资源的优化配置。从这个意义上来说,也相当于通过运输提高了物的使用价值,因此具有增值的作用。

3. 运输具有对物品进行临时存放的功能

对物品进行临时存放是运输一个特殊的功能,将运输车辆作为物品的临时存放,其成本极高。但在特殊情况下可以采用,如转移中的物品需要储存,但在短时间内又将重新转移,那么该物品卸下来和再装上去的成本可能高于存放在运输工具中支付的费用。

4. 运输是"第三利润源泉"的主要源泉

物流作为第三利润源泉屡屡被人们提起,主要是因为现代物流能够整合社会资源,降低企业的物流成本,从而为企业节约大量资金,提高产品竞争力。

二、运输系统

(一)运输系统的概念

运输系统是指由各个要素组成,共同实现产品实体或旅客从一个地方到另一个地方的空间位移,完成人和物资的载运及输送任务的有机整体。

(二)运输系统的构成要素

运输系统由硬件系统和软件系统两部分组成,其中硬件系统依据可移动性分为运输基础设施和运输设备两类,运输基础设施包括运输线路、运输场站和运输枢纽等,软件系统主要包括运输行政管理组织和运输生产经营组织。如表 1-1 所示。

表 1-1　运输系统的构成要素

运输系统	硬件系统	运输基础设施	运输线路
			运输场站
			运输枢纽
		运输设备	船舶、汽车、飞机、列车等
			装卸搬运工具
	软件系统	运输行政管理组织	
		运输生产经营组织	

1. 硬件系统

(1)运输线路。运输线路是供运输工具定向移动的通道,是运输工具赖以运行的物质基础。它包括陆上运输线路、包括铁路和公路、水运航线、民航航线和管道。

(2)运输场站。运输场站是位于运输线路点的结点,是旅客和货物的集散地、各种运输工具的衔接点、办理客货运输业务和运输工具作业的场所,是运输企业对运输工具进行保养、修理的技术基础,是交通运输网络的重要组成部分。按照运输方式不同运输场站可以分为铁路车站、汽车场站、港口、机场和管道站等。

(3)运输枢纽。各种运输方式之间及内部各环节之间存在的联系与衔接,构成了多个层次的运输枢纽。一般情况下,多种运输方式或多种交通线路的交汇点,设有大型综合性交通港站或多个大型的独立式交通港站,各种运输方式、交通线路、交通港站在统一的安排下运转。

(4)运输设备。运输设备指在交通线路上或在具有与交通线路相似性能的几何体上,可用于装载旅客或货物,并使它们发生水平或垂直位移的各种设备。主要包括运输工具、装卸搬运工具等。

2. 软件系统

(1)运输行政管理组织。强调运输管理的宏观层面,一般指各级政府主管部门及授权机关,它是行使运输行政管理的主体。

(2)运输生产经营组织。作为直接进行运输生产与经营活动的组织和机构,通常情况下,运输生产组织特指运输企业,包括铁路运输企业、公路运输企业、水路运输企业、航空运输企业、联运运输企业、运输服务企业等。

【同步训练 1.1】运输系统的构成要素有哪些?

1. 硬件系统包括:

2. 软件系统包括:

任务二 认知配送基础知识

【任务描述】

本项任务要求我们了解配送的基础知识，包括配送的含义、特征；配送的类型；配送历史发展等内容。

一、配送的概念

（一）配送的含义

我国国家标准《物流术语》（GB/T 18354—2006）对配送的定义是：在经济合理区域范围内，根据用户要求，对物品进行拣选、加工、包装、分割、组配等作业，并按时送达指定地点的物流活动。

配送是从物流据点至用户的一种特殊送货形式，是配与送的有机结合。配送活动与运输、物流活动关系密切，但又有明显的区别。

1. 配送和运输的区别

配送与运输都是对物品空间位置的移动，从而创造商品的空间效益。但两者是有区别的，运输一般是指地区之间较长距离的、大宗货物的运送活动，解决物资在生产地与需要地之间的空间距离问题。而配送的距离一般较短，而且一般是配送给直接的用户。

2. 配送和物流的区别

配送是物流中一种特殊的、综合的活动形式，它包含了物流中若干功能要素。配送几乎包括了所有的物流功能要素，是物流在小范围内全部活动的体现，因此配送又有“小物流”之称。物流与配送的主要不同之处在于，物流的主体活动是运输与仓储，配送的主体活动是配货与送货，物流活动更多是靠近上游与前端，而配送活动更多是一种终端运输。

◆【知识拓展 1.1】对于配送的几种说法

美国配送的英语原词是 Delivery，强调的是将货送达。日本对配送的权威解释，是日本工业标准 JIS 解释“将货物从物流节点送交收货人”。1991 年版日本的《物流手册》这样描述它的范围：“与城市之间和物流据点之间的运输相对而言，将面向城市内和区域范围内需要者的运输，称之为配送。很明显，日本人对配送的一个重要认识，是配送局限在一个区域（城市）范围内，而且从性质来看，配送是一种运输形式，关于这一点书中又有进一步描述：“生产厂到配送中心之间的物品空间移动叫运输，从配送中心到顾客之间的物品空间移动叫配送。”

（二）配送的要点

在理解配送这一定义时，要注意以下几个要点：

1. 整个概念描述了配送是接近客户资源配置的过程

配送是一种终端的资源配置，是一种接近顾客的活动。

2. 配送实质是送货

配送是一种送货，但和一般送货有区别：一般送货可以是一种偶然行为，而配送却是一种固定的形态，甚至是一种有确定组织、确定渠道，有一套装备和管理力量、技术力量，有一套制度的体制形式。所以，配送是一种高水平送货形式。

3. 配送是“配”和“送”有机结合的形式

配送与一般送货的重要区别在于，配送是利用有效的分拣、配货等理货工作，使送货达到一定的规模，以利用规模优势取得较低的送货成本。如果不进行分拣、配货，有一件运一件、需要一点送一点，就会增加动力消耗，使送货并不优于取货。所以，追求配送的整体优势，分拣、配货等工作是必不可少的。

4. 配送以客户要求为出发点

在定义中强调“根据用户要求”明确了客户的主导地位。配送是从客户利益出发、按客户要求进行的一种活动，因此，在观念上必须明确“客户第一”、“质量第一”，配送企业的地位是服务地位而不是主导地位，因此不能从本企业利益出发而应从客户利益出发，在满足客户利益基础上取得本企业的利益。更重要的是，不能利用配送伤害或控制顾客，不能利用配送作为部门分割、行业分割、割据市场的手段。

(三)配送的特征

配送具有以下5个方面的特征：

1. 配送是流通加工、拣选、配货等一系列活动的有机结合

配送不仅仅是送货，是流通加工、整理、拣选、分类、配货、末端运输等一系列活动的有机结合。如果说储存、运输等物流功能是相对独立的话，那么，配送则是包括上述物流功能的特殊职能。

2. 配送的全过程有现代化技术和装备的支持与保证

物流配送面对的是成千上万的供应商和消费者以及瞬息万变的终端市场，这就要求配送必须要有现代化的配送设施和网络作为保障。在物流配送环节，会用到许多的配送技术，如电子标签拣选系统、自动化立体仓、GIS技术、GPS技术等。

3. 配送是一种专业化的分工方式

可以说早期的送货是作为商场的一种促活动而存在的，但发展到今天，配送已是一种专业化的分工方式，是大生产、专业化分工在流通领域的体现，它要求有专门的人员、专门的机构、专门的设备设施等。

4. 配送活动不仅仅是物流活动的终结环节，而且是营销或促销活动的重要手段

高效合理的配送一方面可以节省成本，另一方面可以提高顾客服务满意度，从而增强了商家的竞争力。

5. 配送是物流活动与商流活动的结合

物流的专业化实现了物流商流的分离，而配送活动将商流和物流很好地结合在一起，在配送的整个活动中，订货、交易等活动相伴产生，可以说商流与配送活动是同时进行的。

二、配送的类型

配送可以根据组织形式、配送物品品种和数量、配送时间和数量等方式,进行不同的分类。

(一)按配送组织形式分

按组织形式,配送分为以下3种类型:

1. 分散配送

所谓分散配送是指销售网点或仓库根据自身或客户的需要,对小批量、多品种货物进行配送。其特点是分布广、服务面宽,适合于近距离、品种繁多的小额货物的配送。

2. 集中配送

集中配送又称配送中心配送,是指专门从事配送业务的配送中心对社会性客户的货物需要进行的配送。其特点是规模大、专业性强、计划性强、与客户关系稳定和密切;配送品种多、数量大,是配送的主要形式。

3. 共同配送

共同配送也称共享第三方物流服务,指多个客户联合起来共同由一个第三方物流服务公司来提供配送服务。

(二)按配送物品品种、数量分

按配送物品品种和数量,配送可分为以下3种类型:

1. 单(少)品种大批量配送

采用这种配送种类的物品是工业企业或商业批发需要量较大的商品,通过单个品种或少数品种一次要货量就可达到整车运输,因而不需要再与其他物品搭配,由工厂、批发站或配送中心组织配送。

2. 多品种小批量配送

这种配送是指按客户要求,将所需的各种物品(每种数量不大),选好备齐,拼装成整车,配送到一个或几个客户。采用这种配送种类的物品一般是百货零售商店和副食品商店零售货物,以及一些工厂需要的零件。接受这样配送的客户,一次进货量都不大,既不多占用资金,又避免库存积压。

3. 配套或成套配送

这种配送是按企业生产需要,尤其是装配型企业,将生产每一台产品所需要的零部件配齐成套,按生产企业指定的时间送到,企业即可随时将这些成套部件送入生产装配线进行组装。该种配送使配送中心承担了工厂的大部分工作,减少了工厂库存,体现了物流为生产服务的精神。

(三)按配送时间、数量分

按配送时间、数量分,有以下5种方式:

1. 定时配送

定时配送是根据规定的时间进行配送,如一天或几天一次、几小时一次等。该种配送每次配送的品种及数量,都是按事前拟订的计划进行的。

2. 定量配送

定量配送是按规定的数量进行配送,但不严格规定时间,只确定一个时间的期限范围,在这个期限范围内按批量进行配送。

3. 定时、定量配送

这是按规定的时间和规定的数量进行的配送，即把上述定时与定量配送方式综合起来实行，发挥两者的优势，收到最大效果。当然，实际执行中，难度较大，成本较高。

4. 定时、定路线配送

在确定的运送线上，指定运送时间表，然后由配送中心按运送时间表进行配送，客户则按到达时间表，在规定路线或场站等待接货。这种方式要求有很强的计划性。

5. 随时配送

随时配送就是预先没有规定配送数量、配送时间，也不规定配送路线，而是完全按客户随时提出的时间、数量、品种以及要求配送的方式，临时组织配送。这种配送方式，要求时间快、质量高、灵活性大，是很受顾客欢迎的一种配送方式。

【同步训练 1.2】以下属于哪种配送方式？

1. 在确定的运送线上，指定运送时间表，然后由配送中心按运送时间表进行配送，客户则按到达时间表，在规定路线或场站等待接货。

2. 专门从事配送业务的配送中心针对社会性客户的货物需要而进行的配送。

三、配送的历史

（一）配送产生的原因

配送由初级形态的送货发展到现代形态的配送。

配送的初级形态是大家都熟悉的送货，送货形态在西方国家已经有相当长的历史，是市场经济的必然行为。尤其是随着商品经济的不断繁荣，市场逐渐由卖方市场转向买方市场，送货就成为商家的一种促销方式出现了。在买方市场情况下，送货最初是作为一种不得已的推销手段出现的，仅将其作为推销手段而不作为企业发展的战略手段，持续了很长时间，甚至到经济发展的高峰期仍然如此，很多企业直到 20 世纪 70 年代仍然将送货看成"无法回避，令人讨厌，费力低效活动，甚至有碍企业的发展"。

◆【知识拓展 1.2】一份关于物流费用的调查

美国"20 世纪财团"曾组织过一次调查，他们提供了如下数据："以商品零售价格为基数进行计算，流通费用所占的比例达 59%，其中大部分为物流费用。"该调查团得出的结论是："在商品成本中，流通成本确实太大"。流通结构分散和物流费用逐年上升，严重阻碍了生产发展和企业利润率的提高。企业界人士认识到改善物流现状的必要性，这样也促使了现代配送的产生。

现代形态的配送是在变革和仓库作业发展的基础上开展起来的，因此可以说配送是仓库功能的延伸和强化。传统的仓库是以储存和保管货物为主要职能的，其主要功能是保持储存货物的使用价值，为生产的连续运转和生活的正常进行提供物质保证。但随着生活节奏的加快，社会分工的日益细化，竞争日益激烈的情况下，迫切需要缩短流通时间，降低流通费用和库存资金。在这种形势下，改变传统的物流方式，采用现代化的物流技术，进一步提高物流合理化程度，成了一些实业界人士的共同要求，并且就此采取了一系列改革措施。有的公司将原来的老式仓库改成了"配送中心"，实行了统一的装卸、搬运等物流作业标准。在此期间，不少公司设立了新的物流机构，将独立、分散的物流运动统一、集中，推出了新型的送货方式。

需要强调的是，现代的配送与老式仓库相比，其功能应该由货物"静态储存"转变为"动态储存"，其业务活动由原来的单纯保管、存储物资改成了向社会提供多种类的后勤服务，并且将货物保管、储存、加工、分类、拣选、输送等连成了一个整体。从服务方式上看，变革以后的仓库可以做到主动为客户提供"门对门"的服务，即可以把货物从仓库一直运送到用户的仓库、车间生产线或营业场所乃至最终的用户。

◆【知识拓展 1.3】配送使企业实现低库存或零库存

实现了高水平的配送之后，尤其是采取准时配送方式之后，生产企业可以完全依靠配送中心的准时配送而不需保持自己的库存。或者，生产企业只需保持少量保险储备而不必留有经常储备，这就可以实现生产企业多年追求的"零库存"，将企业从库存的包袱中解脱出来，同时释放出大量储备资金，从而改善了企业的财务状况。实行集中库存，集中库存的总量远低于不实行集中库存时各企业分散库存之总量。同时增加了调节能力，提高了社会经济效益。此外，采用集中库存可以发挥规模经济的优势，使单位存货成本下降。

(二)西方国家配送的发展

配送是伴随着生产的不断发展而发展起来，其发展历程可以分为 3 个阶段：萌芽阶段、发育和成长阶段和成熟和发展阶段。

1. 萌芽阶段

配送的雏形最早从 20 世纪 40 年代后期开始出现，这时物流配送已从一般性送货开始向备货、送货一体化方向转化。但这一时期的配送只是一种粗放型、单一性的活动，范围很小，规模也不大。企业开展配送活动的主要目的是促进产品销售和提高市场占有率，是以促销的职能来发挥作用的。

2. 发育和成长阶段

20 世纪 60 年代至 80 年代，是配送的发育和成长阶段。这一时期，随着经济全球化，跨国和跨地区的大型、超大型企业的出现，商品市场的竞争日趋激烈，货物运输量急剧增加，运输范围日渐扩大，在原有基础上，配送在一些发达国家得到了进一步发展。在这一时期，欧美一些国家的实业界相继调整了仓储结构，组建或设立了配送组织，普遍开展了货物装配、配载及送货上门服务。配送不再是一种粗放型、单一性的活动，不仅配送的货物种类日渐增多，规模不断扩大，而且配送的范围也在不断延伸。这时的配送也不再单纯是一种促销活动，企业已将配送活动作为一个新的利润增长点，企业自营配送得到了较好的发展，形成了一定的规模和水平。与此同时，专业从事物流配送的社会经济组织，如专业化的配送中心已逐渐形成和发展起来。

3.成熟和发展阶段

进入20世纪80年代后,人们对配送的认识和态度有了极大的改变,配送已发展成为一个涉及社会各产业和广大消费者,以高新科技为支撑的系列化、多功能的产业集群。具体表现在以下几个方面。

(1)配送的社会化。配送最开始是以节约货物流通费用为出发点形成和发展起来的,因此在配送的萌芽、发育和成长阶段,对配送活动的研究和应用,主要是以单个企业的生产经营活动为基础进行的。随着配送的进一步发展,为降低整个社会经济活动的商品流通费用,提高配送水平,实现社会资源的合理配置,大多数国家和地区陆续制定、实施了一系列与配送相关联的制度、法律和行业标准,将配送活动纳入了规范化运作的体系。与此同时,大多数国家和地区还从宏观经济发展的角度,对配送活动,如物流园区、配送中心的规划和布局进行宏观调控,使配送在整个社会中得到了有序和快速发展。

(2)配送的区域化。随着配送理论与实务的发展和成熟,配送的社会效益和经济效益日渐彰显出来,实施配送制的国家不再限于发达国家,许多次发达国家和发展中国家也按照实施流通社会化的要求试行了配送制,并积极开展配送活动。与经济全球化的发展方向相适应,配送的活动范围已经扩大到了省际和国际。如日本Asica配送系统,日本资生堂配送系统等都是全国性的配送系统,而沃尔玛的全球配送已实现了国际化的配送。

(3)配送技术的现代化。进入20世纪80年代后期,发达国家在开展配送活动中,普遍采用了电子标签拣货技术、自动搬运系系统、光电识别等现代技术。现代化技术大大地提高了配送技术和配送效率。

(4)配送方式多样化。随着经济的发展,配送方式日趋多样化,出现了独立配送、共同配送、即时配送等配送方式。

(5)配送实现集约化。随着市场竞争的日益激烈,配送的集约化程度不断提高。以下数据可以说明这一点。1986年美国的GRP公司共有送货点3.5万个,到1988年经过合并和资源整合,减少到0.18万个,减少幅度达94.58%。美国的通用食品公司新建的20个配送中心取代了以前建立的200个仓库。

◆【知识拓展1.4】7-11的集约化配送

起初,7-11的货物配送依靠的是批发商来完成的。批发商就是联系7-11和其供应商之间的纽带,也是7-11和供应商之间传递货物、信息和资金的通道。渐渐地,这种分散化的由各个批发商分别送货的方式限制并不再满足规模日渐扩大的7-11便利店的需要,7-11开始和批发商以及合作生产商构建统一的集约化的配送和进货系统。在这种系统之下,7-11改由一家在一定区域内的特定批发商统一管理该区域内的同类供应商,然后向7-11统一配货,这种方式称为集约化配送。集约化配送有效地降低了批发商的数量,减少了配送环节,为7-11节省了物流费用。

(资料来源:联商网 http://www.linkshop.com.cn/web/Article_Column.aspx?ArticleId=15650 作者:伍拼 经编者整理)

(三)我国配送的发展

我国配送的发展可以分为3个阶段：

1.20世纪60年代前

作为低水平的送货在我国有着悠久的历史，1949年之前就有这种经济形态存在。1949年后由于市场物资短缺，卖方市场盛行，严重扼制了各种送货形式的发展。

2.20世纪60年代至80年代

这一时期，我国以计划经济体制为主，物资的调配一般由物流部门负责，当时物资部门广泛组织工作服务队，深入生产第一线，了解生产需要，建立物资供应档案，按需适时配车送货。到了60年代中期，我国提出了“按标到局、供应到厂”的模式，有关部门根据指标，按质、按量、及时地供应到厂，相对集中库存，集中送货，这样的供应方式可以说是配送的萌芽阶段。

3.20世纪80年代至今

20世纪80年代后，我国开始逐渐开放市场，市场竞争日益激烈，企业为了扩大市场占有率和竞争力，广泛开展配送业务。可以说，20世纪80年代是我国企业已开始自发自觉地运用配送。此后，配送开始了较快速度的发展，尤其是90年代后，配送的理论和实践都得到了快速的发展，社会上出现了许多专门从事配送业务的物流公司，出现了许多的物流网站。配送的发展大大减少了生产企业的库存，使企业的“零库存”成为可能。而且随着计算机网络的应用以及现代物流信息技术的应用，使配送服务变得更为快捷。

当然，与西方物流业发达国家比，我国的配送业还有差距，还有许多问题有待解决。主要有以下几个方面：

第一，配送规模普遍小，目前我国的配送企业规模普遍小，还未形成规模经济，物流网点没有统一布局。

第二，配送中心现代化程度较低。尽管目前我国的配送中心也开始逐渐实现现代化，引用了现代化的技术，但从总体来看，现代化程度仍然较低。

第三，缺乏支持社会化配送中心运作的综合物品流通系统，难以满足现代化物流发展需要，也难以同国际接口。

第四，还没有建立起全国范围内的配送体系，条块分割状态仍然存在。

第五，目前在配送中心的建设和其营运中，专业人才不足。

四、配送的意义和作用

(一)完善了输送及整个物流系统

第二次世界大战之后，由于大吨位、高效率运输力量的出现，使干线运输无论在铁路、海运以及公路方面都达到了较高水平，使得低成本化的长距离、大批量的运输成为可能。但是，干线运输往往不可能直接运到最终用户，于是支线转运或小搬运成了物流过程的一个薄弱环节。这个环节与干线运输的要求不同，如要求灵活性、适应性、服务性，这种要求导致了运力难以合理使用、成本过高。而采用配送方式，将支线运输及小搬运统一起来，从而使输送过程得以优化和完善。

(二)通过集中库存使企业实现低库存或零库存

实现了高水平的配送之后，尤其是采取准时配送方式之后，生产企业可以完全依靠配送中心的准时配送而不需保持自己的库存。或者生产企业只需保持少量保险储备而不必留有经常储备，这就可以实现生产企业多年追求的“零库存”，将企业从库存的包袱中解脱出来，同时解放出大量储备资金，从而改善了企业的财务状况。实行集中库存，集中库存的总量远低于不实行集中库存时各企业分散库存之总量。同时增加了调节能力，也提高了社会经济效益。此外，采用集中库存是可利用规模经济的优势，使单位存货成本下降。

(三)提高了末端物流的效益

采用配送方式，通过增大经济批量来达到经济地进货，又通过将各种商品用户集中一起进行一次发货，代替分别向不同用户小批量发货来达到经济地发货使末端物流经济效提高。

(四)集中订货，节约了订货成本

采用配送方式，用户只需向一处订购，或和一个进货单位联系就可订购到以往需要去许多地方才能订到的货物，只需组织对一个配送单位的接货便可代替现有的高频率接货，因而大大减轻了用户工作量和负担，也节省了事务开支。

(五)提高供应保证程度

由生产企业自己保持库存，维持生产，供应保证程度很难提高，采取配送方式，配送中心可以比任何单位企业的储备量更大，因而对每个企业而言，中断供应、影响生产的风险便相对缩小，使用户免去短缺之忧。

(六)增加了商品的价值，实现了产品向商品化的转变

配送环节中往往伴随着流通加工活动，而流通加工一方面增加了商品的价值，另一方面实现了产品向商品化的转变，能更大程度地满足客户的需求。

◆【知识拓展 1.5】农产品在配送中的增值

我国的蔬菜如生姜、大蒜、辣椒等经过车运、船运等一系列环节到日本港口后，日本港口附近的物流公司，拆开集装箱后，将产品按最终用户的需求进行重新包装。几个辣椒，几根大蒜或者是几个辣椒，几块生姜一个小塑料袋或小塑料盒，然后配送到超市或者居民家中。在这个看似简单的加工配送过程中，产品价值却增加了好几倍。

任务三 认知配送模式

【任务描述】

随着经济的发展，国内外创造出多种形式的配送，以满足不同商品、不同流通环境的要求。各种配送形式都各有优势，但也有一定的局限性。本项任务是认知配送模式，掌握不同配送模式的特征及优劣势比较。

一、按供应主体划分的配送模式

(一)供应商直接配送

供应商直接配送是指门店的所有商品由供应商直接送到。

这种配送对门店而言,有着较多的优势。如可以实现送货快速、方便。由于供应商资源多集中于同一个城市,上午下订单下午商品就有可能到达,因此可以将商品缺货造成的失销成本大幅降低。同城配送能满足卖场"小批量,多频率"的订货原则,从而减少资金的占用,并且退换货比较方便。当然这种配送方式的弊端也是显而易见的,成千上万的供应商使得门店的工作人员每天在大量重复做同一件事,即面对大量的供应商验货和收货,根本无暇去从事店铺的管理。据统计,一家经营品种在 5 000 种左右的超级市场,如由供应商直接送货,每天需要接待各类供应商的送货车多达 78 次。然而更重要的是,这种配送只是简单地解决了"送"的问题,而对"配"的问题则完全交给门店去解决,门店不合理地承担了本应由总部承担的"组配"责任。

(二)自营配送模式

这是目前连锁企业广泛采用的一种配送模式。

企业通过独立组建配送中心,实现对内部系统各门店的物品供应配送。它的优点较为突出,一是具有灵活性,因为连锁企业可以对其政策和作业程序进行调整,以满足独特的需要;二是便于连锁企业对门店的控制和监督;三是由总部统一采购,由配送中心统一配送的模式可以实现规模经济,从而降低采购成本。它的主要问题就是资金投入较大,具有一定的风险。

◆【知识拓展 1.6】沃尔玛与家乐福的配送模式

当你到沃尔玛或到家乐福看到同样的一件商品,有没有想过这件商品是怎样来到超市,并摆到超市的货架上的? 同样摆在货架的一件商品,它们流动的路线可能是完全不同的。在沃尔玛,采用的是配送中心统一配送的模式,或称自营配送,也就是说沃尔玛超市货架上大多数的商品都是由沃尔玛配送中心配送到门店的。如果是家乐福,则多数商品是由供应商直接配送到门店的。

(三)社会化配送模式

社会化配送被广泛地用于物流系统,在这种模式中,企业的配送活动由第三方的专业公司来承担,即第三方物流,企业可以将全部或部分物流活动委托给第三方物流公司来承担。

社会化配送的优势在于专业公司更能够通过规模性的操作,带来经济利益,所以具有较低的成本。另外,专业公司能够提供更多的作业上和管理上的专门知识,可以使企业降低经营的风险。在运作中,专业公司对信息进行统一组合、处理后,按客户订单的要求,配送到各门店。这种模式的配送,还表现为在用户之间交流供应信息,从而起到调剂余缺,合理利用资源的作用。

【同步训练 1.3】认真阅读以下案例,分析 7-11 便利店先后的三种配送模式。

7-11 的物流管理模式先后经历了三个阶段三种方式的变革。起初,它的货物配送依靠的是批发商来完成的。渐渐地,这种分散化的由各个批发商分别送货的方式限制并不再满足规模日渐扩大的 7-11 便利店的需要,7-11 改由一家在一定区域内的特定批发商统一管理该区域内的同类供应商,然后向 7-11 统一配货,这种方式称为集约化配送。特定批发商(又称窗口批发商)提醒了 7-11,何不自己建立一个配送中心?于是共同配送中心代替了特定批发商,分别在不同的区域统一集货、统一配送。配送中心有一个电脑网络配送系统,分别与供应商及 7-11 店铺相连。由电脑网络将货物需求信息传给供应商,而供应商则会在预定时间之内向中心派送货物。7-11 配送中心在收到所有货物后,对各个店铺所需要的货物分别打包,等待发送。第二天一早,派送车就会从配送中心鱼贯而出,择路向自己区域内的店铺送货。整个配送过程就这样每天循环往复,为 7-11 连锁店的顺利运行修石铺路。

(资料来源:联商网 http://www.linkshop.com.cn/web/Article_Column.aspx?ArticleId=15650 作者:伍拼 经编者整理)

(四)共同配送

共同配送也称共享第三方物流服务,指多个客户联合起来共同由一个第三方物流服务公司来提供配送服务。

早在 1961 年时,美国哈灵顿仓储服务公司就将 Quaker 公司、General Mills 公司、Pillsbury 公司以及其他公司的日用食品杂货订单整合成一个整车运输发往同一个销售商,这样就大大降低了运输成本。在当时,这种做法只是被简单地称之为"库存整合",但可以看作是共同配送的雏形。

1. 共同配送的方式

共同配送可以分为两种方式。一种是由一个配送企业对多家用户进行配送。即由一个配送企业综合某一地区内多个用户的要求,统筹安排配送时间、次数、路线和货物数量,全面进行配送。另一种是在送货环节上将多家用户待运送的货物混载于同一辆车上,然后按照用户的要求分别将货物运送到各个接货点,或者运到多家用户联合设立的配送货物接收点上。这种配送有利于节省运力和提高运输车辆的货物满载率。

2. 共同配送的优势

共同配送实质上是实现了资源的整合,无论是对货主还是对第三方物流服务商以及从社会角度来讲都具有较为突出的优势。

从货主角度来讲,共同配送可以降低配送成本,由于共同配送是多个货主企业共享一个第三方物流服务公司的设施和设备,由多个货主共同分担配送成本,从而降低了成本。同时,共同配送可以帮助货主降低投资风险,增强柔性。很多公司都想扩展自己的业务、开拓新的市场,或进入其他的产品市场。但是,在进行投资之前这些公司都非常谨慎并希望投资风险尽量减小,而共同配送恰恰满足了公司的这种需求。

从第三方物流服务商来看,共同配送同样可以降低他们的成本,从而间接地为客户带来费用的节省。著名的美国第三方物流商 Exel 的副总裁托马斯认为:"我们之所以能够降低我们的成本，是因为我们的人工、设备和设施费用分摊到了很多共享的客户身上。这些零散客户共享所带来的生意就像大客户所带来的生意量一样大，使得我们可以发挥物流的规模效益，从而节约成本，这些成本的节约又反过来可以使我们公司实施更加优惠的低价政策。”

从社会角度来讲，共同配送可以有效减少社会车流总量，减少闹市区卸货妨碍交通的现象，改善交通运输状况，通过集中处理，有效提高车辆的装载率，节省物流处理空间和人力资源，提升商业物流环境进而改善整体社会生活品质。

3. 共同配送的实施的难点

共同配送人实践过程中还存在着诸多的难点，主要表现为三个方面：一是由于不同货主对配送的需求存在较大的差异性，因此，作为物流服务提供商往往难以同时满足多个货主的需求；二是由于多个货主的货实行的统一库存、统一配送，货主往往会有商业秘密泄露的担忧；三是费用的分担也是一个较难处理的问题。

◆【知识拓展 1.7】沃斯堡孟买家具及配件公司的共同配送

美国得克萨斯州的沃斯堡孟买家具及配件公司，近来想要成立一家服务于成千上万家零售店和网上商店的批发分公司，原计划利用其原有的物流网络来组织新的商业物流。但是孟买公司的物流副总裁很快就意识到：孟买批发分公司要想成功，就必须采用全新的物流方式。由于孟买配送中心初期并不具有灵活处理订单的能力，因此，他们打算寻求物流业务外包，但是新的批发分公司刚刚起步，未来发展如何还不能确定。因此，孟买公司的总裁说：“在我们不知道业务会做到多大时，我们需要更多的柔性。”于是综合各方面的因素，共同配送成为孟买批发分公司的首选。当年 10 月，孟买批发分公司选择了 USCO 物流公司作为其物流服务商，共享其物流设施。这样使得孟买批发分公司避免了支付人工、设备和设施等高额的管理费用，这同样给孟买公司更大的发展空间，并为他们的服务能力带来了更大的柔性。

（资料来源：MBA 智库百科 http://wiki.mbalib.com/wiki/%E5%85%B1%E5%90%8C%E9%85%8D%E9%80%81）

二、按商流与物流的关系划分的配送模式

按照商流与物流的关系划分，配送模式可以分为以下两种：

（一）商流物流一体化的配送模式

商流物流配送模式是指配送主体是销售企业或生产企业，配送是作为促销的一种手段而与商流融合在一起的，有人把这种配送模式称之为配销模式，其结构如图 1-1 所示。

（二）商流物流相分离的配送模式

商流物流相分离的配送模式，是指物流由专门的经济组织（第三方物流服务提供商）来完成，其本身并不购销商品，即不直接参与商品交易活动，而是专门为客户提供诸如货物的保管、分拣、加工、运送等系列化服务。第三方物流服务提供商不拥有商品，不参与商品买卖，而是为顾客提供以合同约束、结盟为基础，系列化、人性化、信息化的物流代理服务。从组织形式上看，配送活动是与商流活动相分离的。其结构模式如图 1-2 所示。

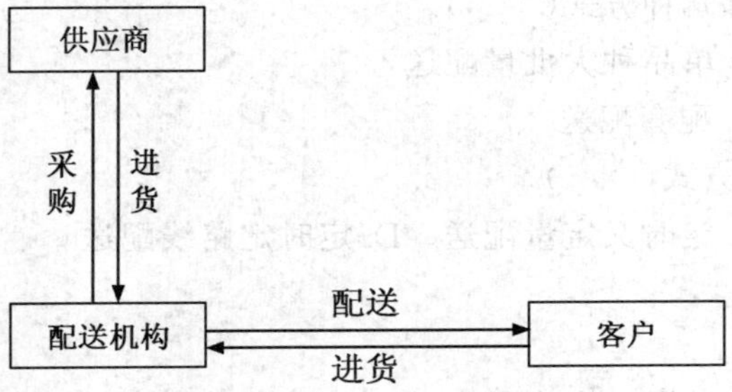

图 1-1　商流物流一体化的配送模式

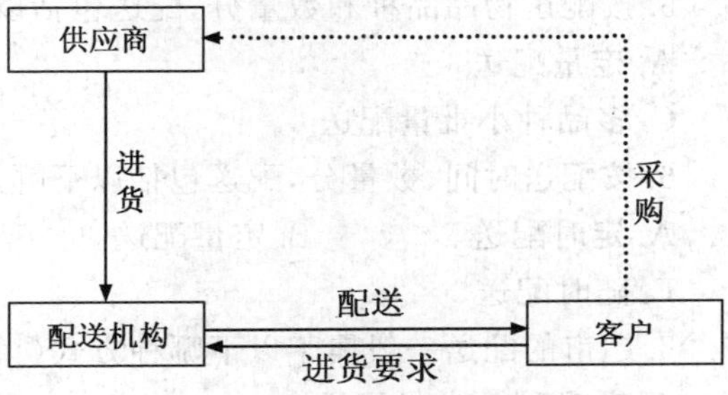

图 1-2　商流物流分离的配送模式

◆【知识拓展 1.8】欧美国家的配送模式

目前,欧美等国家的运输业配送中心、仓储业配送中心和物流服务业配送中心所开展的配送活动均属于商流、物流分离型的配送。这种模式的优势可以概括为两个方面:一方面,由于配送企业的业务活动比较单纯、也比较专一,能够提供专业化的物流配送服务;另一方面,由于配送活动属于代理性质的活动,配送企业的收益主要来自服务费,其经营风险比较小,同时占压的资金较少,故容易扩大其服务范围和经营规模。当然,这种配送模式也有一些不足之处。因配送企业不直接掌握货源,所以,在开展配送活动的过程中,行为主体的调度和调节能力比较差。

【项目回顾】

通过本项目的学习,使我们对运输和配送有了初步的认识,明确了运输和配送的定义,运输和配送的基本特征,发展现状等问题。对配送的模式有了初步的认识。这一项目将为我们以后的学习打下扎实的基础。

课后训练

一、理论训练

(一)不定项选择题

1. 以下属于运输的主要功能的有(　　)。

A. 时间效用　　B. 空间效用　　C. 临时存放　　D. 是企业和利润源泉

2. 以下属于运输系统构成要素的是(　　)。

A. 运输线路　　B. 运输场站　　C. 运输枢纽　　D. 运输设备

E. 运输软件系统

3. 以下对配送描述正确是有(　　)。

A. 配送是接近客户资源配置的过程　　B. 配送实质是一种高水平的送货形式

C. 配送强调“配”和“送”的有机结合　　D. 配送以客户要求为出发点

E. 配送是一种长距离的输送活动

4. 按配送的组织形式分,配送包括以下哪几种方式(　　)。

A. 定时配送　　B. 共同配送　　C. 集中配送　　D. 分散配送

5. 按配送物品品种和数量分，配送包括以下哪几种方式（　　）。

A. 定量配送　　B. 单品种大批量配送

C. 多品种小批量配送　　D. 配套配送

6. 按配送时间、数量分，配送包括以下哪几种方式（　　）。

A. 定时配送　　B. 定量配送　　C. 定时又定量配送　　D. 定时定路线配送

E. 随时配送

7. 超市的配送一般属于以下哪种方式（　　）。

A. 单品种小批量配送　　B. 单品种大批量配送

C. 多品种小批量配送　　D. 配套配送

8. 配送的雏形开始于以下哪个时期（　　）。

A. 20 世纪 40 年代后期　　B. 20 年代 40 年代早期

C. 20 世纪 60 年代　　D. 20 世纪 80 年代

9. 沃尔玛采用的主要是以下哪种配送模式（　　）。

A. 供应商配送　　B. 自营配送　　C. 社会化配送　　D. 第三方配送

10. 以下对共同配送描述正确的是（　　）。

A. 共同配送是指多个客户联合起来共同由一个第三方物流服务公司来提供配送服务

B. 从货主角度来讲，共同配送可以降低配送成本

C. 从社会角度来讲，共同配送可以减轻交通拥挤问题

D. 从第三方物流服务商来看，共同配送同样可以降低他们的成本

E. 共同配送实施起来难度较大

（二）判断题

1. 运输主要是实现了物流中空间效用的功能。（　　）

2. 运输系统中的软件系统是指运输生产经营组织。（　　）

3. 由于配送几乎包括了所有的物流功能要素，是物流在小范围内全部活动的体现，因此配送又有“小物流”之称。（　　）

4. 一般送货一种偶然行为，而配送是一种有确定组织、确定渠道，有一套装备和管理力量、技术力量，有一套制度的体制形式。是一种高水平送货形式。（　　）

5. 配送活动不仅仅是物流活动的终结环节，而且是营销或促销活动的重要手段。（　　）

6. 完全按客户随时提出的时间、数量、品种以及要求配送的方式，临时组织配送和配送方式是定量定时配送。（　　）

7. 现代形态的配送是在变革和仓库作业发展的基础上开展起来的，因此可以说配送是仓库功能的延伸和强化。（　　）

8. 配送可以通过集中库存使企业实现低库存或零库存。（　　）

9. 自营配送是指企业通过独立组建配送中心，实现对内部系统各门店的物品供应配送。（　　）

10. 采用共同配送货主往往会有商业秘密泄露的担忧。（　　）

（三）简答题

1. 分析运输和配送的区别。

2. 说明我国配送的发展过程。

3.分析配送的意义。

4.分析共同配送的优势。

5.用图形描述商流物流相分离配送模式。

二、案例讨论:共同配送救得了天原吗

在配送成本居高不下之际,共同配送似乎成了最佳脱困之道;但要真正集结这些供应商却可能不得不面临好几年的亏损,让有心进行这项工程的天原物流总经理任杰光左右为难。

2004年春节刚过,安宁市百佳公司的总结会上,坐在前排嘉宾席上的天原物流总经理任杰光正看着主席台上的人若有所思。此时站在台上演讲的人名叫赵隽,是上海百佳食品有限公司安宁分公司的总经理,也是任杰光如今重点服务的客户。

台上的赵隽正在神采飞扬的做2003年度的业务总结,超额完成的销售业绩让他此刻踌躇满志。虽然百佳2002年底才进入西北市场,但毕竟有上海百佳总部强大的后援,又拥有雀巢、天喔、皇轩这样强势品牌,他的工作显得游刃有余。

但任杰光此时若有所思的表情表示,他并不认为赵隽现在正如他所表现的那般轻松。据他所知,现在安宁百佳的仓库中,由于允期商品(临近保质期的商品)的返库和在库商品的实际盘点,有金额约30万元的临近保质期的货物需要马上处理。

任杰光知道昨天百佳的财务经理小王曾去请示过赵总,但从后来小王的表情来看,显然赵隽并没有给出明确的答复。这种结果任杰光可以预见。根据百佳总部的规定,临近保质期的食品必须马上折价处理,但食品行业如今本来的利润就已经非常微薄了,这样做的后果,很可能是安宁分公司一年的努力付之东流,任杰光想着都替赵隽心痛。

不只是百佳的财务经理,作为安宁百佳的物流服务商,任杰光也不止一次催促赵隽处理这些货物。残次品、允期品占有了本来就拥挤的库存面积。而且残次品由于包装损坏,极易遭到鼠害。

从家电行业转向食品行业,百佳这第一家也是如今唯一一家食品行业的大客户对任杰光来说意义重大。如今,他要怎么替赵隽解决这问题才好?

天原转行

1999年之前,任杰光还是西北某省丛辉物流公司的副总经理,这家位于省会安宁的企业主要给客户提供省内的物流服务。后来,任杰光看到市内配送业务市场需求很大,遂萌发了做市内配送业务的想法,并在1999年成立天原物流公司,购置了30多辆车,以丛辉的仓库为基础,将这个想法变成了现实。

公司成立不久就接了著名企业海尔在安宁的市内配送业务大单,如今这项合作已经持续了3年。在为海尔提供服务时,天原物流根据海尔的操作要求,制定了一套详细的服务标准并作出各项承诺。在海尔规定的各个环节中,包括交货、验货、输入收货记录、归档、发货、编制装运单、调整库存记录、装车、配送、交货等的准确率达到99.04%,配送时间也能控制在8小时之内。

这单业务的好处不仅让天原物流顺利地进入了市内配送市场,提高了服务水平,更大的好处是,通过与海尔的合作,天原逐步得到了海信、康佳、TCL、厦华等家电企业的欢心,将其市内配送订单纳入囊中。现在,天原物流已经拥有安宁家电市场60%的配送订单,有时自己的车不够用,任杰光还想办法从外面找一些车,租四五十辆车也是常有的事。

为了减少在收货环节产生的不必要的时间损耗,天原物流还同大多数卖场达成了“绿色通道"协议，加快验货速度。

2003年，由于家电企业的配送利润越来越低，天原物流开始进入休闲食品市内配送领域，与当时正急欲换物流服务商的百佳公司一拍即合。虽是民营企业，但上海百佳的实力不容小觑。这家食品企业以上海"天喔"品牌系列产品为主导，代理着雀巢、惠氏等国际知名品牌，以及台湾"新东阳"肉松系列、浙江"唐纳兹"系列等国内著名品牌，拥有覆盖上海、辐射全国的分销网络。

前两年，百佳食品与上市公司第一食品达成战略合作协议，增资扩股后的新公司投资规模为2亿元，注册资本1.3亿元，第一食品为第一大股东，百佳以34%股权居次席。

这一举动带来的直接成果，便是百佳食品得以迅速在武汉、安宁、成都等地建立分公司，以扩大其市场份额。并通过与家世界、家乐福、易初莲花、人人乐的关系迅速在各地攻城掠地，构建起百佳食品全国营销网络，赵隽的安宁百佳食品有限公司便是那时候建立起来的。

从最初进入安宁市场，安宁分公司总经理赵隽最头疼的问题就是物流。在外包和自营的问题上，百佳选择了外包，原因很简单，因为没有时间去构建物流体系。何况人员不需要增加，车辆不需要购置，成本也可以节省下来。但是随之而来的问题是对物流的控制显得相对薄弱了，这个问题直到现在依然存在。

2002年底的业务按部就班地进行着，通过努力，百佳已经建立了分销网络的雏形，在天津家世界、爱家、好又多、众晶家乐、人人乐、麦德龙、海星等8家连锁企业中有了单品入场。随之物流的重要性和其中存在的问题就一起显现出来了。

百佳临阵换将

那时，赵隽没有时间去做详细的物流市场调查，由于前期由飞鼠物流——一家从搬家公司转型的物流公司送过几回货，赵隽匆匆选择了飞鼠物流，但问题马上就出来了。

由于飞鼠物流没有自己的仓库，租用了本市一家国有仓储企业的仓库，国营企业下午6点准时下班，过了这个时间就无法提货，因此耽误了好几次卖场的堆头。而在节假日在卖场做一次堆头就得花上一两万，百佳损失惨重。有时还会迟误了交货期，好又多超市甚至一怒之下下了退单。

由于西部地区气候原因与仓库设计缺陷，雀巢部分奶制品与饮品遭受低温，产生包装冻裂现象。在装卸过程中的野蛮装卸，也造成罐装"力多精"、"能恩"系列窝壳现象，卖场拒收这些窝壳产品，使百佳损失巨大。

而且飞鼠物流没有信息系统，采用人工操作，造成信息传递与反馈的延误，月底的盘库产生大量的人为误差。飞鼠自有车辆有限，又缺乏调动社会车辆的能力，在"五一"销售旺季时不能满足配送需求，百佳损失不小。

飞鼠物流也有着自己的苦衷。快速消费品有乳品类、干粉类、日化品、饮料类、油脂类、休闲食品类、炒货类、纸业类，每一类又拥有10个以上的品牌供货商。1 000多家供货商向超市供货，而卖场的收货部只有7、8个人，下午5点左右下班，每天送货时长长的队伍都让司机怨声载道。

食品安全问题也牵扯着卖场的生命线。食品原料种植和采购、生产、流通加工到配送的整条供应链稍有差错都会影响食品安全，并且食品物流较其他行业更加重要，所以超市对于食品的收货要求非常严格。通常要求由供货商负责摆到托盘上，并拆包检查，超过保质期1/3时间的商品一律拒收。很多时候经销商、物流商的送货司机在漫长等待后依然不能提高工作效率，都不愿意给超市送货。

2003年下半年,眼看又一个销售旺季要来了,赵隽不想再有客户退单的事情发生。由于对于安宁物流市场不熟悉,百佳公司委托了安宁物流协会通过详细调研,重新审视百佳供应链现有状况,并对物流规划、流程设计、作业控制、成本核算等各个方面做出了详细的调研报告。10月,在物流协会推荐的物流提供商中,百佳最终选择了"天原物流"。

物流的食品特色

与百佳的合作开始后,任杰光才了解到,存在这些问题的并不只百佳一家,大多数快速消费品经销商都碰到过。由于食品对温度、时间甚至摆放方式等都有很具体的要求,所以相应的食品物流也有了要求较严,投资较大的特点。

例如冷链,不管是乳制品还是肉制品,几乎都有温度的要求,很多物流公司可能不具备这样的能力,而且在物流管理上也存在分歧。而食品企业的另一个特征是产品基本集中在中低端市场,也就是各个超市、门店,它是一种极大、极分散的物流形式。就因为这种集中特性,又决定了其分销系统的深度。

食品行业是个"小生产大流通"的行业。很多产品的成本构成中都有差不多1/3来自于物流成本。因此,控制物流的关键是必须要知道市场需求多少,企业进多少货,并且准时送达。对于百佳来说,必须掌控自己的供应链控制系统,及时了解门店的销售和库存,了解每一时刻、每家店卖了多少产品,库存数量,补货数量,并基于这些数据进行调配,精确计算出最经济的物流成本。同时,食品流通快,市场相对稳定,销售场所层次多等特点决定了食品企业需要一个长期、稳定的物流支持商,天原的服务水平会长期影响百佳的运营。

种种考虑及天原在家电市内配送方面的业绩,成了百佳最终选择天原物流的重要原因。更何况天原物流为了同百佳的合作,重新制作了500 m^2 的无缝树脂地面解决地面起灰的问题,并配备了吸尘器对食品每天进行处理。

天原物流的配送中心南北两侧各建有4 m宽的装卸月台,站台高出室外道路1 m。当厢式卡车尾部停靠站台时,抱垫板与站台面基本上处于同一平面。商品的装卸作业变成了水平移动,大大减少了装卸作业环节和劳动强度。

随着时间的推移,新的问题又出现了。

天原物流的配送中心有自己的托盘,商品的堆剁整齐划一,本来可以整个托盘进行运输,但是由于同各个卖场没有达成托盘互换协议,造成了大量的二次搬运,从托盘搬到车上,到卖场后重新卸下,摆放到卖场的托盘上,造成食品的不必要损耗。天原物流也曾尝试同卖场达成互换协议,但由于各个卖场的托盘规格不同,新旧不一,尽管天原物流使用的是1.1 m×1.2 m的国际标准托盘,最后还是没有达到预期效果。

超市商品中按照配送的不同要求分为4个温度区:冰块、冰激凌、冷冻食品等放在−20℃的冷冻区;牛奶、乳制品、生菜等放在−5℃的微冷区;休闲食品、杂货等放在恒温区;而盒饭类、烧烤类商品则放在20℃的温暖区。

天原物流主要做恒温型商品配送,此类商品运作难度较小,利于迅速建立共同配送体系。而冷冻型、微冷型商品运作要求高,又涉及商业秘密,共同配送难度较大,天原物流一直没有对这一领域进行投资,这使得百佳的雀巢冰激凌业务一直没有开展。

天原物流的信息系统是为家电产品设置的,对于食品保质期的问题没有考虑到,所以在存货中无法辨认生产日期、到货日期、保质日期。天原只能每天调动人力,在堆积如山的品种中逐一分出允期品。

有时会从卖场产生大量的退货，首先需要确认退货，然后进行分拣，有些退货包装已经残损，需要二次包装，退回入库需要有专门的残损区。这使得退货成本直线上升，回收成本是配送成本的2倍以上。

由于安宁地区的经销商大部分采取自营物流，天原的配送客户非常有限，由于竞争的白热化，配送作业趋向于高频率、多批次、短周期、少批量的形式。这使得天原的配送成本急剧增加，由于销售季节的影响，配送作业已影响到超市与经销商的共同利益。曾经发生过这样的事情：家世界的紧急订单，需要早上送到，只有两袋盐津化酶，下着大雨，只好让库管打出租，来回的成本超出产品本身50倍。这样的情况常常发生，使天原的配送无利可图。

面对天原提出的问题，百佳公司的赵隽也很苦恼，对市场把握不准，计划频繁调整，库存要么过剩，要么不足，批号老化。公司在全国范围内频繁调货，客户要货批量减少，产品供货率减低，产品推广不理想，权利和责任难以划分，部门间横向协调较难以及配送陷入被动操作。

赵隽想起上次在中国食品供应链论坛上，中国食品物流被与会者这样形容：流通量很大，其中80％以上的生鲜食品是采取常温保存、流通和初加工手段。据统计，常温流通中果蔬损失20％～30％、粮油15％、蛋15％、肉干耗3％，加上食品的等级间隔、运输及加工损耗，每年造成经济损失约上千亿元。总值不低于750亿食品在运送过程中腐烂变质。一些容易腐烂变质的食品（如奶制品、海鲜等），销售价格的70％被用来补贴物流过程中的货损支出。我国食品业的供应链与物流体系，甚至被定位在“昂贵、耗损大、无利可图、容易造成食物中毒”的负面形象上。

最优解决方案？

在苦思解决方案之际，任杰光突然想起伊藤洋华堂的共同配送概念。

在食品、日化品等快速消费品行业，除统一、百事等大型企业外，大部分企业都在自营物流。尤其是食品行业，自营物流的成本和损失吞没了大量的销售业绩。这种隐藏在冰山后面的耗损，得不到大多数企业的充分重视，他们往往一味地追求销售额，而忽视了物流渠道的损失。最后的结果往往是辛苦一年，换回一堆过期商品。

鉴于这种情况，美国7-11在1976年提出了共同配送概念，并由伊藤洋华堂同年开始在日本实施。由伊藤洋华堂牵头，将其供应商的库存加以集中，组织其进行物流的共同仓储、配送，以期大幅度减少物流时间、控制损耗、削减成本。

该计划实施后得到经销商的广泛响应，通过战略联盟，经销商与伊藤洋华堂荣辱与共，从而使伊藤洋华堂的单店效益多年排列在全球的第一位。

但现在，显然首先在客户规模上天原就没法和伊藤洋华堂比。在食品物流领域，天原的客户仅百佳一家。近2、3个月，任杰光带着一群手下拼命地拉业务，找客户，也仅找来伊利特、五月花、德芙三家。其他的大多数食品企业或经销商，一听说要把自己的货物和其他企业的放到一个仓库里进行统一调配，就直摆手摇头的。

通过安宁物流协会对于超市商品的详细调查，其配送种类中配送数量、频率较高的，家电类有TCL、海尔、美的（排除国美、苏宁专业店），乳品类有光明、银桥、三鹿、和氏（陇县）、安儿宝、多美滋、神果、维维、完达山，另外日化类、饮料类、方便食品、休闲食品、炒货类还有纸业，拿到销量前几位的客户难度都非常大。

任杰光算了一笔账，要达到业务的盈亏平衡点，天原至少得占有本市超市日配送量的

60%，也就是说多家超市一天销售的商品中，60%以上都由天原来配送天原才有可能通过这种模式盈利。现在商品种类繁多，自己又被绝大多数客户拒之门外，如今60%的盈亏平衡点在任杰光看起来似乎遥不可及。

伊藤洋华堂从1976—2000年，通过近20年的努力，建立了高效率的物流体系，使7-11迅速超越了自己的老师美国南大陆公司（美国7-11的前身）。难道自己的公司也得花上这么长的时间吗？在达到这个收益平衡点之前，总赔钱也不是个办法呀，一干员工都等着吃饭呢。想到这里，任杰光真是愁上加愁。这个共同配送策略现在运作到底可不可行呢？

（资料来源：http://www.56885.net/new_view.asp? id=17600）

结合以上案例，讨论以下问题：

1. 阐述天原物流、百佳公司、飞鼠物流、好又多超市之间的关系，任杰光、赵隽之间的关系。
2. 案例中的共同配送是指哪一种形式？如何操作？
3. 任杰光在实施共同配送模式的主要问题是什么？
4. 你认为食品供应商不认同共同配送的主要原因是什么？
5. 食品配送和家电配送比较有哪些难点？

三、实战训练：配送模式的选择

1. 实训技能点

配送模式的选择。

2. 实训任务

请选择本市的某一物流公司，了解该公司所采取的配送模式。

项目二　运输方式的选择

通过本项目的学习，我们将能完成以下学习目标：

【知识目标】

1. 了解常见运输方式以及各种运输方式的优缺点和适用范围。
2. 掌握运输方式的选择方法。
3. 掌握不合理运输的主要表现形式和运输合理化的途径。

【能力目标】

1. 能对各种运输方式的优缺点和适用范围进行分析。
2. 能运用运输方式的选择方法。
3. 能判断运输是否合理，并提出合理化的途径。

【背景资料】

王力和张蕾进入昌荣物流有限公司后，领导分配的第一项工作任务是为客户设计合理的运输方案，客户托运货物明细如表2-1所示。

表2-1　客户托运货物明细表

货物	起始地点
一批鲜花、两箱急救药	广州—北京
一批煤炭	山西—秦皇岛
新鲜蔬菜	郊区—市区
钢材	重庆—武汉
15万t石油	非洲—上海
天然气	西部—东部

1. 针对以上客户的托运货物，有哪些运输方式可以选择？
2. 在选择运输方式时，应具体考虑哪些因素？
3. 为每一单业务选择最合理的运输方式。

任务一　认知常见的运输方式

【任务描述】

本项任务要求我们了解常见的五种运输方式，掌握各种运输方式的优缺点和适用范围。

一、公路运输

(一)公路运输的概念

公路运输，是指利用一定的载运工具，主要是运用汽车，也使用其他车辆，如拖拉机、畜力车、人力车等承载货物，在公路上实现货物空间位移的活动过程，如图 2-1 所示。公路运输是我国货物运输的主要方式之一，在我国其货运量比其他各种运输方式的总和要多得多。

图 2-1　公路运输

(二)公路运输的优缺点及适用范围

1. 公路运输的优点

公路运输的优点主要表现在以下几个方面：

(1)机动灵活，简捷方便。表现为：运输工具能深入工厂、矿山、山区，实现门到门运输；运载量可大可小，其范围为 0.25～400 t；组织方式可自成体系，又可连接其他运输方式；运营时间能根据需要灵活制定运营时间表，运输中的伸缩性大。

(2)运输过程中换装环节少，中短途运输速度较快。国外资料显示，中短途运输中，汽车的平均速度比铁路快 4～6 倍，比水路快 10 倍。

(3)端点费用低，对于近距离、中小批量的货物运输，其运输费用相对较低。经济里程一般在 200 km 以内。

(4)完成其他运输方式的首末端运输，实现门到门运输。

(5)可得性高。

(6)投资少，经济效益高。因为运输企业不需要拥有公路，所以其固定成本很低，且公路运输投资的周转速度快。

(7)操作人员容易培训。

2. 公路运输的缺点

公路运输的缺点主要表现在以下几个方面:

(1)运输能力小。汽车的载运量是所有运输工具中最小的。汽车由于容积小,不适宜装运大件和重件物品。

(2)运输能耗高。运输能耗分别是铁路运输的10.6~15.1倍,沿海运输的11.2~15.9倍,内河运输的11.3~19.1倍,管道运输的4.8~6.9倍,但比民航运输能耗低,只有民航运输的6%~87%。

(3)运输成本高。公路运输成本分别是铁路运输的11.1~17.5倍,沿海运输的27.7~43.6倍,管道运输的13.7~21.5倍,但比民航运输成本低,只有民航运输的6.1%~9.6%。

(4)公路运输噪声、废气等污染环境严重。城市中的噪声、空气中含铅量主要来源于汽车。

(5)劳动生产率低,只有铁路运输的10.6%,是沿海运输的1.5%,是内河运输的7.5%,但比民航运输劳动生产率高,是民航运输的3倍。

(6)在路况较差的运输过程中货物受震动较大,容易造成货损货差事故。

3. 公路运输的适用范围

综合分析公路运输的优势和劣势,公路运输主要适用于以下作业:

(1)近距离的独立运输作业。通常认为,运距50~200 km为公路运输的经济里程。一般经验是,在200~250 km商品运输中,利用公路比利用铁路更经济。然而,随着公路建设步伐的加快,高等级公路的不断修建,公路仅适应中短途距离运输的格局正在被打破,将会形成短、中、长途运输并举的局面。

(2)补充和衔接其他运输方式。当其他运输方式负担主要运输时,由汽车负担起点和终点处的短途集散运输,完成其他运输方式到达不了的地区的运输任务。

(三)公路运输的分类

按服务方式的不同,公路运输可分为零担运输和整车运输。

1. 零担运输

零担运输是指所运送的货物从承运至送达收货人的整个过程需要经过分拣拼装等环节才能完成的运输组织方式。零担运输产生于两种情况:其一,被运送的货物批量太小,直达运输不经济;其二,由于道路通行条件等原因,为了达到快捷、经济运送的目的,而选用零担运输的组织方式。

2. 整车运输

整车运输是指从接货承运直到送达收货人的整个运送过程,货物不需要分拣拼装的运输组织形式。同零担运输系统的运行模式相比,整车运输方式在基本作业流程中简化了货场的装卸分拣作业过程,货物由发货人起运可以直接快运到收货人手中。

二、铁路运输

(一)铁路运输的概念

铁路运输是指使用铁路列车将货物从一个地点运送到另一个指定地点的一种陆上运输方

式,如图 2-2 所示。铁路运输主要承担长距离、大数量的货物运输,尤其是在没有水运条件的地区,几乎所有大批量货物都是由铁路运输完成,是在干线运输中起主力作用的运输形式。

图 2-2　铁路运输

(二)铁路运输的优缺点及适用范围

1.铁路运输的优点

铁路运输的优点主要表现在以下几个方面:

(1)运输能力大且运行速度比较快。一列货车可装 2 000～3 500 t 货物,重载列车可装 20 000 多 t,可满足大量货物一次性高效率运输。运行组织较好的国家,单线单向年最大货物运输能力达 4 000 万 t,复线单向年最大货物运输能力超过 1 亿 t。时速一般在 80～120 km,快的有超过 250 km 的。

(2)为轨道运输,运行平稳,安全可靠,到发时间准确。

(3)运输连续性强。由于运输过程受自然条件限制较小,所以可提供全天候的运行。

(4)通用性能好,可装运各类不同的货物。

(5)运输成本(特别是可变成本)比较低。

(6)能耗比较低。每千吨千米耗标准燃料为汽车运输的 1/11～1/15,为民航运输的 1/174,但是这两种指标都高于沿海和内河运输。

(7)环境污染程度小。

2.铁路运输的缺点

铁路运输的缺点主要表现在以下几个方面:

(1)不够灵活机动。受车站、线路限制。

(2)线路建设投资大,周期长,占地多。

(3)不适应客户的紧急需要。因为受运行时刻、配车、编列或中途编列等因素的影响。

(4)近距离运输费用较高。

3.铁路运输的适用范围

综合分析铁路运输的优势和劣势,铁路运输主要适用于以下作业:

(1)大宗低值货物的中、长距离运输,也较适合散装货物(如煤炭、金属、矿石、谷物等)和罐装货物(如化工产品、石油产品等)运输。

(2)适于大量货物一次高效率的运输。

(3)对于运费负担能力小、货物批量大、运输距离长的货物运输来说,运费比较便宜。

(三)铁路运输的分类

铁路货物运输可分为3种:整车货物运输、零担货物运输和集装箱运输。

1.整车货物运输

整车货物运输是指托运人向铁路托运一批质量、体积或形状需要以一辆及以上货车运输的货物的运输方式,此时应按整车运输方式向承运人办理托运手续。

一般选择整车运输方式的货物有:需要冷藏、保温或加温运输的货物;规定限按整车办理的危险货物;易于污染其他货物的污秽品;不易计算件数的货物;未装容器的活动物;货物重量超过2 t、体积超过3 m^3 或长度超过9 m的货物。(特殊规定的除外)

2.零担货物运输

零担货物运输是指托运人托运的一批货物的重量、体积或形状不需要以一辆及以上货车运输货物的运输方式,可按零担运输的方式办理托运手续。通俗来讲,即托运货物可与其他托运货物共放一个车厢。

3.集装箱运输

集装箱运输是指利用集装箱运输货物的方式,是一种既方便又灵活的运输措施,它是铁路货物运输的三大种类之一(集装箱运输详细内容见项目三的内容)。

铁路货物运输类别不同,费用就不同。一般来说,整车运输收费标准较低,零担货物运输费用标准较高。因此,生产商可将发往相同目的地的货物合并配载运输。

三、水路运输

(一)水路运输的概念

水路运输又称船舶运输,是利用船舶、排筏和其他浮运工具,在江、河、湖泊、人工水道及海洋上运送旅客和货物的一种运输方式,如图2-3所示。水路货物运输以运量大、成本低、通达面广而在整个交通运输系统中起着巨大的作用,在我国运输业中也占有重要的位置,其货运周转量占全国货运周转量的一半多。

水路运输按照其航行的区域,可分为远洋运输、近洋运输、沿海运输和内河运输4种类型。

图2-3 水路运输

远洋运输通常是指在海洋无限航区的国家之间的运输；近洋运输是指以船舶通过大陆邻近国家海上航道运送货物的运输；沿海运输是指在国内沿海区域各港口之间进行的运输；内河运输则是指在内陆的江、河、湖泊及人工水道上从事的运输。前三种又统称为海上运输。

(二)水路运输的优缺点及适用范围

1. 水路运输的优点

水路运输的优点主要表现在以下几个方面：

(1)运输能力大。在五中运输方式中，水路运输能力最大。目前世界上最大的超巨型油船的载重量达 55 万 t，集装箱船箱位已超过 6 000 t TEU，矿石船载重量达 35 万 t，巨型客轮已超过 8 万 t。在长江干线，一支顶推船队的运载能力最高已达 3 万 t，相当于铁路列车的 6～10 倍。

(2)运输成本低。我国沿海运输成本只有铁路的 40%，长江干线运输成本只有铁路运输的 84%。

(3)建设投资省。水路运输只需利用江、河、湖、海等自然水利资源，除必须投资构造船舶，建设港口之外，沿海航道几乎不需投资，整治航道也仅仅只有铁路建设费用的 1/5～1/8。

(4)劳动生产率高。沿海运输劳动生产率是铁路运输的 6.4 倍，长江干线运输劳动生产率是铁路运输的 1.26 倍。

(5)平均运距长。水路运输平均运距分别是铁路运输的 2.3 倍，公路运输的 59 倍，管道运输的 2.7 倍，民航运输的 68%。

(6)水路运输通用性能较强。可以运送各类货物，尤其是长大笨重件货物。

(7)远洋运输在我国对外经济贸易方面占有独特的重要地位。我国超过 90% 的外贸货物采用远洋运输，是发展国际贸易的强大支柱，又是增强国防能力的措施之一，这是其他运输方式都无法替代的。

2. 水路运输的缺点

水路运输的缺点主要表现在以下几个方面：

(1)受自然条件影响大。如内河航道和某些港口受季节影响，冬季结冰，枯水期水位变低，难以保证全年通航。

(2)运送速度慢，准时性差。

(3)航行风险大，安全性略差。

(4)运输连续性差。一个航次长达数十天，短的也要 7 d 左右。

(5)搬运成本与装卸费用高。

3. 水路运输的适用范围

综合分析水路运输的优势和劣势，水路运输主要适用于以下作业：

(1)运距长、运量大、体积大的货物运输。

(2)价值低、不易腐烂、对运输时间要求不高的各种大宗货物的运输。

(三)水路运输的分类

按船舶运输组织方式的不同，水路运输有 3 种形式，即定期船运输(班轮运输)、不定期船运输(租船运输)和载驳船运输。

1. 定期船运输

定期船运输又称班轮运输，是指船舶在固定的航线上和港口间按事先公布的船期表航线，从事运输业务，并按事先公布的费率收取运费的一种运输经营方式。从事班轮运输的船舶称为班轮，班轮对所有托运人提供货运空间，不论船舶是否被装满都要按计划日期起航，保证班期是班轮运输的核心。班轮主要承担运件为杂货，并以成组化方式运输，其中以集装箱化最为突出。

2. 不定期船运输

不定期船运输也称为租船运输，是指没有预定的船期表、航线、港口、船期和运价，根据双方协商的条件，船舶所有人将船舶的全部或部分出租给租船人使用，以完成特定的货物运输任务，租船人按约定的运价或租金支付运费的商业行为。租船运输在海上运输中占有重要地位，据统计，国际海上运输总量中，租船运输量约占 4/5。

3. 载驳船运输

载驳船运输即用缆绳将一艘或多艘驳船系在拖轮后面，由拖轮带着前进。随着进一步优化，载驳船运输产生了顶推运输方式，即推驳运行在驳船后面，这种运输方式在沿海和江海直达运输中得到了广泛的应用。

◆【知识拓展 2.1】中欧主线港间将有高频“传送带”

目前，客户普遍质疑货物能否被准时送达，这种不确定性迫使他们不得不调整生产进度和供应链以适应航运公司的低准班率。“随着‘天天马士基’的即将推出，这种情况将不再出现。”柯林(马士基航运首席执行官)表示，“天天马士基”项目于亚欧航线共运营 70 艘船舶，每天提供交货截关服务，从亚洲的 4 个主线港(宁波、上海、盐田、丹戎帕拉帕斯)将货物运往欧洲的三个主线港(费利克斯托、鹿特丹、不来梅港)，不论从 4 个亚洲主线港中的哪个港口装货，马士基都为客户承诺固定的从截关到提货的运输时间。“每日截关意味着货物一旦生产出来，就可以立刻进行海运运输，无须仓储。我们力求在贸易活动最繁忙的亚欧线上打造一条远洋运输传送带，成为客户生产线的延伸。”

与传统的运输方式相比，这项新服务的一大特点就是，集装箱班轮航线由周班升级为日班。每天都可以交货截关/截港，而非业界之前每周一次或两次交货截关/截港的标准。这为客户提供了货物生产后立刻进行海运的机会，而在起运港和目的港不再需要进行额外的仓储。电子巨头和硕联合科技股份公司物流负责人 Andy Tron 认为：“如果真的可行，有更频繁的航线可以满足我们的生产进度，减少库存，大大地降低成本。”

引入固定的运输时间这个全新概念是“天天马士基”新服务的第二个特点。当客户想了解从货物截关/截港开始，到可以在目的地提货的完整的运输时间，航运业内只能告知其海运时间，即单纯计算货物在船舶上的时间。而马士基却剔除这个概念，并提出与更加确切的运输时间概念，即从起运港交货截关/截港至目的港可以提货的时间。

原来，从上海到鹿特丹的一般海上航程需时 28～32 d，还需为周班船运增加 3.5 d 库存缓冲天数，再加上因服务缺乏可靠性而需要更多缓冲天数以及从截关/截港到装货的时间和从卸货到可供提货的时间。而现在，马士基将这个航程的总运输时间固定为 34 d，即从截关/截港时算起，34 d 后，客户就可以在目的港提取货物。“如果不能在承诺运输时间内将客户的货物运达，我们将对客户作出赔偿。这是业界第一个此类承诺。”柯林说。

(资料来源：中国交通报 www.jctrans.com 2011 年 9 月 28 日)

四、航空运输

(一)航空运输的概念

航空运输又称为飞机运输，是在具有航空线路和航空港(飞机场)的条件下，利用飞机作为运载工具进行货物运输的一种运输方式，如图 2-4 所示。在我国运输业中，客运虽然所占的比重较低，但拥有很大的发展潜力，重要性越来越明显。

图 2-4　航空运输

(二)航空运输的优缺点及适用范围

1. 航空运输的优点

航空运输的优点主要表现在以下几个方面：

(1)运行速度快，库存水平低。现代喷气式飞机的速度一般在 900 km/h 左右，比火车快 5～10 倍，比海轮快 20～25 倍。

(2)直达性机动性能好。空中受自然地理条件限制较少，航线一般采取两点间的最短距离，可以到达其他运输方式难以到达的地方。

(3)安全性能高。随着科技的进步，飞机不断地进行技术革新，使其安全性能增强，事故率低，保险费率相应较低。

(4)对运输货物包装要求较低。由于飞机运输对货物产生的震动和冲击力较小，货物只需要简单地打包即可，货损事故少。

(5)经济性良好，使用年限较长。

2. 航空运输的缺点

航空运输的缺点主要表现在以下几个方面：

(1)运输能力小。世界上最大的宽体飞机，其载重能力也不足 300 t。

(2)能耗大。在五大运输方式中，单位里程的能耗，航空运输最大。

(3)运输成本高。在各种运输方式中，航空运输的成本最高。

(4)运输服务的可得性较差。飞机运输需要航空港设施，在没有飞机场的情况下无法采用此运输方式。

3. 航空运输的适用范围

综合分析航空运输的优势和劣势，航空运输主要适用于以下作业：

(1)适合于附加值高、质量轻、体积小、运费负担能力强的物品的长距离运输，不适合于低价物品和大批量货物的短距离运输。

(2)适合于货物紧急运输。如救灾物资的运输和时效性物品的运输。

(三)航空运输的分类

目前，在航空运输中主要采用的方式有班机运输、包机运输和集中托运。

1. 班机运输

班机运输是指在固定航线上定期航行的航班。班机运输一般有固定的始发站、到达站和经停站。由于班机运输有固定的航线、挂靠港和固定的航期，并在一定的时间内有相对固定的收费标准，所以进出口商可以在贸易合同签署之前预计货物的起运和到达时间，核算运输成本，合同的履行也较有保障，因此班机运输已成为多数贸易商的首选航空货运形式。

2. 包机运输

班机运输形势下货物舱位常常有限，因此当货物批量较大时，包机运输就成为重要的运输方式。包机运输通常可分为整机包机和部分包机。

整机包机是指航空公司或包机代理公司按照合同中双方事先约定的条件和运价将整架飞机租给租机人，从一个或几个航空港装运货物到指定目的地的运输方式。部分包机则是指由几家航空货运代理公司或发货人联合租一架飞机，或是由包机公司把一架飞机的舱位分别卖给几家航空货运代理公司的货物运输形式。相对而言，部分包机适于运送 1 t 以上但货量不足整机的货物，在这种形式下货物运费较班机运输低，但由于需要等待其他货主备妥货物，因此运送时间会增加。

与班机运输相比，包机运输更具有灵活性，但各国政府出于安全和利益方面的考虑，对其他国家航空公司的飞机通过本国领空或降落本国领土往往加以限制，因此审批手续非常繁琐，致使目前使用包机运输的地区并不多。

3. 集中托运

集中托运是指集中托运人将若干批单独发运的货物组成一整批，向航空公司办理托运，采用同一份航空总运单集中发运到同一目的站，由集中托运人在目的地指定的代理人收货，再根据集中托运签发的航空分运单分拨给各实际收货人的运输方式，也是航空货物运输中开展最为普遍的一种运输方式。

◆【知识拓展 2.2】阿联酋航空新增香港—迪拜货运航线

近日，总部位于迪拜的国际航空公司阿联酋航空公司(Emirates Airlines)货运部 Sky-Cargo(简称“阿航货运部”)成功开通迪拜—新加坡—悉尼—香港—迪拜货运航线，旨在进一步加强其在香港乃至中国的货运能力。这一货运新航线将由波音 777 全货机执飞，每周一班；去程由迪拜出发，经停新加坡飞抵悉尼，返程由悉尼经停香港，抵达迪拜。该航线的开通将有助于加强阿航迪拜枢纽与其他各大贸易中心的联系，并通过阿航全球航线网络的 114 个目的地进一步连接全球贸易。

该波音777全货机载货量多达103 t,首班航班已于上周顺利抵达香港。

阿联酋航空货运部规划及机队管理高级副总裁希兰·佩雷拉(Hiran Perera)表示:“这一货运新航线的开通不但有助于进一步提升货运运能,而且将为我们的客户提供更多的货运航班选择和贸易机会。”

佩雷拉补充道:“我们现运营往来香港和迪拜的腹舱载货客运航班达每周28班次,载货量多达314 t,分别采用空客A380和波音777-300ER执飞。得益于这一货运新航线的开通,往来香港和迪拜两地的总载货量将提升至每周4 000多t。尽管目前经济环境充满不确定性,但这充分证明了阿航自始至终致力于促进香港及中国大陆地区的国际经贸发展的决心。”

(资料来源:民航资源网 www.jctrans.com 2011年9月28日)

五、管道运输

(一)管道运输的概念

管道运输是指利用管道,通过一定的压力差而完成商品运输的一种现代运输方式,如图2-5所示。管道运输是近几十年发展起来的一种新型的运输方式,所输送的货物主要有油品、天然气、煤浆等。管道运输与其他运输方式的最主要区别在于管道设备是静止不动的,是运输通道和运输工具合二为一,不需要动力引擎,借高压气泵的压力把货物经管道向目的地输送。管道运输目前已成为陆上油、气运输的主要运输方式,近年来输送固体物料的管道也有很大的发展。

图2-5　管道运输

典型的管道运输是我国的“西气东输”工程。

◆【知识拓展2.3】西气东输

西气东输是指中国西部地区天然气向东部地区输送,主要是新疆塔里木盆地的天然气输往长江三角洲地区。输气管道西起新疆塔里木的轮南油田,向东最终到达上海,延至杭州。

途11省区，全长4 000 km。设计年输气能力120亿m^3，最终输气能力200亿m^3。2004年10月1日全线贯通并投产。

规划中的“西气东输”管道工程，采取干支结合、配套建设方式进行，管道输气规模设计为每年120亿m^3。项目第一期投资预测为1 200亿元，上游气田开发、主干管道铺设和城市管网总投资超过3 000亿元。工程在2000—2001年内先后动工，于2007年全部建成。是中国目前距离最长、管径最大、投资最多、输气量最大、施工条件最复杂的天然气管道。实施西气东输工程，有利于促进我国能源结构和产业结构调整，带动东、西部地区经济共同发展，改善长江三角洲及管道沿线地区人民生活质量，有效治理大气污染。这一项目的实施，为西部大开发、将西部地区的资源优势变为经济优势创造了条件，对推动和加快新疆及西部地区的经济发展具有重大的战略意义。

（资料来源：百度百科）

（二）管道运输的优缺点及适用范围

1. 管道运输的优点

管道运输的优点主要体现在以下几个方面：

（1）运输量大。国外一条直径720 mm的输煤管道，一年即可输送煤炭2 000万t，几乎相当于一条单线铁路的单方向的输送能力。

（2）能耗小，在各种运输方式中是较低的。

（3）可以实现封闭运输，安全可靠，货损货差少，无污染，成本低。

（4）不受气候影响，可以全天候连续作业，送达货物的可靠性高。

（5）运输的货物无须包装，节省包装费用。

（6）建设工程量小，占地少，在平原地区大多埋在地底下，不占农田。

（7）经营管理比较简单。

2. 管道运输的缺点

管道运输的缺点主要体现在以下几个方面：

（1）专用性强。运输对象受到限制，承运的货物比较单一。

（2）专营性强。管道运输属专用运输，其生产与运销混为一体，不提供给其他发货人使用。

（3）机动灵活性差。仅提供单向运输，不易随便扩展管道，战线往往完全固定，服务的地理区域十分有限。

（4）管道起输量与最高运输量间的幅度小，无法满足零星用户的需求量。

（5）固定投资大。为了进行连续输送，还需要在各中间站建立储存库和加压站，以促进管道运输的畅通。

（6）运速较慢。

3. 管道运输的适用范围

综合分析管道运输的优势和劣势，管道运输主要适用于单向、定点、量大的流体状货物的运输。

【同步训练 2.1】五种常见运输方式的比较

运输方式	优点	缺点	适用范围	速度	运量	运价
公路运输						
铁路运输						
水路运输						
航空运输						
管道运输						

任务二　运输方式选择的方法

【任务描述】

本项任务要求我们掌握常用运输方式选择的方法，学会选择最优运输方式。

一、定性分析方法

定性分析法主要是依据完成运输任务可用的各种运输方式的运营特点及主要功能、货物特性及货主的要求等因素对运输方式进行直观选择的方法。

(一)单一运输方式的选择

单一运输方式的选择，就是选择一种运输方式提供运输服务。公路、铁路、水路、航空和管道五种运输方式各有自身的优点和缺点，可以根据各自的适用范围，结合运输的需求进行恰当的选择。以下是对主要运输方式相关特性的比较，如表 2-2 所示。

表 2-2　主要运输方式特性比较

比较项目	排列顺序
速度	由快到慢：航空—铁路—公路—海运—河运
运量	由大到小：海运—铁路—河运—公路—航空
运距	由远到近：海运—航空—铁路—河运—公路
运费	由高到低：航空—公路—铁路—河运—海运
灵活性	由大到小：公路—航空—铁路—河运—海运
安全性	由大到小：航空—铁路—河运—海运—公路
连续性	由好到差：铁路—公路—航空—海运—河运
稳定性	由好到差：铁路—公路—航空—海运—河运

(二)多式联运的选择

多式联运，就是选择两种以上的运输方式联合起来提供货物运输服务。现在，人们越来越意识到多式联运将成为一种重要的手段,可提供不仅有效而且高效的运输服务。

最早的多式联运是铁路与公路相结合的运输形式,称为驮背式运输。驼背运输综合了公路运输灵活与铁路运输长距离、经济等优势,运费通常比单纯的汽车运输要低,又延长了汽车运输的服务范围,也使铁路运输能实现"门到门"的运输服务。

另一种常见的多式联运形式是公路或铁路与水路联运,也称为鱼背运输,是指将汽车拖车、火车车厢或集装箱装载在船舶上进行长距离运输。鱼背运输最大的优势是运量大,运费低。

航空与公路联运也是被广泛采用的运输形式,是指将航空运输的快捷和公路运输的灵活等优势融合在一起提供的运输服务,能以最快的方式实现长距离的"门到门"的货物运输。

多式联运的组合形式有很多,但在实际运输中,只有以上这三种方式得到了广泛的应用。

【同步训练 2.2】为本项目提到的案例设计最佳的运输方案

货物	起始地点	可选择的运输方式	最佳方式及理由
一批鲜花、两箱急救药	广州—北京		
一批煤炭	山西—秦皇岛		
新鲜蔬菜	郊区—市区		
钢材	重庆—武汉		
15 万 t 石油	非洲—上海		
天然气	西部—东部		

二、定量分析方法

运输方式选择的定量分析法有综合评价法、成本比较法、考虑竞争因素法等多种方法。

(一)综合评价法

运输方式的选择应满足运输的基本要求,即经济性、迅速性、安全性和便利性。由于运输对象、运输距离和货主对运输时限要求不一样,对经济性、迅速性、安全性和便利性的要求程度也不同,因此可采用综合评价的方法来进行运输方式的选择。

1. 综合评价法的步骤

第一步:确定影响运输方式选择的因素。

实践证明,影响运输方式选择的因素主要有 4 种:

(1)经济性(F_1):主要表现为费用的节省,在运输过程中,总费用支出越少,则经济性越好。

(2)迅速性(F_2):指货物从发货地到收货地所需要的时间,即货物在途时间,其时间越少,迅速性越好。

(3)安全性(F_3):安全程度通常指货物的完整程度,以货物的破损率判断,破损率越小,安全性越好。

(4)便利性(F_4):各种运输方式的便利性的定量计算比较困难,实际因素很多,如换装次数、办理手续的方便与时间等。为简便计算,在一般情况下,可以近似利用货物所在地至汽车或轮船、飞机地之间的距离来表示,距离越近,便利性越好。

第二步：明确影响运输方式选择的因素的重要程度（确定权重系数）。

确定权重系数是为了显示每个影响因素在运输方式选择中所具有的重要程度，分别给予不同的比例系数（也称加权）。加权的指派系数就是权数，又称权重、权值。权重系数可通过经验法和多因素统计法两条途径获得，经验法比较普遍。

①经济性（F_1），明确其重要度，即权重系数为 b_1；

②迅速性（F_2），权重系数为 b_2；

③安全性（F_3），权重系数为 b_3；

④便利性（F_4），权重系数为 b_4。

第三步：计算各种候选运输方式的综合重要度。

通常，候选的运输方式有公路、铁路、水路和航空 4 种，可以分别用 G、T、S 和 H 表示各种运输方式的综合重要度。各种影响运输方式选择的因素，对任何运输方式都有影响，但是影响程度有别。

$$G=b_1 \cdot F_1(G)+b_2 \cdot F_2(G)+b_3 \cdot F_3(G)+b_4 \cdot F_4(G) \tag{2-1}$$

$$T=b_1 \cdot F_1(T)+b_2 \cdot F_2(T)+b_3 \cdot F_3(T)+b_4 \cdot F_4(T) \tag{2-2}$$

$$S=b_1 \cdot F_1(S)+b_2 \cdot F_2(S)+b_3 \cdot F_3(S)+b_4 \cdot F_4(S) \tag{2-3}$$

$$H=b_1 \cdot F_1(H)+b_2 \cdot F_2(H)+b_3 \cdot F_3(H)+b_4 \cdot F_4(H) \tag{2-4}$$

第四步：比较和选择。

比较四种运输方式的综合重要度 G、T、S 和 H 值，综合重要度数值大的为最终选择。

2. 确定运输方式选择影响因素的数值的细节

对于 F_1、F_2、F_3、F_4 数值的确定，至今尚没有行之有效的方法。目前的做法是先分别计算出经济性、迅速性、安全性、便利性在各种运输方式中的平均值，再以某种运输方式的数值与平均值比较，得到其相对值（在此不作详述）。

（二）成本比较法

如果不将运输服务作为竞争手段，那么能使运输服务的成本与运输服务水平导致的相关间接库存成本之间达到平衡的运输服务方案就是最佳的服务方案，即运输的速度和可靠性会影响托运人和买方的库存水平以及二者之间的在途库存水平。如果选择速度慢、可靠性差的运输服务，物流渠道中就需要更多的库存。这样，就需要考虑库存持有成本可能升高，而抵消运输服务成本降低的情况。因此，最合理的服务方案应该是既能满足客户要求，又使总成本最低的服务方案。

（三）考虑竞争因素的方法

运输方法的选择若直接涉及竞争优势，则应采用考虑竞争因素的方法。当买方通过供应渠道从若干个供应商处购买商品时，物流服务和价格就会影响买方对供应商的选择。反之，供应商也可以通过供应渠道运输方式的选择控制物流服务要素。

对买方来说，良好的运输服务意味着可保持较低的存货水平和较确定的运作时间表。为了能获得所期望的运输服务，从而降低成本，买方对供应商提供其唯一的鼓励——向该供应商提供更多的惠顾。买方的行为是将更大的购买份额转向能提供较好运输服务的供应商，供应商可以用从交易额扩大而得到的更多利润去支付由于特佳的服务而增加的成本，从而鼓励供应商去寻求更适合于买方需求的运输服务方式，而不是单纯追求低成本。这样，运输服务方式的选择成了供应商和买方共同的决策。当然，当一个供应商为了争取买方而选择特佳的运输方式时，参与竞争的其他供应商也可能做出竞争反应，而他们会做出怎么样的反应就很难估计了。

【同步训练 2.3】案例分析

某公司欲将产品从 A 工厂运往 B 公司的自有仓库，年运量 D=700 000 件，每件产品的价格 C=30 元，每年的存货成本 I 为产品价格的 30%，各种运输服务的有关参数如表 2-3 所示，试确定其运输服务方案。

表 2-3 各种运输服务的有关参数

运输服务方案	运输费率 R/(元/件)	运达时间 T/天	每个库存点存货量 Q/件
铁路	0.10	21	100 000
驮背运输	0.15	14	50 000
卡车	0.20	5	50 000
航空	1.40	2	25 000

任务三 运输合理化的判断

【任务描述】

本项任务要求我们了解影响运输合理化的因素，掌握不合理运输的主要类型，具备判断运输是否合理化的能力。

一、合理运输五要素

(一)运输距离

运距长短是运输合理与否的一个最基本因素，因为运输时间、运输货损、运费等因素都与运距有一定的比例关系。在产销地点确定的情况下，选择最短或最佳路线运行，就是基于运距的考虑。

(二)运输环节

运输都离不开装卸、搬运和包装等相关工作，每增加一次运输或一个环节，不但会增加起运的运费和总运费，而且必须要增加装卸、包装等运输的附属活动，必然是多花时间和费用，还会增加货损货差的可能。因此，减少运输环节对合理运输有一定的促进作用。

(三)运输工具

各种运输工具都有其使用的优势领域，根据货物的性质、外形特征和客户的时间要求等，对运输工具进行优化选择，最大限度地发挥所用运输工具的作用，是运输合理化的重要一环。

(四)运输时间

在全部物流时间中,运输时间占绝大部分,尤其是远程运输。因此,运输时间的缩短对整个流通时间的缩短有决定性的作用。此外,运输时间缩短,有利于运输工具的加速周转、充分发挥运力的作用,有利于货主资金的周转,有利于运输线路通过能力的提高,对运输合理化有很大贡献。

(五)运输费用

运费在全部物流费用中占50%左右的比例,运费的高低不仅直接关系到运输企业的经济效益,决定整个物流系统的竞争能力,而且还影响到货主企业的生产或销售成本。因此,降低运输费用,是运输合理化追求的一个重要目标,也是判断合理化措施是否行之有效的最终依据。

上述因素,既相互联系又相互影响,有的还相互矛盾,因此要进行综合分析,寻找最佳答案。在一般情况下,运输用时短,费用省,是考虑合理运输的关键。

二、不合理运输的主要表现形式

(一)与运输方向有关的不合理运输

1. 对流运输

对流运输又称相向运输,是指同一商品或彼此可以代用的商品,在同一运输路线上或在平行的路线上,朝着相反方向运行,与对方运程的全部或部分发生重叠的不合理运输现象。

对流运输又分为明显对流和隐蔽对流。明显对流运输是指发生在同一条运输路线上的对流运输,如图2-6所示。从图中可以看出某种货物从甲地经过乙地运至丙地,同时又从丁地经过丙地运至乙地,这样,在乙地与丙地之间产生了对流运输。隐蔽对流运输是指同一种货物在违背近产近销的情况下,沿着两条平行的线路朝相对的方向的运输,如图2-7所示。从图中可以看出甲和丁为两个发货地,乙和丙为两个收货地,各地之间的距离分别为40 km、30 km、20 km和10 km,从丁地发货2 t给丙地,从甲地发货同种货物2 t给乙地。这种运输路线是不合理的,其中浪费40 t/km的运力,正确的运输路线应该是丁地发给乙地,甲地发给丙地。

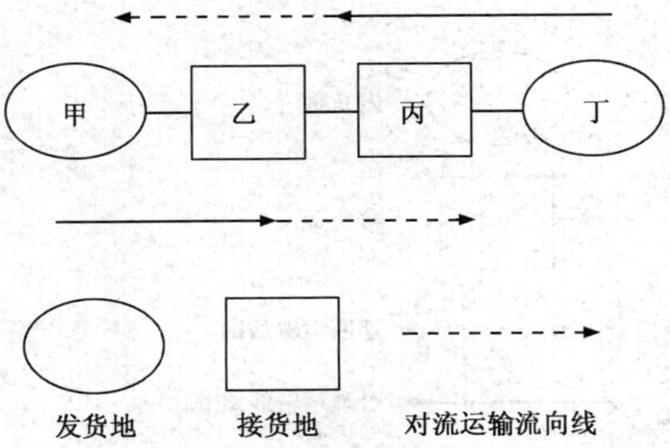

图2-6　明显对流运输示意图

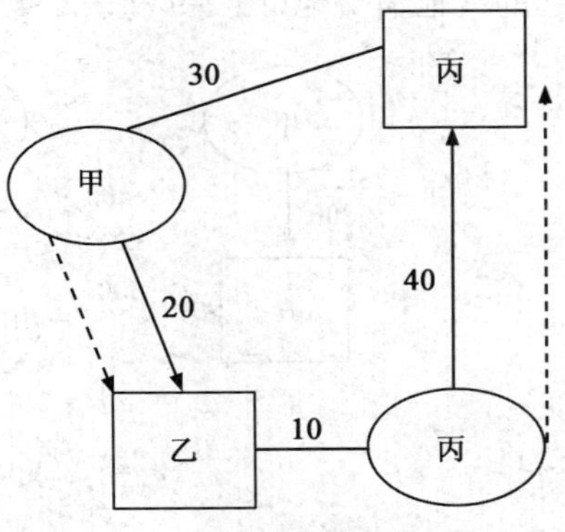

图2-7　隐蔽对流运输示意图

2. 倒流运输

倒流运输是指物品从销地或中转地向产地或起运地回流的一种运输现象，这种现象经常表现为对流运输或迂回运输，但其不合理程度要甚于对流和迂回运输，原因是在于往返运输都是不必要的，形成了双程浪费。倒流运输也可以看成是隐蔽对流的一种特殊形式。

(二)与运输距离有关的不合理运输

1. 迂回运输

迂回运输是指商品运输本来可以走直线或经最短的运输路线，但却采取绕道而行的不合理运输现象(图 2-8)。由甲地发运货物经过乙和丙两地至丁地，那么在甲、乙、丙、丁各地之间便发生了迂回运输共 170 km。正确的运输线路，应该从甲地经过戊地至丁地共 80 km。

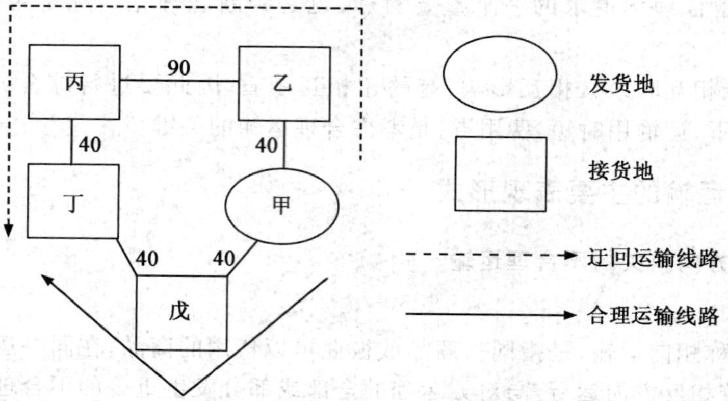

图 2-8 迂回运输示意图

2. 过远运输

过远运输指调运物资舍近求远，近处有资源不用而从远处调，这就造成可采取近程运输而未采取，拉长了物品运输的浪费现象。过远运输有两种表现形式：一是销地完全有可能由距离较近的供应地购进所需要的相同质量的物美价廉的货物，却超出货物合理流向的范围，从远距离的地区运进来；二是两个生产地生产同一种货物，它们不是就近供应邻近的消费者，却调给较远的其他消费地(图 2-9 和表 2-4)。

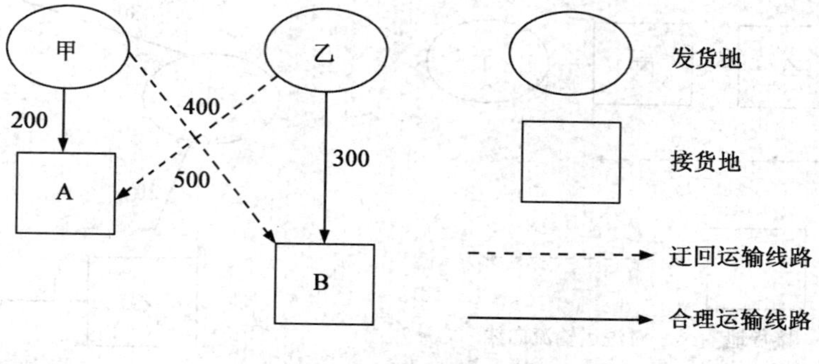

图 2-9 过远运输示意图

甲和乙是两个产地，A 和 B 是两个销地。它们的货物需求量和需要量都是 5 t，上面的图表说明，如果由甲地供应 B 地，乙地供应 A 地，是不合理的。合理的运输线路是甲地供应 A 地，乙地供应 B 地。

表 2-4　过远运输与合理运输比较表

过远运输		
销地 / 产地	A	B
甲		5 t×500 km
乙	5 t×400 km	
合理运输		
销地 / 产地	A	B
甲	5 t×200 km	
乙		5 t×300 km

(三)与货物运量有关的不合理运输

1. 亏吨运输

亏吨运输是指商品的装载量没有达到运输工具的装载标准重量或没有装满车船容积而造成亏吨的不合理运输现象。

2. 重复运输

重复运输是指一批商品本来可以一次直接运达目的地，但由于组织工作的失误，而使商品在中途停卸，又重复装运的不合理运输现象。

3. 无效运输

无效运输是指运输的商品当地不适销，或商品质量次、杂质多，从而造成运力浪费的不合理运输现象。

(四)与运力有关的不合理运输

1. 运力选择不当

运力选择不当指未合理利用各种运输工具优势而不正确地选择运输工具造成的不合理现象，常见的形式有以下 3 种：

(1)弃水走陆。在同时可以利用水运和陆运时，不利用成本较低的水运或水陆联运，而选择成本较高的铁路运输或汽车运输，使水运优势不能发挥。

(2)铁路、大型船舶的过近运输。不是铁路或大型船舶的经济里程却利用这些运力进行运输的不合理做法，主要不合理之处在于火车及大型船舶起运及到达目的地的准备、装卸时间长，且机动性不足，在过近的距离中发挥不了运输量大的优势。

(3)运输工具承载能力选择不当。不根据承运货物数量及重量选择，而盲目决定运输工具，造成过分超载、损坏车辆及物品不满载、浪费运力的现象。

2. 托运方式选择不当

对于货物而言，在可以选择最好托运方式而未利用，造成运力浪费及费用支出加大的一种不合理运输，应该选择整车运输却采取零担托运，应当直接运输却选择了中转运输，应当中转运输而选择了直达运输等都属于这类不合理运输。

三、运输合理化的途径

(一)提高车辆实载率

实载率有两个含义：一是单车实际载重与运距之乘积和标定载重与行驶里程之乘积的比率，这在安排单车、单船运输时，是作为判断装载合理与否的重要指标；二是车船的统计指标，即一定时期内实际完成的货物周转量(t/km)占车船载重吨位与行驶千米之乘积的百分比。在计算时，车船行驶的千米数不但包括载货行驶，也包括空驶。提高运输工具实载率的意义在于充分利用运输工具的额定能力，减少车船空驶和不满载行驶的时间，减少浪费，从而求得运输的合理化。

(二)减少劳力投入、增加运输能力

这种合理化的要点是，少投入，多产出，走高效益之路。运输的投入主要是能耗和基础设施的建设。在设施建设已定情况下，尽量减少能源投入，是少投入的核心。这样就能大大节约运费，降低单位货物的运输成本，达到合理化的目的。如在铁路运输中，在机车能力允许的情况下，多加挂车皮；在水陆运输中，利用竹、木本身的浮力，实行拖排和拖带法；在内河运输中，将驳船编成队，由机动船顶推前进；在公路运输时，实行汽车挂车运输，以增加运输能力等。

(三)发展社会化的运输体系

运输社会化的含义是发展运输的大生产优势，实行专业化分工，打破一家一户自成运输体系的状况。因为一家一户的运输小生产，车辆自由，自我服务，不能形成规模，而且运量需求有限，难以自我调节，因而经常容易出现空驶、运力选择不当、不能满载等浪费现象，且配套的接、发货设施，装卸搬运设施也很难有效的运行，所以浪费很大。实行运输社会化，可以统一安排运输工具，避免对流、迂回、倒流、空驶、运力选择不当等不合理形式，不但可以追求组织效益，而且可以追求规模效益。所以发展社会化的运输体系是运输合理化的非常重要措施。

(四)短途运输以公路运输替代铁路运输

对于短距离的运输，尽量使用公路运输代替铁路运输。一方面，对于相对紧张的铁路运输，用公路分流后，可以得到一定程度的缓解，从而加大这一阶段的运输能力；另一方面，能充分利用公路从门到门和中途运输快且灵活机动的优势，实现铁路运输难以达到的水平。

(五)轻重货物配载运输

配载运输也是提高运输工具实载率的一种有效形式。它是充分利用运输工具载重量和容积，合理安排装载货物和载运方法以求得合理化的一种运输方式。配载运输往往是轻重商品的混合运载，在以重质货物运输为主的情况下，同时搭载一些轻泡货物，在基本不增加运力投入并且不减少重质货物运量情况下，解决了轻泡货物的搭运，因而效果显著。

(六)直达运输

直达运输，就是在组织货物运输过程中，越过商业、物资仓库环节或铁路，交通中转环节，把货物从产地或起运地直接运到销地或客户，以减少中间环节。对生产资料来说，由于

某些物资体大、笨重，一般采取由生产厂家直接供应消费单位(生产消费)，实行直达运输的办法，如煤炭、钢材、建材等。在商业部门，则根据不同的商品，采取不同的运输方法。有些商品规格简单可以由生产工厂直接供应到三级批发。大型商店或客户，一般越过二级批发环节，如纸张、肥皂等；也有些商品规格、花色比较复杂，可由生产工厂供应到二级批发站，再由批发站配送到零售商店或客户。至于外贸部门多采取直达运输，对出口商品实行由产地直达口岸的方法。近年来，随着经济体制的改革，在流通领域提出“多渠道、少环节”的口号以来，各基层商店直接进货，自由采购的范围越来越多，直达运输的比重也逐步增加，它为减少物流中间环节创造了条件。特别需要一提的是，如同其他合理化措施一样，直达运输的合理性也是在一定条件下才会有所表现，不能绝对认为直达一定优于中转。这要根据用户的要求，从物流总体出发做综合判断。如果从用户需要量看，批量大到一定程度，直达是合理的，批量较小时中转是合理的。

(七)组织“四就”直拨运输

“四就”直拨，减少中转运输环节，力求以最少的中转次数完成运输任务的一种形式。一般批量到站或到港的货物，首先要进分配部门或批发部门的仓库，然后再按程序分拨或销售给用户。这样一来，往往出现不合理运输。

“四就”直拨，首先是由管理机构预先筹划，然后就厂或就站(码头)、就库、就车(船)将货物分送给用户，而无需再入库了。

(八)积极发展集装箱运输

集装箱运输是指利用集装箱作为集装箱单元，借助于现代运输工具载运的一种货物运输组织方式。集装箱运输的意义在于：提高装卸效率，加快车船周转；保证运货质量，减少货损货差；简化货物包装，节约运输费用。

◆【知识拓展 2.4】中远集装箱运输

中远集装箱运输有限公司，简称中远集运，是中国远洋运输集团(中远集团)所属专门从事海上集装箱运输的核心企业。经营范围主要包括：国际、国内海上集装箱运输、接受订舱、船舶租赁、船舶买卖、船舶物料、备件、伙食、燃油的供应，与海运有关的其他业务以及陆上产业，国内沿海货物运输及船舶代理，通讯服务，船员劳务外派业务，仓储、货物多式联运和物流服务。

中远集运拥有120艘标准箱位集装箱船，总箱位逾23万标准箱，年箱运量达到400万标准箱。运力排名世界前列，箱运份额约占全球总额的4.2%；国内排名第一，箱运份额占8%。开辟20多条全球运输主干航线，船舶挂靠世界上100多个重要港口。集装箱运输业务遍及全球，其影响力辐射至五大洲各交通枢纽和经济热点地区，在全球拥有1 000多个代理分支机构，网点遍及欧、美、亚、非、澳五大洲，随着业务的不断拓展，客户迫切需要中远集运提供更高效的集装箱管理信息化服务，以便随时获得有关货物运输的信息。

(资料来源：http：//www.enet.com.cn/)

(九)发展特殊运输技术和运输工具

依靠科技进步是运输合理化的重要途径。例如，专用散装及罐车，解决了粉状、液状物运输损耗大,安全性差等问题;袋鼠式车皮,大型挂车解决了大型设备整体运输问题;"滚装船"解决了车载货的运输问题,集装箱船比一般船能容纳更多的箱体,都是通过采用先进的科学技术实现的合理化。

(十)合理进行流通加工

有不少产品,由于产品本身形态及特征问题,很难实现运输的合理化,如果进行适当加工,就能够有效解决合理运输问题。例如,将造纸材料在产地预先加工成干纸浆,然后压缩体积运输,就能解决造纸材料运输不满载的问题。轻泡产品预先捆紧包装成规定尺寸,装车就容易提高装载量;水产品及肉类预先冷冻,就可提高车辆装载率并降低运输损耗。

◆【知识拓展 2.5】沃尔玛通过物流运输的合理化节约成本

沃尔玛公司是世界上最大的商业零售企业,2011 年世界 500 强企业沃尔玛再次位居第一。

在物流运营过程中,沃尔玛尽可能地降低成本是其经营的哲学。

沃尔玛的运输分别采用了空运,船运,卡车公路运输等。然而在中国,沃尔玛百分之百地采用公路运输,所以如何降低卡车运输成本,是沃尔玛物流管理面临的一个重要问题,为此他们主要采取了以下措施:

(1)沃尔玛使用一种尽可能大的卡车。这种卡车大约有 16 m 加长的货柜,比集装箱运输卡车更长或更高。沃尔玛把卡车装得非常满,产品从车厢的底部一直装到最高,这样非常有助于节约成本。

(2)沃尔玛的车辆都是自有的,司机也是它的员工。沃尔玛的车队大约有 5 000 名非司机员工,有 3 700 多名司机,车队每周一次运输可以达 7 000~8 000 km。

沃尔玛知道,卡车运输是比较危险的,有可能会出交通事故。因此,对于运输车队来说,保证安全是节约成本最重要的环节。沃尔玛的口号是"安全第一,礼貌第一",而不是"速度第一"。在运输过程中,卡车司机们都非常遵守交通规则。沃尔玛定期在公路上对运输车队进行调查,卡车上面都带有公司的号码,如果看到司机违章驾驶,调查人员就可以根据车上的号码报告,以便于进行惩处。沃尔玛认为,卡车不出事故,就是节省公司的费用,就是最大限度地降低物流成本,由于高度关注安全驾驶,运输车队已经创造了 300 万 km 无事故的纪录。

(3)沃尔玛采用全球定位系统对车辆进行定位。任何时候,调度中心都可以知道这些车辆在什么地方,离商店有多远,还需要多长时间才能运到商店,这种估算可以精确到小时。沃尔玛知道卡车在哪里,产品在哪里。就可以提高整个物流系统的效率,有助于降低成本。

(4)配送中心 24 h 进行工作。配送中心实行 24 h 工作制,无论何时都能为卡车及时卸货。另外,沃尔玛的运输车队还利用夜间进行运输,从而做到了当日下午进行集货,夜间进行异地运输,翌日上午即可送货上门,保证在 15~18 h 内完成整个运输过程,这是沃尔玛在速度上取得优势的重要措施。(资料来源:编者整理)

【项目回顾】

通过本项目的学习，我们明确了主要的5种运输方式，并且对常用运输方式的优缺点及适用范围有初步的认识。对于运输方式的选择可以从定性和定量两个角度去分析和选择。能够判断运输实务中的不合理运输现象，并且懂得了一些提高运输合理化的措施。

课后训练

一、理论训练

（一）不定项选择题

1.公路运输的经济里程为（　　）。

A.50 km以内　　B.50～200 km　　C.200～500 km　　D.500 km以上

2.水路运输按照其航行的区域可分为（　　）。

A.远洋运输　　B.近洋运输　　C.沿海运输　　D.内河运输

3.价值低、不易腐烂、对运输时间要求不高的各种大宗货物的运输可选择（　　）。

A.公路运输　　B.铁路运输　　C.水路运输　　D.航空运输

4.救灾物资的运输适合于（　　）。

A.公路运输　　B.铁路运输　　C.水路运输　　D.航空运输

5.以下运输方式中，灵活性最好的是（　　）。

A.公路运输　　B.铁路运输　　C.水路运输　　D.航空运输

6.以下运输方式中，连续性和稳定性最好的是（　　）。

A.公路运输　　B.铁路运输　　C.水路运输　　D.航空运输

7.与运输方向有关的不合理运输形式有（　　）。

A.对流运输　　B.倒流运输　　C.迂回运输　　D.过远运输

8.运力选择不当的常见形式有（　　）。

A.弃水走陆　　B.弃陆走水

C.铁路、大型船舶的过近运输　　D.运输工具承载能力选择不当

（二）判断题

1.公路运输是我国货物运输的主要方式之一，在我国其货运量比其他各种运输方式的总和要多得多。（　）

2.铁路运输主要承担短距离、大数量的货物运输，尤其是在没有水运条件的地区，几乎所有大批量货物都是由铁路运输完成，是在干线运输中起主力作用的运输形式。（　）

3.与班机运输相比，包机运输更具有灵活性，因此各国使用包机运输的地区很多。（　）

4.明显对流运输是指同一种货物在违背近产近销的情况下，沿着两条平行的线路朝相对的方向的运输。（　）

5.倒流运输是指物品从销地或中转地向产地或起运地回流的一种运输现象，这种现象经常表现为对流运输或迂回运输，但其不合理程度要甚于对流和迂回运输。（　）

6.对于短距离的运输，应该尽量使用铁路运输替代公路运输。（　）

（三）简答题

1.铁路运输中，一般选择整车运输方式的货物有哪些？

2.简述各种运输方式的优缺点和适用范围。

3. 简述合理运输五要素。

4. 简述运输合理化的主要途径。

二、案例讨论：运输合理化的四把利器

（一）从一个故事说起

有一对农民工夫妻来到北京打工，他们俩逛街时发现了一条财路——给北京市的摩托车修理店配送零部件（当时这项服务还是很受欢迎并且是急需的）。他们先是和几家修理店谈了一下，然后再去联系了摩托车配件经销商（选择了离自己租的房子最近的一家，以便进货方便），回家后他们盘算了一下，由于资金不是很充裕，买不起现代化的交通工具，只能用自行车或三轮车组织配送，而且每个维修店相离不是很近，因此也不可能一下就给太多的维修店配货。他们于是决定按照以下步骤开始配送工作：

第一，划定离地铁、车站相对较近的十多个修理店作为首批服务对象。

第二，购买一部三轮车去配件经销商进货。

第三，每天下午坐地铁去统计每个维修店所需的零部件，然后回家用三轮车去组织进货。

第四，第二天丈夫就用三轮车把所需配送的零部件拉到地铁站，放在车厢中。然后和妻子按照自己预计好的地铁站进行播种式的配货（按照地铁站站台的先后顺序把货物配送到离地铁站近的指定摩托车维修店）。

利用这种先圈定配送对象，再利用地铁进行配送的方式进行配送活动体现了配送组织的灵活性，也符合了他们的实际情况。后来，他们的业务越来越大，开始把以每个地铁站为中心的配送半径扩大，并增加了不少旧自行车以提高配送速度，最后他们终于注册了自己的物流公司，并在汽车、摩托车零部件配送领域站稳了脚跟。

（二）合理化运输的 4 种方式

1. 越库（cross-dooking）

由于传统流通渠道的变革，零售终端的能力显得越来越重要，消费者对于产品的时效性也越来越高，这些均需要物流企业根据货物的特性来选择恰当的组织方式以便满足渠道缩短、提高反应速度的要求。越库方式的产生就是以上因素促成的。这种作业方式已经日益受到人们关注并得到广泛运用。对于其称呼，理论界一般称之为直拨运输，而在物流实践行业多称为越库。其基本含义是指货物在运输过程中不落地或进入仓储设施后不在仓库仓储而是立刻进行进出货作业后就直接从生产工厂、车站、码头、仓库、车船直接进入指定客户的运输或配送车辆的组织方式。通过这种组织方式，避免了落地作业所导致的二次装卸搬运、减少了由于仓储所导致的时间及成本增加、减少了物流中转环节。适用于快速流转品以及对时效要求很高的鲜花、水果、蔬菜、海鲜等。当然，越库作业对供应链上企业的信息系统、协调组织能力要求较高。需要信息系统能够快速地进行信息的采集、传递及处理，越库作业方需要在越库商品到达处理场之前，对于客户订单、客户位置、货物的品种等相关资料及时了解及处理，并协调各方保证越库货物能够及时到达处理中心，并运往指定客户或商家。一般说来，越库作业有两种形式，一种为 Pre-distribution，另一种为 Post-distribution。在前种组织形式中，供应商必须事先对发送货物的去向有清楚的了解，并做好相应的流通加工作业以便货物到达直拨中心后能直接发货。而 Post-distribution 的作业方式则是供应商货物到达直拨中心后才确定货物的去向并进行相应的流通加工作业。以上两种作业方式各有千秋，物流企业需要灵活选择。Pre-distribution 适合于供应商及直拨中心有功能强大的信息系统，而且直拨中心的作业面积有限的情形，而后者则正好相反。

2.共同化

顾名思义，这是一种基于合作及协调的运输或配送组织形式。以企业间建立物流联盟及物流企业、共享发货信息、寻找共同物流代理人等方式对所发货物进行有效集中并组成更大的运输批量，提高车辆利用效率及减少回程空驶等。通过共同化运输可以获得更加优惠的运输费率，使参与各方共同受益。其实，在日常生活中，我们可以看到很多共同化组织的例子，如几户农民在进行粮食交纳仓库时共同雇用一辆运输车；一个区域内的废品集中后在运往废品处理中心；邮局、铁路的运营方式也都可以发现共同化的身影。共同化运输或配送在日本是最先得到普及并广泛运用的，在 20 世纪 70 至 80 年代，很多日本企业感受到竞争的压力越来越大，迫切需要降低流通领域的成本，而一些日本物流相关企业看准机会，纷纷推出共同化运输或配送服务项目。有些是针对某一区域范围的，有些是针对某一行业的，有些是针对某一重量范围的、有些是针对某几条运输线路的。日本物流企业通过这种物流服务市场的细分方法，很好地解决了日本生产企业的实际需要，有效减缓了企业面临的物流成本压力。事实已经证明，日本现在是社会化配送组织最为发达的国家之一，而有些日本企业也凭借其物流成本的优势提升了竞争力，顺利地进入了欧美市场，不少日本物流企业凭借着这一服务项目取得了长足的发展，实现了双赢。

日本的发展经验应该对我国共同化运输/配送的普及提供有益的借鉴。事实是，大多数中国的企业家都十分清楚共同化运输/配送组织确实能够有效地降低物流成本，但很少有企业敢于真正迈出这一步，即使是签订了这方面的合作协议，但很难进入实际的具体操作。大多数企业的合作仅限于某些标准化部件的共同采购、某几项物流业务的资源共享。当然，出现这一问题原因是多方面的，我国物流企业的诚信问题使企业不放心、某些产品的信息需要严密控制使企业担心代价太大、某些企业的遗留问题(特别是自己已经拥有物流设备、物流工作人员的企业)使企业面临提出成本的压力、同行业企业之间的互相不信任导致合作成本大大提升等。要想把共同化的运输/组织方式在我国进行大力发展，还有一段路要走。

随着物流企业的不断壮大及规范发展，企业自营物流的弊端不断清晰(不排除有些企业需要自营物流，特别是需要对物流业务进行严格控制以及物流业务本身就是企业竞争能力的企业)，合作成为大家共赢基础，相信共同化的运输/配送方式将会日益受到推崇并发挥其真正的功效。

3.配载

配载组织方式是多数企业都会想到的合理化组织方法，其主要含义是通过采取轻重配装、不同规格物品配装、同一目的地货物配装、不同客户间货物配装等方式实现运输车辆空间、载重量的有效利用，来降低单位产品的运输成本的实用组织方式。一个例子十分形象地表明了配装的价值，一个物流公司在为某客户进行某种产品运输过程中，这种产品具有一个特性，只能直立，产品装满后上面总要留出一小截的空间来，开始公司在上面放上一些稻草以便减轻车辆在运输过程中震动对产品的影响，后来公司承接到发往同一目的地床上用品，这个问题就顺利解决了。通过在预留的空间中放上床上用品，既不需使用稻草进行减振，也提高了车辆的装载效率。这个例子说明：配载需要选择合适的货物、充分利用规格差异、考虑货物之间的相互影响、货物本身具有的特性才能发挥其效果，并非什么产品之间均是可以组织配载运输的，特别是对于相互之间会发生影响的物品，更应该注意配载后可能导致的后果，比如易燃气体和助燃气体。但是我们应该看到,配载形式之所以能广泛运用,说明了一个问题,即运输标准化的严重滞后,物流标准化的建设仍需大力推进。假如货物的规格能够和车辆的规格相协调、包装的规格能与车辆的规格相协调、车辆的空间和载重能够与运输货物的类型相协调,使用配载的比例相应就会有所降低。

4.技术性处理

通过技术性处理来实现运输/配送的合理化是一种融合了流通加工,模块化、标准化生产,延迟加工等在内的技术方法,由于其本身并不是一种组织方法,而是通过技术性处理来实现合理化组织。与其说它是一种组织方法,不如说它是一种技术手段。技术性处理方法的主要手段有三种:拆卸、缩小体积(改变形态)、延迟加工。

拆卸的技术性处理是指通过对某些形状不规整、重量超过运输载重等不利于运输效率发挥及难以进行运输的产品,在运输前进行的一定程度拆卸,以便形成比较规格的运输物件或可供运输的物件。日常可见的可拆卸物品有自行车、缝纫机、干洗机以及建筑工程类设备、大型采矿、砖井设备等。缩小体积主要是对本身体积较大,可以进行压缩或可以进行形态改变,通过充气设备或其他设备进行体积恢复或形态转变的产品进行的技术性处理。我们经常见到的篮球、足球、氢气球、干冰等均可以采用此类方法。延迟加工是把某些本可以在生产工厂进行的作业放在物流设施中来进行,其本身是一种制造企业的生产方法,把它引入到运输/配送合理化同样具有较好的效果。例如,把本应在仓储基地(生厂地仓库)进行的规格较大的物品的拆分工作放在指定目的地(区域配送中心)进行,或者把标准规格的产品运往下一级的分销中心再进行围绕不同客户需求的个性化配置等。这些均有效地实现了运送物品的延后分离,形成了更大的运输批量,达到了集并(TRANSIT)运输的效果。美国的惠普公司、戴尔公司、通用电气公司等均成功的使用延后策略实现了成本的有效减低。

其实,运输/配送合理化的方式还远不止以上这些,集装箱(单元化)运输、多式联运、线路优化、分区产销平衡组织运输等均是目前已经使用的方法。可以肯定的是,随着企业在物流操作过程中的不断探索及创新,以后还会有更多的合理化组织方式出现,让我们大家一起拭目以待。

(资料来源:http://huangyixiang510.blog.163.com/blog/static/17122682007933444 2971/经编者整理)

结合以上案例,讨论以下问题:

(1)用简洁的语言描述案例中提到的运输合理化的四种利器。

(2)举例说明生活中见到的运输合理化的途径。

三、实战训练:运输方式的选择

1.实训技能点

运输方式的选择。

2.实训任务

请选择本市的某一运输公司,了解该公司的运输现状,分析该公司的运输策略,是否存在不合理的地方,并为该公司运输方式的优化提出建议。

项目三　集装箱运输和国际多式联运

通过本项目的学习，我们将能完成以下学习目标。

【知识目标】

1. 了解集装箱运输的发展历史。
2. 了解国际多式联运产生的历史。
3. 掌握集装箱装箱的运输方式。
4. 掌握多式联运的概念和特点。

【能力目标】

1. 能区别集装箱运输的交接方式。
2. 能区分国际多式联运与一般国际运输。
3. 能分析集装箱装箱存在的问题，并能提出一些合理化建议。
4. 能分析国际多式联运中存在的问题，并提出合理化建议。

【背景资料】

随者业务的发展，昌荣物流有限公司决定进一步开拓国际市场，公司委托员工针对下列问题进行调查，以便进行更好的决策。

1. 集装箱运输的优势体现在哪些方面？
2. 国际多式联运的优点有哪些？
3. 国际多式联运中一般会面临什么问题和风险？

任务一　集装箱运输

【任务描述】

本项任务要求我们了解集装箱运输基础知识，包括集装箱概念、种类、集装箱运输的装箱和交接等内容。

集装箱运输是现代化运输的发展方向，是运输市场竞争的重点之一，是一种先进的现代化运输方式。与传统的杂货散运方式相比，它具有运输效率高，经济效益好及服务质量优的特点。正因如此，集装箱运输在世界范围内得到了飞速发展，已成为世界各国保证国际贸易的最优运输方式。21 世纪世界经济发展的总趋势有利于国际集装箱运输的发展，中国将成为世界集装箱运输的最大市场，集装箱运输和相关行业具有很好的发展前景。

一、集装箱运输概述

（一）集装箱的概念

集装箱(Container)是指海、陆、空不同运输方式进行联运时用以装运货物的一种容器。在我国的香港称之为“货箱”，台湾称之为“货柜”。关于集装箱的定义，国际上不同国家、地区和组织的表述有所不同。国际标准化组织(ISO)对集装箱的定义为集装箱是一种运输设备，应满足以下要求。

(1)具有耐久性，其坚固强度足以反复使用。

(2)便于商品运送而专门设计的，在一种或多种运输方式中运输时无须中途换装。

(3)设有便于装卸和搬运的装置，特别是便于从一种运输方式转移到另一种运输方式。

(4)设计时应注意到便于货物装满或卸空。

(5)内容积为 1 m^2 或 1 m^3 以上。

集装箱一词不包括车辆或传统包装。

目前，中国、日本、美国、法国等世界有关国家，都全面地引进了国际标准化组织的定义。除了 150 的定义外，还有《集装箱海关公约》(CCC)、《国际集装箱安全公约》(CSC)、英国国家标准和北美太平洋班轮公会等对集装箱下的定义，内容基本上大同小异。我国国家标准《装箱名称术语》中，引用了上述定义。

◆【知识拓展 3.1】集装箱运输的产生和发展

集装箱运输是 20 世纪中叶为适应全球经济发展、世界贸易量增加而出现的一种新型运输方式。经过半个多世纪的发展，集装箱运输已形成了覆盖全球各个地区的运输网络，并成为全球国际贸易中最重要的运输方式之一。

1. 国外集装箱运输的产生和发展

1845 年，在英国铁路上开始出现了酷似现在集装箱的载货车厢，这是集装箱运输的雏形。第二次世界大战以后，世界经济得到了迅猛发展，跨国经营以及国际贸易量不断上升，对国际间货物运输提出了更高的要求。传统的货物运输采用件杂货的方式，很难实现全过程的机械化和自动化的运输生产，也不适应现代大规模专业化生产的要求。因此扩大运输单元是必然的趋势。最先出现了以网络和托盘等成组工具来实现货物运输和装卸的成组化，但是这种成组方式集成化程度有限，于是，20 世纪 50 年代后期产生了真正意义的集装箱运输方式。

海洋运输采用集装箱方式的构想是由美国人马尔康·马克林(Malcom Mclean)首先提出的。他认为，只有实现集装箱的陆海联运，才能发挥集装箱运输的优势。1956 年，由马克林收购的泛大西洋轮船公司在一艘未经改装的油船甲板上装载了 60 个大型集装箱，从纽约驶往休斯敦，首开了海上集装箱运输的先河。首次运输便取得了令人振奋的成功，每吨货物的装卸成本从 5.834 美元降低到了 0.15 美元。首航成功以后，在 1957 年 10 月，第一艘经改装的全集装箱船“盖脱威城”(Gateway City)号在马克林的泛大西洋轮船公司投入运营，由此开创了集装箱运输的新纪元。1960 年，该公司更名为“海陆联运公司”(Sea-Land Service Inc)，至 1965 年，公司宣布用大型集装箱船环航世界的计划。从此，海上集装箱运输成为国际贸易中通用的运输方式，许多大的航运公司纷纷仿效。但在当时，主要还是国内沿海运输，船型以改装的为主，装载量一般不超过 500 TEU。在码头集装箱装卸方式主要采用船上的装卸桥，码头装卸工艺已有采用底盘车和跨运车的方式。所以说，集装箱产生于英国，而发展于美国。

进入 20 世纪 70 至 80 年代，集装箱运输得到了迅速的发展，全球集装箱的箱型和尺寸进一步标准化，世界集装箱保有量大幅度上升，1970 年仅有 51 万 TEU，而到了 1983 年已增至 440 万 TEU，并且广泛采用装载 500～2 000 TEU 的专用的第一代和第二代全集装箱船。至 1983 年，世界集装箱船的运载能力已达 208 万 TEU，集装箱运输航线已遍及全球绝大多数国家的主要港口，并普遍使用计算机信息管理系统对集装箱实施管理。与此同时，全球集装箱专用泊位也发展较快，至 1983 年已有 983 个，码头前沿已安装有大型的集装箱装卸桥，堆场普遍采用轮胎式龙门起重机。为了更好地发挥专业化码头的作用，集装箱码头的管理手段也在不断地完善，最突出的是已较普遍地采用了计算机信息管理系统。

进入 20 世纪 90 年代以来，更多的国家参与了世界范围的集装箱运输，使集装箱运量得到迅猛的增加。在发达国家，件杂货的集装箱化程度已超过 80%。集装箱运输在更广阔的范围内得到更深层次的发展，至 1990 年，全球已拥有集装箱专用泊位近 2 000 个，吞吐员达 8 400 余万 TEU，集装箱船队的箱位有 317 万 TEU，总运量为 3 800 万 TEU。这标志着集装箱运输已进入了成熟期。这一时期，全集装箱船进一步向自动化和大型化方向发展，体现为大量的 2 500～4 000 TEU 的第三代和第四代集装箱船型，并形成向第五代、第六代集装箱船发展的趋势。集装箱船已发展到第七代集装箱船(7 000 TEU)以及 7 000 TEU 以上的超大型集装箱船。

2. 我国集装箱运输的发展

我国的集装箱运输发展较晚，但发展的速度是最快的。与国际上的发展轨迹相似，我国的集装箱运输起源于铁路的集装箱运输。1955 年，我国开始在铁路中采用集装箱，当时主要采用箱体总重为 3t、载重为 2.5t 的铁木制集装箱。水运部门在 1956 年、1960 年、1972 年 3 次借用铁路集装箱进行短期试运。自 1973 年，天津港接卸了第一个国际集装箱，开始了海上国际集装箱运输。1973 年 9 月，开辟用杂货船捎运小型集装箱(8 ft×8 ft×8 ft)的上海至横滨、大阪、神户航线。1975 年起，6 交通部和铁道部共同研制 5 t 集装箱，后又研制使用 1 t 小型集装箱，并开始探索采用国际标准的 20 ft 的集装箱，在集装箱发展上与国际标准接轨。目前，中国的集装箱海洋运输已完全与国际标准接轨，以采用 20 ft 箱和 40 ft 箱为主，整个集装箱运输发展趋势与世界集装箱运输发展总趋势完全一致。这样，历经了 20 世纪 70 年代的起步，80 年代的稳步发展，到 90 年代，我国国际集装箱运输引起全世界航运界的热切关注。

(二)集装箱的种类

随着集装箱运输的发展,为适应装载不同种类货物的需要,因而出现了不同种类的集装箱。这些集装箱不仅外观不同,而且结构、强度、尺寸等也不相同。

根据集装箱的用途不同而分为以下几种:

1. 干货集装箱(Dry Cargo Container)

又称杂货集装箱,这是一种通用集装箱,用以装载除液体货、需要调节温度货物及特种货物以外的一般性杂货。这种集装箱使用范围极广,常用的有 20 ft 和 40 ft 两种,其结构特点是常为封闭式,一般在一端或侧面设有箱门。

2. 开顶集装箱(Open Top Container)

也称敞顶集装箱,这是一种没有刚性箱顶的集装箱,但有可折式顶梁支撑的帆布、塑料布或涂塑布制成的项篷,其他构件与干货集装箱类似。开顶集装箱适于装载较高的大型货物和需吊装的重货。

3. 台架式及平台式集装箱(P1atform Based Container)

台架式集装箱是没有箱顶和侧壁,甚至有的连端壁也去掉而只有底板和四个角柱的集装箱。

台架式集装箱有很多类型。它们的主要特点是:为了保持其纵向强度,箱底较厚。箱底的强度比普通集装箱大,而其内部高度则比一般集装箱低。在下侧梁和角柱上设有系环,可把装载的货物系紧。台架式集装箱没有水密性,怕水湿的货物不能装运,适合装载形状不一的货物。

台架式集装箱可分为:敞侧壁台架式、全骨架台架式、有完整固定端壁的台架式、无端壁仅有固定角柱和底板的台架式集装箱等。该集装箱装卸作业方便,适于装长、重大件。

4. 通风集装箱(Ventilated Container)

通风集装箱一般在侧壁或端壁上设有通风孔,适于装载不需要冷冻而需通风、防止汗湿的货物,如水果、蔬菜等。如将通风孔关闭,可作为杂货集装箱使用。

5. 冷藏集装箱(Reefer Container)

这是专为运输要求保持一定温度的冷冻货或低温货而设计的集装箱。它分为带有冷冻机的内藏式机械冷藏集装箱和没有冷冻机的外置式机械冷藏集装箱。适用于装载肉类、水果等货物。冷藏集装箱造价和营运费用较高,使用中应注意冷冻装置的技术状态及箱内货物所需的温度。

6. 散货集装箱(Bulk Container)

散货集装箱除了有箱门外,在箱顶部还设有 2～3 个装货口,适用于装载粉状或粒状货物。使用时要注意保持箱内清洁干净,两侧保持光滑,便于货物的卸货。

7. 动物集装箱(Pen Container)

这是一种专供装运牲畜的集装箱。为了实现良好的通风,箱壁用金属丝网制造,侧壁下方设有清扫口和排水口,并设有喂食装置。

8. 罐式集装箱(Tank Container)

这是一种专供装运液体货而设置的集装箱,如酒类、油类及液状化工品等货物。它由罐体和箱体框架两部分组成,装货时货物由罐顶部装货孔进入,卸货时,则由排货孔流出或从顶部装货孔吸出。

9. 汽车集装箱(Car Container)

这是专为装运小型轿车而设计制造的集装箱。其结构是只有框架和箱底,无侧壁,可装载一层或两层小轿车。

由于集装箱在运输途小常受各种力的作用和环境的影响,因此集装箱的制造材料要有足够的刚度和强度,应尽量采用质量轻、强度高、耐用、维修保养费用低的材料,并且材料既要价格低廉,又要便于取得。

目前,世界上广泛使用的集装箱按其主体材料分类为以下几种:

1. 钢制集装箱

其框架和箱壁板皆用钢材制成。最大优点是强度高、结构牢、焊接性和水密性好、价格低、易修理、不易损坏,主要缺点是自重大、抗腐蚀性差。

2. 铝制集装箱

铝制集装箱有两种:一种为钢架铝板;另一种仅框架两端用钢材,其余用铝材。主要优点是自重轻、不生锈、外表美观、弹性好、不易变形;主要缺点是造价高,受碰撞时易损坏。

3. 不锈钢制集装箱

一般多用不锈钢制作罐式集装箱。不锈钢制集装箱主要优点是强度高、不生锈、耐腐蚀性好;缺点是投资大。

4. 玻璃钢制集装箱

玻璃钢集装箱是在钢制框架上装上玻璃钢复合板构成的。主要优点是隔热性、防腐性和耐化学性均较好,强度大,使用性能好,能承受较大压力,易清扫,修理简便,集装箱内容积较大等;主要缺点是自重较大,造价较高。

(三)集装箱的标准

为了有效地开展国际集装箱多式联运,必须强化集装箱标准化,应进一步做好集装箱标准化工作。集装箱标准按使用范围分,有国际标准、国家标准、地区标准和公司标准 4 种。

1. 国际标准集装箱

国际标准集装箱是指根据国际标准化组织(ISO)第 104 技术委员会制定的国际标准来建造和使用的国际通用的标准集装箱。

集装箱标准化历经了一个发展过程。国际标准化组织 ISO/TC 104 技术委员会自 1961 年成立以来,对集装箱国际标准作过多次补充、增减和修改,现行的国际标准为第 1 系列,其宽度均一样(2 438 mm),长度有四种(12 192 mm、9 125 mm、6 058 mm、2 991 mm),高度有 3 种(2 896 mm、2 591 mm、2 438 mm),如表 3-1 所示。

2. 国家标准集装箱

各国政府参照国际标准并考虑本国的具体情况,而制定本国的集装箱标准。我国于 1985 年颁布修订的《集装箱外部尺寸和额定重量》(GB 1413—85)中规定了各种型号的外部尺寸、极限偏差及额定重量(表 3-2)。

3. 地区标准集装箱

此类集装箱标准,是由地区组织根据该地区的特殊情况制定的,此类集装箱仅适用于该地区。如根据欧洲国际铁路联盟所制订的集装箱标准而建造的集装箱。

表 3-1　系列 1 集装箱外部尺寸和额定质量

<table>
<tr><th rowspan="2">集装箱型号</th><th colspan="2">长度(L)</th><th colspan="2">宽度(W)</th><th colspan="2">高度(H)</th><th colspan="2">额定质量(总质量)</th></tr>
<tr><th>mm</th><th>ft in</th><th>mm</th><th>ft</th><th>mm</th><th>ft in</th><th>kg</th><th>l b</th></tr>
<tr><td>1AAA</td><td rowspan="4">12 192</td><td rowspan="4">40’</td><td rowspan="4">2 438</td><td rowspan="4">8’</td><td>2 896</td><td>9’6”</td><td rowspan="4">30 480</td><td rowspan="4">67 200</td></tr>
<tr><td>1AA</td><td>2 591</td><td>8’6”</td></tr>
<tr><td>1A</td><td>2 438</td><td>8’</td></tr>
<tr><td>1AX</td><td><2 438</td><td><8’</td></tr>
<tr><td>1BBB</td><td rowspan="4">9 125</td><td rowspan="4">29’11”1/4</td><td rowspan="4">2 438</td><td rowspan="4">8’</td><td>2 896</td><td>9’6”</td><td rowspan="4">25 400</td><td rowspan="4">56 000</td></tr>
<tr><td>1BB</td><td>2 591</td><td>8’6”</td></tr>
<tr><td>1B</td><td>2 438</td><td>8’</td></tr>
<tr><td>1BX</td><td><2 438</td><td><8’</td></tr>
<tr><td>1CC</td><td rowspan="3">6 058</td><td rowspan="3">19’10”1/2</td><td rowspan="3">2 438</td><td rowspan="3">8’</td><td>2 591</td><td>8’6”</td><td rowspan="3">24 000</td><td rowspan="3">52 900</td></tr>
<tr><td>1C</td><td>2 438</td><td>8’</td></tr>
<tr><td>1CX</td><td><2 438</td><td><8’</td></tr>
<tr><td>1D</td><td rowspan="2">2 991</td><td rowspan="2">9’9”3/4</td><td rowspan="2">2 438</td><td rowspan="2">8’</td><td>2 438</td><td>8’</td><td rowspan="2">10 160</td><td rowspan="2">22 400</td></tr>
<tr><td>1DX</td><td><2 438</td><td><8’</td></tr>
</table>

(注：系列 1 集装箱长度、高度、高度的允许公差在摘录时省略。)

4. 公司标准集装箱

某些大型集装箱船公司，根据本公司的具体情况和条件而制订的集装箱船公司标准，这类箱主要在该公司运输范围内使用。如美国海陆公司的 35 ft 集装箱。

此外，目前世界上还有不少非标准集装箱。如非标准长度集装箱有美国海陆公司的 35 ft 集装箱、总统轮船公司的 45 ft 及 48 ft 集装箱；非标准高度集装箱，主要有 9 ft 和 9.5 ft 两种高度集装箱；非标准宽度集装箱有 8.2 ft 宽度集装箱等。由于经济效益的驱动，目前世界上 20 ft 集装箱总重达 24 ft 的越来越多，而且普遍受到欢迎。

表 3-2　2011 年 8 月规模以上港口集装箱吞吐量

集装箱吞吐量	计算单位	自年初累计	当月完成	累计为去年同期(%)
全国总计	万 TEU	10 677.64	1 445.78	112.6
1. 沿海合计	万 TEU	9 559.61	1 296.43	111.9
大连	万 TEU	403.19	58.30	119.8
营口	万 TEU	274.76	34.20	125.4
天津	万 TEU	753.91	98.80	116.2
青岛	万 TEU	869.56	108.56	111.5
上海	万 TEU	2 098.18	277.00	110.0
连云港	万 TEU	322.81	44.50	126.1
宁波-舟山港	万 TEU	992.62	134.77	114.0

续表 3-2

集装箱吞吐量	计算单位	自年初累计	当月完成	累计为去年同期(%)
厦门	万 TEU	402.41	58.36	106.4
深圳	万 TEU	1 484.05	212.30	100.1
广州	万 TEU	907.48	129.70	112.0
2.内河合计	万 TEU	1 118.04	149.36	119.5
苏州	万 TEU	289.90	42.42	124.7
佛山	万 TEU	206.28	26.79	102.4

注:本表所列港口为 2011 年 8 月沿海港区集装箱吞吐量达到 200 万 TEU 的港口、内河港区集装箱吞吐量达到 200 万 TEU 的港口。资料来源:中华人民共和国交通运输部。

(四)集装箱运输的方式与形态

1.运输方式

集装箱运输中,根据实际交接地点的不同,整箱货和拼箱货在船货双方之间的交接方式一般分为下列几种方式:

(1)"门到门"(Door to Door)交接:这种交接方式是指承运人在发货人的工厂、仓库接受所托运的货物,然后负责全程运输,直到收货人的工厂、仓库交货为止。

(2)"门到场"(Door to CY)交接:这种交接方式是指承运人在发货人的工厂、仓库接受所托运的货物,然后负责全程运输,直到目的港的集装箱码头堆场交付货物为止。

(3)"门到站"(Door to CFS)交接:这种交接方式是指承运人在发货人的工厂、仓库接受所托运的货物,然后负责全程运输,直到目的港的集装箱货运站交付货物为止。

(4)"场到门(CY to Door)交接:这种交接方式是指承运人在装运港集装箱码头堆场接受所托运的货物,然后负责全程运输,直到收货人的工厂、仓库交付货物为止。

(5)"场到场"(CY to CY)交接:这种交接方式是指承运人在装运港集装箱码头堆场接受所托运的货物,然后负责全程运输,直到目的港的集装箱码头堆场交付货物为止。

(6)"场到站"(CY to CFS)交接:这种交接方式是指承运人在装运港集装箱码头堆场接受所托运的货物,然后负责全程运输,直到目的港的集装箱货运站交付货物为止。

(7)"站到门"(CFS to Door)交接:这种交接方式是指承运人在装运港集装箱码头货运站或收货地内陆货运站(中转站)接受所托运的货物,然后负责全程运输,直到收货人的工厂、仓库交付货物为止。

(8)"站到场"(CFS to CY)交接:这种交接方式是指承运人在装运港集装箱码头货运站或收货地内陆货运站(中转站)接受所托运的货物,然后负责全程运输,直到目的港的集装箱码头交付货物为止。

(9)"站到站"(CFS to CFS)交接:这种交接方式是指承运人在装运港集装箱码头货运站或收货地内陆货运站(中转站)接受所托运的货物,然后负责全程运输,直到目的港的集装箱码头货运站或交货地内陆货运站(中转站)交付货物为止。

在不同的交接方式下,承托双方的责任是不一样的,要分清其责任。

【同步训练 3.1】列举集装箱运输的 9 种方式

2. 运输形态

(1)整箱货集装箱:整箱货集装箱简称整箱(FCL)。是指货主自行将货物装满整箱后,以箱为单位托运的集装箱。这种情况通常在货主有足够的货源装载一个或数个整箱时采用,除一些大的货主自己置备有集装箱外,一般都是向承运人或集装箱租赁公司租用一定数目的集装箱。空箱运到工厂或仓库后,在海关人员的监管下,货主把货装入箱内,加锁、铅封后交承运人并取得站场收据,最后凭收据换取提单或运单。

(2)拼箱货集装箱:拼箱货集装箱简称拼箱(LCL)。是指承运人或代理人接受货主托运的数量不足整箱的小票货运后,根据货类性质和目的地进行分类整理,把去同一目的地的货集中到一定数量拼装入箱。由于一个箱内有不同货主的贷拼装在一起,所以叫拼箱。这种情况在货主托运数量不足装满整箱时采用。拼装货的分类、整理、集中、装箱(拆箱)、交货等工作均在承运人码头集装箱货运站或内陆集装箱转运站进行。

二、集装箱运输装箱方式

(一)集装箱货物的种类

所谓集装箱货物是指以集装箱为单元积载设备而投入运输的货物。并不是所有的货物都可以成为集装箱货物。适宜用集装箱装运的货物具有两个基本特点:一是能较好地利用集装箱的载货能力(重量和容积),二是价格较高。集装箱货物的分类方法有:按适箱程度分类;按货运特性分类;按一批货物能否装满一个集装箱分类等。

1. 按适箱积度分类

集装箱货物按适箱程度分,可分为最适合集装箱化的货物、适合集装箱化的货物、边缘集装箱化的货物和不适合集装箱化的货物。

(1)最适合集装箱化的货物,系指货价高、运费也较高的商品。这些商品按其属性可有效地装载集装箱运输。所谓货物属性是指商品的大小,以及容积与重量的关系。最适合集装箱化的货物有针织品、服装、酒、医药品、各种小型电器、光学仪器、家电产品、小五金等。

(2)适合集装箱化的货物系指货价、运费较适合集装箱运输的商品。该类商品有纸浆、天花板、电线电缆、面粉、生皮、金属制品等。

(3)边缘集装箱化的货物可用集装箱来装载,但因其货价较低,用集装箱来运输在经济上不合算,而且该类货物的大小、重量和包装也难以集装箱化,如钢锭、生铁、原木等。

(4)不适合集装箱化的货物是指不适合装载集装箱来运输的货物。有些货物在大量运输时使用专用船反而能提高效率,这些货物有废钢铁、大型卡车、桥梁、铁塔、发电机等。

2. 按所装货物种类分类

按照货物本身的运输特性分,可分为普通货物、冷藏货物和危险品。

(1)普通货物本身性质不具有危险性,是不属于危险品规则上的货物,不需要保温或冷冻的货物。普通货物适合于装载干货箱运输。

(2)冷藏货物对运输的温度有较高的要求,因此必须使用冷藏集装箱运输,主要有蔬菜、水果、鲜货海产品、蜂王浆等。

(3)危险品是危险品规则上列名的产品,在运输过程中安全要求很高,因此采用集装箱运输,通常装载于干货箱中,但在集装箱的四面外壁上必须贴上相应的危险品标志。危险品主要包括各类危险化工品、农药、黄磷、火柴等。

3.按一批货物能否装满一个集装箱分类

按一批货物能否装满一个集装箱分类,可分为整箱货、拼箱货。

(1)整箱货。整箱货是以集装箱为一个单位的大批量货物,多数是由发货人装箱、计数并加铅封后运输,到目的港后交收货人,整箱货的拆箱通常由收货人办理,而且整箱货的发货人通常是一个人,而收货人通常也是一个人。承运人对整箱货,以箱为交接单位,只要集装箱外表与收箱时相似和铅封完整,承运人就完成了承运责任。

(2)拼箱货。拼箱货是整箱货的相对用语,是指装不满一箱的小票货物,在集装箱货运站或内陆中转站内集中,与其他货物混装在一个集装箱内,在到达目的地后,再从集装箱货运站或内陆中转站内取出货物交给收货人。拼箱货的发货人通常是多个人,而收货人也通常是好几个人。

货物装箱应根据货运代理的集装箱出口业务员编制的集装箱预配清单,在集装箱货运站或发货人的仓库进行。

(二)集装箱货物装箱的方式

1.整箱货装箱

由发货人或其货运代理人办理货物出口报关手续,在海关派员监装下自行负责装箱,施加船公司或货运代理集装箱货运站铅封和海关关封。发货人或其代理人缮制装箱单和场站收据,在装箱单上标明装卸货港口、提单号、集装箱号、铅封早、重量、件数、尺码等。

若在内陆(发货人仓库)装箱运输至集装箱码头的整箱货,应有内地海关关封,并应向出境地海关办理转关手续。

2.拼箱货装箱

拼箱货装箱是由货运代理人将接收有多个发货人运往不同收货人,而不足一整箱的零星货物集中起来交给集装箱货运站,货运站根据集装箱预配清单核对货主填写的场站收据,并负责接货,请海关派人监装,拼装整箱装箱、施封,并制作装箱单。其具体程序是:

货主或其代理人将不足一整箱的货物连同事先缮制的场站收据,送交集装箱货运站,集装箱货运站核对由货主或其代理人缮制的场站收据和送交的货物,接收货物后,在场站收据上签收。如果接收货物时,发现货物外表状况有异状,则应在场站收据上按货物的实际情况作出批注。集装箱货运站将拼箱货物装箱前,须由货主或其代理人办理货物出口报关手续,并在海关派人监督下将货物装箱,同时还应从里到外地按货物装箱的顺序编制装箱单。

3.集装箱装箱注意事项

装箱人在装箱前应按规定认真检查箱体,发现集装箱不适合装运货物时,应拒绝装箱,并立即通知集装箱所有人。集装箱所有人有责任继续提供适合货物装运的集装箱。集装箱装箱时应注意以下事项:

(1)集装箱货运站装箱时,不能随到随装,必须根据集装箱预配清单和事先编制的装箱计划进行装箱。

(2)备妥必要的合格的隔热物料及捆扎加固构料。

(3)注意货盘的叉槽放置方向不能弄错。

(4)装箱时必须考虑方便拆箱卸货。

(5)货物重心分布必须平衡,积载后的重心应尽量接近箱子的中心,以免装卸过程中发生倾斜和翻倒。

(6)硬包装的货物,装箱时应当用垫料,以免充压其他货物或碰坏箱子内壁。

(7)袋装货最好不要与箱装货同装一箱,不能避免时需要用垫板。

(8)带有凸出、隆起或四边不规则包装的货,如没用适当垫料,不能与其他货装在一起。

(9)湿货包括桶装或罐装液体货,应当用垫料,并装在底层。

(10)同种类的包装,必须保持分票积载。例如,木夹板包装货与袋装货或纤维板箱装货物之间,如果没有保护性的隔垫,就不能装在一起。

(11)海关监管或可能被查验的货物必须分出并装在箱门口。

(12)在任何情况下,都不能把货物直接固定在集装箱内部任何一个平面上,因为集装箱钻孔会破坏箱的水密性。

(13)不要用不同包装的货物填塞集装箱的空位,除非这两种包装的货物是完全适合拼装的。

(14)包装损坏的货物,即使损坏的表面是微小的,也不能装入箱内,必须将坏包在装箱前修好后才能装入箱内。

(15)货物装完后,必须检查,要求做到没有一件货物处于松动状态,以防集装箱发生纵向或横向倾斜时,造成货损。

集装箱装箱完毕后,应使用合适的方法进行固定、绑扎,并关闭箱门,如对货物加固材料系木材,且目的地是澳大利亚、新西兰等国家,则应在箱体外表明显地方贴上有关部门出具的木材免疫处理证明。

4. 特殊货物装箱

(1)重大件货物装箱。像那些超重、超高、超宽、超长货物,一般需要非标准集装箱装箱,在装箱前,应在订舱前由托运人或承运人向港口提出申请,经确认后方可装运。

(2)危险货物装箱。使用集装箱装载危险货物应按《危险货物运输规则》所列的性能作为配载依据进行装载。

(3)冷冻、冷藏集装箱的装载。冷冻、冷藏货物要求低温运输,所以在装载时要注意控制运输装载的温度,不能超过其温控范围。

三、集装箱运输交接方式

(一)交接方式

集装箱货运分为整箱和拼箱两种,因此在交接方式上也有以下4类:

1. 整箱交整箱接(FCL/FCL)

货主在工厂或仓库把装满货后的整箱交给承运人,收货人在目的地以同样整箱接货,换言之,承运人以整箱为单位负责交接。货物的装箱和拆箱均由货方负责。

2. 拼箱交,拆箱接(LCL/LCL)

货主将不足整箱的小票托运货物在集装箱货运站或内陆转运站交给承运人,承运人负责拼箱和装箱运到目的地货站或内陆转运站，由承运人负责拆箱，拆箱后，收货人凭单接货。货物的装箱和拆箱均由承运人负责。

3. 整箱交，拆箱接(FCL/LCL)

货主在工厂或仓库把装满货后的整箱交给承运人，在目的地的集装箱货运站或内陆转运站由承运人负责拆箱后，各收货人凭单接货。

4. 拼箱交，整箱接(LCL/FCL)

货主将不足整箱的小票托运货物在集装箱货运站或内陆转运站交给承运人，由承运人分类调整，把同一收货人的货集中拼装成整箱，运到目的地后，承运人以整箱交，收货人以整箱接。

上述各种交接方式中，以整箱交、整箱接效果最好，也最能发挥集装箱的优越性。

(二)集装箱货物交接地点

集装箱货物的交接，根据贸易条件所规定的交接地点不同有以下 4 种方式：

1. 门到门

这种运输方式的特征是，在整个运输过程小，完全是集装箱运输，并无货物运输，故最适宜于整箱交、整箱接。

2. 门到场站

这种运输方式的特征是，由门到场站为集装箱运输，由场站到门是货物运输，故适宜于整箱交、拆箱接。

3. 场站到门

这种运输方式的特征是，由门至场站是货物运输，由场站至门是集装箱运输，故适宜于拼箱交、整箱接。

4. 场站到场站

这种运输方式的特征是，除中间一段为集装箱运输外，两端的内陆运输均为货物运输，故适宜于拼箱交、拆箱接。

(三)集装箱运输的关系方

集装箱运输主要关系方有无船承运人、集装箱实际承运人、集装箱租赁公司、集装箱堆场和集装箱货运站等。

(1)无船承运人，专门经营集装货运的揽货、装箱、拆箱、内陆运输及经营中转站或内陆站业务，可以具备实际运输工具，也可不具备。

(2)集装箱实际承运人，掌握运输工具并参与集装箱运输的承运人。通常拥有大量的集装箱，以利于集装箱的周转、调拨、管理以及集装箱与车、船、机的衔接。

(3)集装箱租赁公司，专门经营集装箱出租业务。集装箱租赁对象主要是一些较小的运输公司、无船承运人以及少数货主。这类公司业务包括出租、回收、存放、保管以及维修等。

(4)集装箱堆场，指办理集装箱重箱或空箱装卸、转运、保管、交接的场所。

(5)集装箱货运站，是处理拼箱货的场所，它办理拼箱货的交接、配箱积载后，将箱子送往集装箱堆场，并接受集装箱堆场交来的进口货箱，进行拆箱、理货、保管，最后拨交给各收货人，同时也可按承运人的委托进行铅封和签发场站收据等业务。

(6)联运保赔协会，一种由船公司互保的保险组织，对集装箱运输中可能遭受的一切损害进行全面统一的保险。是集装箱运输发展后所产生的新的保险组织。

(7)货主,就是集装箱运输货物的所有人。

任务二 国际多式联运

【任务描述】

本项任务要求我们了解国际多式联运的基础知识,包括国际运输和国际多式联运的概念,掌握国际多式联运实施条件、实施形式和合理化。

一、国际物流与国际运输概述

(一)国际货物运输概述

国际货物运输通常又称为国际贸易运输,即对外贸易运输,简称外贸运输。各方当事人主要包括承运人、运输代理和货主,从贸易合同签订到国际货代企业、承运企业的具体操作,通过海、陆、空等各种运输方式的选择,最后将货物交到收货人手中,整个过程构成了国际货物运输这个系统工程的总体。

国际货物运输是国家与国家、国家与地区之间的运输,与国内货物运输相比,它具有以下几个主要特点:

1. 国际货物运输涉及国际关系问题,是一项政策性很强的涉外活动

国际货物运输是国际贸易的一个组成部分,在组织货物运输的过程中,需要经常同国外发生直接或间接的广泛的业务联系,这种联系不仅是经济上的,也常常会涉及国际间的政治问题,是一项政策性很强的涉外活动。因此,国际货物运输既是一项经济活动,也是一项重要的外事活动,这就要求我们不仅要用经济观点去办理各项业务,而且要有政策观念,按照我国的对外政策的要求从事国际运输业务。

2. 国际货物运输是中间环节很多的长途运输

国际货物运输是国家与国家、国家与地区之间的运输,一般来说,运输的距离都比较长,往往需要使用多种运输工具,通过多次装卸搬运,要经过许多中间环节,如转船、变换运输方式等,经由不同的地区和国家,要适应各国不同的法规和规定。如果其中任何一个环节发生问题,就会影响整个的运输过程,这就要求我们作好组织、环环紧扣,避免在某环节上出现脱节现象,给运输带来损失。

3. 国际货物运输涉及面广,情况复杂多变

国际货物运输涉及国内外许多部门,需要与不同国家和地区的货主、交通运输、商检机构、保险公司、银行或其他金融机构、海关、港口以及各种中间代理商等打交道。同时,由于各个国家和地区的法律、政策规定不一,贸易、运输习惯和经营做法不同,金融货币制度的差异,加之政治、经济和自然条件的变化,都会对国际货物运输产生较大的影响。

4. 国际货物运输的时间性强

按时装运进出口货物,及时将货物运至目的地,对履行进出口贸易合同,满足商品竞争市场的需求,提高市场竞争能力,及时结汇,都有着重大意义。特别是一些鲜活商品、季节性商品

和敏感性强的商品，更要求迅速运输，不失时机地组织供应，才有利于提高出口商品的竞争能力，有利于巩固和扩大销售市场。因此，国际货物运输必须加强时间观念，争时间、抢速度，以快取胜。

5. 国际货物运输的风险较大

由于在国际货物运输中环节多，运输距离长，涉及的面广，情况复杂多变，加之时间性又很强，在运输沿途国际形势的变化、社会的动乱，各种自然灾害和意外事故的发生，以及战乱、封锁禁运或海盗活动等，都可能直接或间接地影响到国际货物运输，以致造成严重后果，因此，国际货物运输的风险较大。为了转嫁运输过程中的风险损失，各种进出口货物和运输工具，都需要办理运输保险。

◆【知识拓展 3.2】国际货物海洋运输中的风险种类

外来风险，外来风险一般是指由于外来原因引起的风险。它可分为一般外来风险和特殊外来风险。

(1)一般外来风险。是指货物在运输途中由于偷窃，下雨，短量，渗漏，破碎，受潮，受热，霉变，串味，沾污，钩损，生锈，碰损等原因所导致的风险。

(2)特殊外来风险。是指由于战争，罢工，拒绝交付货物等政治、军事、国家禁令及管制措施所造成的风险与损失。如因政治或战争因素，运送货物的船只被敌对国家扣留而造成交货不到；某些国家颁布的新政策或新的管制措施以及国际组织的某些禁令，都可能造成货物无法出口或进口而造成损失。

海上风险，海上风险在保险界又称为海难，包括海上发生的自然灾害和意外事故。自然灾害是指由于自然界的变异引起破坏力量所造成的灾害。海运保险中，自然灾害仅指恶劣气候、雷电、海啸、地震、洪水、火山爆发等人力不可抗拒的灾害。意外事故是指由于意料不到的原因所造成的事故。海运保险中，意外事故仅指搁浅，触礁、沉没、碰撞、火灾、爆炸和失踪等。(1)搁浅。是指船舶与海底、浅滩、堤岸在事先无法预料到的意外情况下发生触礁，并搁置一段时间，使船舶无法继续行进以完成运输任务。但规律性的潮汛涨落所造成的搁浅则不属于保险搁浅的范畴。(2)触礁。是指载货船舶触及水中岩礁或其他阻碍物(包括沉船)。(3)沉没。是指船体全部或大部分已经没入水面以下，并已失去继续航行能力。若船体部分入水，但仍具航行能力，则不视作沉没。(4)碰撞。是指船舶与船或其他固定的，流动的固定物猛力接触。如船舶与冰山、桥梁、码头、灯标等相撞等。(5)火灾。是指船舶本身，船上设备以及载运的货物失火燃烧。(6)爆炸。是指船上锅炉或其他机器设备发生爆炸和船上货物因气候条件(如温度)影响产生化学反应引起的爆炸。(7)失踪。是指船舶在航行中失去联络，音讯全无，并且超过了一定期限后，仍无下落和消息，即被认为是失踪。

在国际贸易中海洋运输中防范的重点应放在外来风险上，外来风险是可预防性风险，一般采用预防性的战略；海上风险主要是因不可抗力引起的，是难以预测的、难以控制的，一般通过投保，转嫁货物的风险，又称转嫁性战略。

(资料来源：锦程物流 http://info.jctrans.com/zhuanti/zta/7/2006316227266.shtml 经编者整理)

(二)国际多式联运的概念

国际多式联运(International Multimodal Transport),是指按照多式联运合同,以至少两种不同的运输方式,由多式联运经营人将货物从一国境内接管货物的地点运至另一境内指定交付货物的地点的一种运输方式。

多式联运经营(Combined Transport Operator),是指其本人或通过其代表订立多式联运合同的任何人,他负有履行多式联运合同的责任。根据多式联运的定义,结合国际上一般做法,构成多式联合运输的基本条件有 5 项:

(1)必须使用包括全程的运输单据,如联合运输单据(Combined Transport Documents)。

(2)必须是两种或两种以上的不同运输方式的连贯运输。

(3)必须是国际间的货物运输。

(4)必须是多式联运经营人负有全程运输责任。

(5)必须实行全程单一的运输费率(S1ngle Factor Rate)。

国际多式联运极少由一个经营人承担全部运输,往往是接受货主的委托后,联运经营人自己办理一部分运输工作,而将其余各段的运输工作再委托其他的承运人。但这又不同于单一的运输方式,这些接受多式联运的经营人负责转托的承运人,只是依照运输合同关系对联运经营人负责,与货主不发生任何业务关系。因此,多式联运经营人可以是实际承运人,也可以是"无船承运人"(Nop-Vessel Operating Carrier,NVOC)。

国际多式联运的特点:

(1)国际多式联运是根据多式联运合同进行的。国际多式联运合同是多式联运经营人与发货人订立的,符合多式联运条件的运输合同。该合同是以多式联运经营人签发的多式联运单据证明的,有偿、承揽式合同。

(2)国际多式联运的货物主要是集装箱货物或集装箱化的货物,一般以集装箱作为运输的基本单元。货物集装箱化促进了国际多式联运的发展,而现代集装箱运输自产生时起就与多式联运紧密地联系在一起,使得国际多式联运具有集装箱运输的高效率、高质量、高技术、高投入和系统性的特点。

(3)国际多式联运是全程运输中至少使用两种或两种以上不同的运输方式的国际间的货物运输。

(4)国际多式联运是一票到底,实行全程单一费率的运输,发货人只办理一次托运、一次计付运费、一次保险,通过一张运输单据,可以实现从起运地到目的地的全程连贯运输。因此,它具有简单化和统一化的特点。

在运输过程中,无论涉及几种运输方式,分为多少个区段,国际多式联运都是由多式联运经营人完成或组织完成的,国际多式联运经营人要对全程运输负责。从起运地接管货物,在最终目的地交付货物及全程运输中各区段的衔接工作和有关的服务业务,由国际多式联运经营人在不同国家或地区的分支机构或委托代理人完成。

(5)国际多式联运经营人可以通过货物运输路线、运输方式的选择,运输区段的划分和对各区段实际承运人的选择达到降低运输成本,提高运输速度,实现合理运输的目的。

国际多式联运经营人是多式联运的当事人,是一个独立的法律实体。对于货主来说,它是货物的承运人;对各区段分承运人来说,它又是货物的托运人。他一方面同货主订立多式联运合同,另一方面又与分承运人以托运人的身份签订各区段的运输合同。

二、国际多式联运实施的条件

1.必须订立一个国际多式联运合同

多式联运经营人和托运人之间必须签订多式联运合同,以明确承运人、托运人双方的权利、义务和豁免关系等。

2.全程运输必须使用国际多式联运单据

多式联运单据的内容包括以下几种:

(1)货物品类、标志、性质、包数或件数、货物毛重。

(2)货物的外表状况。

(3)联运人的名称和地址。

(4)发货人的名称。

(5)收货人的名称。

(6)联运人接管货物的地点和日期。

(7)联运人或经其授权人的签字。

(8)每种运输方式的运费,或应由收货人支付的运费。

(9)预期经过的路线、运输方式和转运地点。

(10)在不违背签发多式联运单据所在国法律的情况下,双方同意列入多式联运单据的任何其他事项。

3.发货人应提供准确信息

4.联运经营人必须对多式联运负责

◆【知识拓展3.3】国际多式联运经营人责任期间的责任范围和赔偿限额方法

国际多式联运经营人的责任期间是从接管货物之时起到向收货人交付货物之时止。在此期间对责任范围和赔偿限额方面,目前国际上有三种做法:

(1)统一责任制。

它是国际多式联运经营入对货主负有不分区段的运输的统一责任,即货物灭失或损坏,包括隐蔽损失,无论发生在哪个区段,国际多式联运经营人按一个统一原则负责,并按一个约定的限额赔偿。

(2)分段责任制。

又称网状责任制。它是国际多式联运经营人的责任范围以各区段运输原有的责任为限。如海上区段技《海牙规则》办理,航空区段按《华沙公约》办理。在不适用国际法时,应按相应国内法办理。赔偿按各区段的国际法或国内法规定限额赔付,对不明区段货物隐蔽损失,按双方约定办理。

(3)修正统一责任制。

这种责任制是介于统一责任制与分段责任制之间的责任制,又称混合责任制。即在责任范围方面与统一责任制相同,而在赔偿限额方面与分段责任制相同。

(资料来源:百度百科 http://baike.baidu.com/view/4412239.htm 经编者整理)

三、国际多式联运实施的形式

国际多式联运是采用两种或两种以上不同运输方式进行联运的运输组织形式，包括海陆、防空、海空等。这与一般的海海、陆陆、空空等形式的联运有着本质的区别。后者虽然也是联运，但仍是同一种工具之间的运输方式。由于国际多式联运严格规定必须采用两种或者两种以上不同的运输方式进行联运，因此，这种运输组织形式可以综合利用各种运输方式的优点，充分体现社会化大生产和大交通的特点。

由于国际多式联运具有其他运输组织形式无可比拟的优越性，因而这种国际运输新技术已在世界一些国家和地区得到广泛的推广应用。目前，有代表性的国际多式联运主要有远东和欧洲、远东和北美等海陆联合运输。

(一)海陆联运

海陆联运是国际多式联运的主要组织形式，也是远东和欧洲多式联运的主要组织形式之一。目前，组织和经营远东与欧洲海陆联运业务的主要有班轮公会的三联集团、丹麦的马士基等国际航运公司，以及非班轮公会的中国远洋运输公司、中国台湾长荣航运公司和德国那亚航运公司等。这种组织形式以航运公司为主体，签发联运提单，与航线两端的内陆运输部门开展联运业务，与大陆桥运输展开竞争。

◆【知识拓展 3.4】欧亚大陆桥

大陆桥是指横贯大陆的铁路把两侧的海上运输线联结起来的便捷运输通道，它的主要功能是便于开展海陆联运，缩短运输里程。第一欧亚大陆桥(西伯利亚大陆桥)从俄罗斯东部的符拉迪沃斯托克(海参崴)为起点经西伯利亚大铁路通向莫斯科，然后通向欧洲各国，最后到荷兰鹿特丹港。贯通亚洲北部，整个大陆桥共经过俄罗斯、中国，哈萨克斯坦、白俄罗斯、波兰、德国、荷兰 7 个国家，全长 13 000 km 左右

西伯利亚大陆桥，是世界上最著名的国际集装箱多式联运线之一，通过原苏联西伯利亚铁路，把远东、东南亚和澳大利亚地区与欧洲，中东地区联结起来，因此又称亚欧大陆桥。西伯利亚大陆桥于 1971 年由全苏对外贸易运输公司正式确立。现在全年货运量高达 10 万标准箱，最多时达 15 万标准箱。使用这条陆桥运输线的经营者主要是日本、中国和欧洲各国的货运代理公司。其中，日本出口欧洲杂货的 1/3，欧洲出口亚洲杂货的 1/5 是经这条陆桥运输的。由此可见它在沟通亚欧大陆、促进国际贸易中所处的重要地位。日本、东南亚、中国香港等地运往欧洲、中东地区的货物由海运运至俄罗斯的东方港或纳霍德卡后，经西伯利亚大陆桥有 3 种联运方式：

(1)铁路/铁路线。经西伯利亚大铁路运至俄罗斯西部国境站，经伊朗、东欧或西欧铁路再运至欧洲各地，或按相反方向的运输。

(2)铁路/海运线。经西伯利亚大铁路运至莫斯科，经铁路运至波罗的海的圣彼得堡、里加或塔林港，再经船舶运至西欧、北欧和巴尔干地区，或按相反方向的运输。

(3)铁路公路线。经西伯利亚大铁路运至俄罗斯西部国境内，再经公路运至欧洲各地，或按相反方向的运输。

第二欧亚大陆桥，指1990年9月与哈萨克斯坦铁路接轨的经我国兰新铁路、陇海铁路的新欧亚大陆桥，由于所经路线很大一部分是经原“丝绸之路”，所以人们又称作现代“丝绸之路”，是目前亚欧大陆东西最为便捷的通道。新欧亚大陆桥东起我国黄海之滨的连云港，向西经陇海的(由东向西)徐州、商丘、开封、郑州、洛阳、三门峡、西安、宝鸡、天水等站，兰新线的(由东向西)兰州、武威、金昌、张掖、清水、酒泉、嘉峪关、玉门镇、柳园、哈密、鄯善、吐鲁番、乌鲁木齐等站，再向西经北疆铁路到达我国边境的阿拉山口，进入哈萨克斯坦，再经俄罗斯、白俄罗斯、波兰、德国，西止荷兰的世界第一大港鹿特丹港。这条大陆桥跨越欧亚两大洲，联结太平洋和大西洋，全长约10 800 km，通向中国、中亚、西亚、东欧和西欧30多个国家和地区。是世界上最长的一条大陆桥。现已于1992年12月1日正式投入国际集装箱运输业务。新亚欧大陆桥的贯通不仅便利了我国东西交通与国外的联系，更重要的是对我国的经济发展产生了巨大的影响。

(二)陆桥运输

在国际多式联运中，陆桥运输起着非常重要的作用，它是远东和欧洲多式联运的主要组织形式之一。所谓陆桥运输是指采用集装箱专用列车或卡车把横贯大陆的铁路或公路作为中间“桥梁”，使大陆两端的集装箱海运航线与专用列车或卡车连接起来的一种连贯运输方式。严格地讲，陆桥运输也是一种海陆联运形式，只是因为其在国际多式联运中的独特地位，故在此将其单独作为一种运输组织形式。

(三)海空联运

海空联运又被称为空桥运输。在运输组织方式上，空桥运输与陆桥运输有所不同。陆桥运输在整个货运过程中使用的是同一个集装箱，不用换装，而空桥运输的货物通常要在航空港换入航空集装箱，不过，两者的目标是一致的，即以低费用率提供快捷、可靠的运输服务。

海空货物联运是加拿大航空公司20世纪60年代初开创的，当时为了将价值昂贵的日本消费品运往美国东海岸、欧洲和中东地区，他们先将货物集装箱用船运往温哥华，再经陆桥运到温哥华国际机场，在机场开箱把货物分类分装成航空货交机场续运。这项业务的成功促进了海空联运模式的发展，之后不久这条线路沿北美太平洋向南发展到西雅图和洛杉矶。

20世纪70年代中期，波音747飞机问世后，海空货物联运业务得到迅速发展。首先是在美国，继而扩展到其他地区，特别是海湾地区，因为该地区飞往欧洲的飞机货舱往往空载，于是航空公司开始向发货人提供极低的回程费率，许多代理人注意到了海空联运的大好机会。

20世纪80至90年代，亚洲国际出口货物迅速增长，促进了该地区的海空联运业务，新加坡已经作为世界海空货物联运枢纽出现在国际市场上。东南亚和远东大多数国家出口的纺织品通过海空联运到欧洲，日本、韩国还越来越多地使用海空联运将高技术产品(如电子设备)运到欧洲。

海空联运方式开始于20世纪60年代，但到了20世纪80年代才得以迅速发展，得益于它充分利用了海运的经济性与空运的快捷性，正成为一种具有广泛发展潜力的新的多式联运形式。

目前，国际海空联运线主要有：

(1)远东—欧洲：目前，远东与欧洲间的航线有以温哥华、西雅图、洛杉矶为中转站，也有以中国香港、曼谷、海参崴为中转站，此外还有以旧金山、新加坡为中转站的。

(2)远东—中南美：近年来，远东至中南美的海空联运发展较快，因为此处港口和内陆运输不稳定，所以对海空运输的需求很大，该联运航线以迈阿密、洛杉矶、温哥华为中转站。

(3)远东—中东、非洲、澳洲：这是以中国香港、曼谷为中转站至中东、非洲的运输服务。

在特殊情况下，还有经马赛至非洲、经曼谷至印度、经中国香港至澳洲等联运航线，但这些线路货运量较小。

总的来讲，运输距离越远，采用海空联运的优越性就越大，因为同完全采用海运相比，其运输时间更短；同直接采用空运相比，其费率更低。因此，若从远东出发，则将欧洲、中南美以及非洲作为海空联运的主要市场是合适的。

【同步训练 3.2】有哪几种形式的国际多式联运？

四、国际多式联运的合理化

国际贸易作为连接不同国家生产和消费的桥梁，按其基本功能可以分为国际商流和国际物流。国际商流是通过商品的交易，实现商品所有权的转移，让渡商品的使用价值，实现商品的价值，为国家多创外汇。但是，国际商流的实现，必须借助于国际物流，特别是借助多式联运方式才能完成它的使命。因此，推进国际多式联运合理化意义重大。国际多式联运合理化的主要内容是：物流设施合理化；商品运输渠道合理化；商品包装规格化、系列化；装卸、储存托盘化、机构化；运输网络化。

(一)国际多式联运合理化的主要目标

主要目标在于实现国际运输合理化以及有关包装、装卸、保管诸环节的合理化。国际运输以谋求国际物流合理化为目标，采取了从发货地到收货地的直达运输系统，从而降低物流总费用。

(二)国际多式联运合理化的主要形式

基本形式是建立国际货物运输系统，将铁路、船舶、汽车、飞机等运输工具进行组合，建立新的运输系统。主要有 3 种形式：汽车——船舶——汽车；汽车——铁路——汽车；汽车——飞机——汽车。

(三)国际多式联运合理化的途径

1. 成品出口渠道系统合理化

多式联运机制的正常运转，必须借助合理的出口渠道系统。只有建立多层次的出口渠道系统，并运用现代化的管理技术、现代化的信息系统，多式联运才能顺畅流转。在成品出口中，增加机械类、机电类产品比例，已经成为一种发展趋势。为了寻找出口商品的多式联运合理化的途径，以海上集装箱运输为主要载体的国际联运已居主导地位。

根据货物组织者和委托者不同，表现出成品出口渠道合理化的几种基本形式：

(1)制造商通过出口机构向对方的进口机构出售产品,这是一种间接性的国际物流形式。

(2)大公司的出口机构向对方的进口机构出售产品,这也是一种间接性的国际物流形式。

(3)大公司的出口机构在进口国设置分公司及其驻外机构,寻求物流合理化所形成的国际物流,它有利于产品推销。

(4)工厂、企业与进口机构直接交易而形成的国际物流,目标在于寻求最佳的物流流向,即没有中间商的直接交易。

2. 单位成组装卸系统合理化

所谓单位成组装载系统,不是将货物单个地、一件一件地进行运输,而是把众多的货物分类排列,组合成一个单位进行运输的一种方法。

3. 连贯运输托盘化

托盘也称货盘,它是一种把货物集合成一定数量单位,便于装卸操作的搬运器具,是多式联运合理化的主要载体之一,即把各种各样的货物放在托盘上,然后用叉车将托盘送到货车、汽车、船舶、飞机上的一系列装卸活动。

◆【知识拓展 3.5】托盘作业的好处

托盘是使静态货物转变为动态货物的媒介物,一种载货平台,而且是活动的平台,或者说是可移动的地面。即使放在地面上失去灵活性的货物,一经装上托盘便立即获得了活动性,成为灵活的流动货物,因为装在托盘上的货物,在任何时候都处于可以转入运动的准备状态中。这种以托盘为基本工具组成的动态装卸方法,就叫做托盘作业。

托盘作业不仅可以显著提高装卸效果,同时由于托盘的使用使得仓库建筑的形式、船舶的构造、铁路和其他运输方式的装卸设施以及管理组织都发生变化。在货物包装方面,促进了包装规格化和模块化,甚至对装卸以外的一般生产活动方式也都会有显著的影响。随着生产设备越来越精密,自动化程度越来越高,生产的计划性越来越强和管理方式的逐步先进,工序间的搬运和向生产线供给材料和半成品的工作就越发显得重要了。而托盘作业是迅速提高搬运效率和使材料流动过程有序化的有效手段,在降低生产成本和提高生产效率方面起着巨大的作用。

【项目回顾】

通过本项目的学习,使我们对集装箱运输和多式联运有了初步的认识,已明确多式联运和集装箱运输的特征及不同的形式,并对合理化也有一定程度的掌握。多式联运是物流运输的一种重要方式,尤其是在国际物流中,这种方式更为重要。能过这一项目将为我们以后从事国际物流打下扎实的基础。

课后训练

一、理论训练

(一)不定项选择题

1. 集装箱的要求(　　)。

A. 具有耐久性　　B. 便于装卸搬运

C. 内容积为 1 m^3 或 1 m^3 以上　　D. 便于货物装满或卸空

2. 根据集装箱的用途不同分为(　　)。

A. 干货集装箱　B. 开顶集装箱　C. 台架式及平台式集装箱　D. 通风集装箱

3. 集装箱按其主体材料分类(　　)。

A. 钢制集装箱　B. 铝制集装箱　C. 不锈钢制集装箱　D. 玻璃钢制集装箱

4. 集装箱标准按使用范围分有(　　)。

A. 国际标准　B. 国家标准　C. 地区标准　D. 公司标准

5. 集装箱货物的运输形态有(　　)。

A. 拼箱货集装箱　B. 整箱货集装箱　C. 装箱货集装箱　D. 托盘集装箱

6. 下列最适合集装箱化的货物(　　)。

A. 沙子　B. 纸张　C. 服装　D. 石油

7. 集装箱按货运特性分类(　　)。

A. 普通货物　B. 冷藏货物　C. 危险品　D. 固体类

8. 国际海空联运线主要有(　　)。

A. 远东—欧洲　B. 远东—中南美　C. 远东—中东、非洲、澳洲　D. 北美—南美

9. 国际多式联运有(　　)。

A. 海陆联运　B. 陆桥运输　C. 海空联运　D. 铁路联运

10. 国际多式联运合理化包括(　　)。

A. 物流设施合理化　B. 商品运输渠道合理化

C. 装卸、储存托盘化　D. 运输网络化

(二)判断题

1. 干货集装箱又称杂货集装箱，这是一种通用集装箱，用以装载除液体货、需要调节温度货物及特种货物以外的一般性杂货。(　　)

2. 常用的集装箱规格是 6 m 和 12 m 两种。(　　)

3. 不适合集装箱化的货物是不能装载集装箱运输的。(　　)

4. 整箱货是以集装箱为一个单位的大批量货物，多数是由发货人装箱、计数并加铅封后运输，到目的港后交收货人。(　　)

5. 不锈钢制集装箱主要优点是强度高、不生锈、耐腐蚀性好、投资大(　　)

6. 国际货物运输的风险较小。(　　)

7. 国际货物运输涉及面广，情况复杂多变。(　　)

8. 国际多式联运的货物主要是集装箱货物或集装箱化的货物，在运输过程中一般以集装箱作为运输的基本单元。(　　)

9. 国际多式联运是全程运输中至少使用 3 种或 3 种以上不同的运输方式的国际间的货物运输。(　　)

10. 国际多式联运通过一张运输单据，可以实现从起运地到目的地的全程连贯运输。(　　)

(三)简答题

1. 说明集装箱的特点。

2. 集装箱运输交接方式有哪些?

3. 说明构成国际多式联运的基本条件。

4. 分析国际多式联运实施的形式。

二、案例讨论：物流顽症：物流联运短路之谜“铁公机”各自为政

铁路的缺失让洋山港的货物绝大部分只能通过像老徐这样的货车司机如同蚂蚁搬家一样辛苦地跑来跑去，这种高成本的方式运输，导致整个物流成本大大提高。

所谓联运，通俗来说就是多种运输方式连贯运行：一次托运、一次计算、一票到底，最终实现“门到门”服务，实现全程供应链服务。然而目前国内 80%以上的货物运输仍然仅仅依赖公路，而公路、铁路、水运、航空之间的联网运输能力很差，这也导致物流成本居高不下。

老徐是上海一家物流公司的卡车司机，每天他都要跑一两趟洋山港拉货。老徐现在开的这辆车是他花了十几年开卡车积蓄购买的，现在挂靠在一家物流公司旗下，老徐每天通过它接单跑运输来养家。这天中午，老徐接到一个任务，要去洋山港拉个集装箱回市区。老徐说：“到洋山港 100 多 km 吧，我从五洲大道过来的，100 多 km(单程)。”

从接到这单活，老徐就忙着打电话给货代公司，想再联系一个集装箱拉到洋山港，免得要空车跑去港口。但是虽然打了不少电话，老徐依然没有联系到业务。上海宏利国际物流有限公司总经理沈丽庆也帮不上忙，告诉他：“因为现在很多车辆的配载系统没有想象中的那样可以满载，就是重车进港区，提重箱回仓库，一般 40%的车辆都是空载过来，实际真正能够做到，来回做到重车进、重车出的话只能做到 60%左右。”

没有联系到可以拉到洋山港的业务，老徐只好空车前往洋山港。他给记者算了一笔账：“我们这里 100 km 是 42 个油。我们回去要到浦西去，大概要 250～260 km，油费要 500～600 元吧。”

洋山港和上海市区之间没有火车，这条公路是老徐唯一可走的一条路，老徐给记者算了一笔账，他这一趟来回下来，要花费 5 个小时，跑 250 km 左右，光油费就要 600 元，沿途还要缴纳过路费，在沪芦高速康桥收费站，老徐缴纳了一笔过路费 55 元，虽然从市内到港口只有这个收费站，但来回一趟过路费就要 110 元，加上油费，老徐的成本至少就有 700 元了。跑这一趟，老徐说自己根本赚不了钱。“这个箱子 12 t？ 12 t，怎么只拉一个箱子啊？再拉一个就超重了。超重了警察就罚款。罚 200 元，还要记分。这一趟 200 元没什么利润，就算不罚款也没什么利润。我拉这一个小柜啊，放空来的，回去(才有货)啊，就是 600 元，没办法，过来就没柜子，没有柜子。有柜子的话还能挣点。”

记者做了一个简单的测算，如果需要在上海洋山港卸载 8 000 标准箱集装箱拉回市区，同时从市区装载 8 000 标准箱集装箱到洋山出口，那就需要老徐这样的卡车来回跑上 16 000 趟，需要花费的油费高达 960 万元，过路过桥费高达 176 万元。

有港口的地方，通常都应该有铁路线，集装箱一下船就上铁路，这种海铁联运的方式在国外非常普遍。目前发达国家港口和铁路衔接配合的运输比例通常都在 30%左右，高的像美国甚至能达到 40%，就连印度，海铁联运也达到了 25%。而中国作为世界贸易大国，全世界前 20 名里头，有九个港口在我们国家，港口集装箱吞吐量也名列世界前茅。但是，2%左右的海铁联运比例与之极不相匹配。李牧原说：“谈的多式联运，往往是水运、铁路和公路之间的一个衔接，如果把这几个方面进行衔接好，而海铁联运，我们国家的经济，这种出口加工型经济还是占了主导，所以海铁联运是我们国家这种参与全球贸易当中应该说在扮演着一个大通道、主动脉的角色。”

(资料来源：万联网(info.10000link.com) 转自 CCTV 经济半小时 2011 年 5 月)

结合以上案例，讨论以下问题：

1. 请描述什么是多式联运？有几种方式的多式联运。

2. 请讨论并描述多式联运的优势。

3. 结合案例，讨论我国的多式联运存在什么问题？

4. 结合案例，讨论我国物流过程中包括哪些成本？

5. 请提出解决目前我国物流联运短路之谜，“铁公机”各自为政的物流顽症的措施。

三、实战训练：国际多式联运操作

1. 实训技能点

国际多式联运操作流程。

2. 实训任务

请选择国际货代企业，了解该企业货物多式联运的流程。

项目四 运输业务办理

通过本项目的学习，我们将能完成以下学习目标：

【知识目标】

1. 明确运输合同的格式。

2. 明确运输合同主要的权利义务关系。

3. 掌握不同运输方式的业务办理程序。

【能力目标】

1. 能办理公路运输业务。

2. 能办理水路运输业务。

3. 能办理铁路运输业务。

4. 能办理航空运输业务。

【背景资料】

工作一段时间后，王力被分配到公司海运部，张蕾被分配到公司空运部。他们俩一早就到公司向经理处报到。经理给他们简单介绍了流程，并安排了指导老师。接下来的任务就是让他们去揽货。

经过一个多月的辛苦，张蕾和王力终于各自都揽到了第一票货物。他们很兴奋地向经理汇报自己出单了。经理也很高兴，并同时向他们提出了以下问题：

1. 如果采用CFR价格成交，如何进行海运业务的办理？

2. 办理航空货物出口业务，我们需要做哪些工作？

任务一 认知运输合同

【任务描述】

本项任务要求我们了解运输合同的主要格式，明确运输合同主要的权利和义务关系。

一、运输合同的概念

(一)运输合同的定义

运输合同是承运人将旅客或货物运到约定地点，旅客、托运人或收货人支付票款或运费的合同。运输合同包括客运合同、货运合同、多式联运合同,本任务中的运输合同主要是指货运合同,并主要以公路货运合同为例。

(二)运输合同的特征

(1)运输合同是有偿的、双务的合同。

(2)运输合同的客体是指承运人将一定的货物或旅客到约定的地点的运输行为。

(3)运输合同大多是格式条款合同。

二、运输合同的格式

运输合同的格式可以通过表 4-1 中的公路货运合同样本来认识。

表 4-1 公路货运合同样本

托运方:	承运方:
地址:	地址:
邮编:	邮编:
电话:	电话:
法定代表人:	法定代表人:

根据国家有关运输规定,经过双方充分协商,特订立本合同,以便双方共同遵守。

第一条 领货凭证

领货时凭托运人提货单(或提货单复印件)加之指定提货人身份证并签字。如收货人是企业公司,还应出示单位提货证明,提货时须当面验收货物,事后货物出现短损,承运方概不负责。

第二条 包装要求

托运方必须按照国家主管机关规定的标准包装;没有统一规定包装标准的,应根据保证货物运输安全的原则进行包装,否则承运方有权拒绝承运。

第三条 提货期限

货物到达目的公司后,承运方电话告知收货方提货。收货方必须在三日内提取,如货物存放超过七日未提,每超过一日将收取货物运费的 5%作仓储费;超过 30 天无人认领按无主处理,承运方有权将货物拍卖抵扣仓储费。

第四条 保价运输

保价运输费:按保价额的 ‰向托运方收取。

托运人可自愿向承运人进行保价运输,如同一批托运的货物价值不同,托运人应对此批货物进行分别保价(运单上另行注明),否则视为平均保价,保价货物遭受损失时,承运人按照托运人的保价额折合实际造成的损失向托运人赔偿。如低于货物实际价值保价或高于货物实际价值保价,如出现意外承运人不予承担这部分经济损失,如不保价遇有丢失、货物受损、被盗、被抢、雨淋、火灾、交通肇事损坏货物和承运人被诈骗造成收货人整件提货不着,承运人最多赔偿托运人该批货物实际短缺部分运费的二倍。

第五条 保价期限

自托运人将货物交给承运人之日起至提货期限内有效。托运人应在货物起运之前支付保价费,如只在上注明保价金额或声明价值无效视同未保价。

第六条 责任划分

货单上所记载的货物名称、数量和价值是托运人提供的,托运人应对其真实性负责。承运人在接收货

续表 4-1

物时只按件数接收并未检查和清点每件货物内装数量是否有短损，所以承运人不承担内装货物数量和货物是否完好的经济责任。如需确认请在发货时双方当面开箱验收，并在运单上注明。

第七条 查禁或扣留

运输途中如遇检查部门（公安、工商、税务、海关）对货物有异议被扣留或罚款均由托运人负责处理，并提供有关有效证件，并承担由此给承运人带来的一切经济损失。

第八条 违法责任

托运人不准假报货名，不准托运国家禁运物品，不准夹带危险品，否则后果自负。

第九条 各方的权利义务

一、托运方的权利义务

1. 托运方的权利：要求承运方按照合同规定的时间、地点、把货物运输到目的地。货物托运后，托运方需要变更到货地点或收货人，或者取消托运时，有权向承运方提出变更合同的内容或解除合同的要求。但必须在货物未运到目的地之前通知承运方，并应按有关规定付给承运方所需费用。

2. 托运方的义务：按约定向承运方交付运杂费。

否则，承运方有权停止运输，并要求对方支付违约金。托运方对托运的货物，应按照规定的标准进行包装，遵守有关危险品运输的规定，按照合同中规定的时间和数量交付托运货物。

二、承运方的权利义务

1. 承运方的权利：向托运方、收货方收取运杂费用。如果收货方不交或不按时交纳规定的各种运杂费用，承运方对其货物有扣压权。查不到收货人或收货人拒绝提取货物，承运方应及时与托运方联系，在规定期限内负责保管并有权收取保管费用，对于超过规定期限仍无法交付的货物，承运方有权按有关规定予以处理。

2. 承运方的义务：在合同规定的期限内，将货物运到指定的地点，按时向收货人发出货物到达的通知。对托运的货物要负责安全，保证货物无短缺，无损坏，无人为的变质，如有上述问题，应承担赔偿义务。在货物到达以后，按规定的期限，负责保管。

三、收货人的权利义务

1. 收货人的权利：在货物运到指定地点后有以凭证领取货物的权利。必要时，收货人有权向到站，或中途货物所在站提出变更到站或变更收货人的要求，签订变更协议。

2. 收货人的义务：在接到提货通知后，按时提取货物，缴清应付费用。超过规定提货期限时，应向承运人交付保管费。

第十条 违约责任

一、托运方责任：

1. 由于在普通货物中夹带、匿报危险货物，错报笨重货物重量等招致吊具断裂、货物摔损、吊机倾翻、爆炸、腐蚀等事故，托运方应承担赔偿责任。

2. 由于货物包装缺陷产生破损，致使其他货物或运输工具、机械设备被污染腐蚀、损坏，造成人身伤亡的，托运方应承担赔偿责任。

3. 在托运方专用线或在港、站公用线、专用线自装的货物，在到站卸货时，发现货物损坏、缺少，在车辆施封完好或无异状的情况下，托运方应赔偿收货人的损失。

4. 罐车发运货物，因未随车附带规格质量证明或化验报告，造成收货方无法卸货时，托运方应偿付承运方卸车等存费及违约金。

续表 4-1

二、承运方责任：

1.承运方如将货物错运到货地点或接货人，应无偿运至合同规定的到货地点或接货人。如果货物逾期达到、承运方应偿付逾期交货的违约金。

2.运输过程中货物灭失、短少、变质、污染、损坏，承运方应按货物的实际损失(包括包装费、运杂费)赔偿托运方。

3.联运的货物发生灭失、短少、变质、污染、损坏，应由承运方承担赔偿责任的，由终点阶段的承运方向负有责任的其他承运方追偿。

4.在符合法律和合同规定条件下的运输，由于下列原因造成货物灭失、短少、变质、污染、损坏的，承运方不承担违约责任：

①不可抗力；②货物本身的自然属性；③货物的合理损耗；④托运方或收货方本身的过错。

第十一条 争议解决

因本合同引起的或与本合同有关的任何争议，甲乙双方可友好协商解决；协商不成，双方同意将争议提请至当地仲裁委员会进行仲裁。

第十二条 生效

本合同经双方授权代表签字并加盖公章或合同专用章后生效，有效期至二 年 月 日。

货物经收货人签收后则表明此合同已完结，承运人不承担签收后货物短损等问题。

附属：货物运输单为本合同不可分割的一部分，与本合同具有同等的法律效应。

本合同正本一式两份，合同双方各执一份；合同副本一式 份，送 等单位各留一份。

托运方：	承运方：
授权代表：	授权代表：
职位：	职位：
签字/盖章：	签字/盖章：
签约时间：2011 年 月 日	签约时间：2011 年 月 日

结合以上样本，运输合同的条款包括了以下内容：

(一)货物的名称、性质、体积、数量及包装标准

托运人必须如实填写，货物名称不得谎报。需要说明货物规格、性质的，要在品名之后用括号加以注明。在公路货运合同中必须明确规定运输货物的实际数量，数量必须严格按照国家规定的度量衡制度确定标的物的计量单位。货物数量的计量办法，凡国家或有关主管部门有规定的，必须按规定执行；国家或主管部门没有规定的，由供需双方商定。对某些产品，必要时应在合同中写明交货数量和合理磅差、超欠幅度、在途自然减量等。

在公路货运合同中，当事人应根据货物的性质、重量、运输种类、运输距离、气候以及货车装载等条件，选择包装种类，如“木箱”、“麻袋”等。有国家包装标准或部包装标准的，按国家标准或部标准(专业标准)规定；无统一标准的，按当事人双方协商的暂行标准加以规定。

(二)货物起运和到达地点、运距、收发货人名称及详细地址

在公路货运合同中，托运人应完整准确地填写货物发运地和货物运送地的名称，其所属的省、市、自治区名也应清晰明确，收发货人的名称，是指发货单位、或收货单位的完整名称。收

货人或发货人的地址，即收货人或发货人所在省、市自治区城镇街道和门牌号码。发货人在发送货物时，应详细填写发货人和收货人的名称及地址。

(三)运输质量及安全要求

需要运输的货物，要根据其性质、运输距离、气候条件等选择适合的包装、以及符合标准的车辆，以保证运输质量，减少运输途中的损失。为了运输安全，对于需要特殊照料的货物，须派人押运。需要特殊照料的货物，主要是指活动物、需要浇水运输的鲜活植物、生火加温运输的货物以及其他有特殊规定的货物。

(四)货物装卸责任和方法

由发货人组织装车的货物，应按有关规定的装载技术要求装载，并在约定的时间装载完毕。发货人组织装货时，应认真检查货车的开体、车门、车窗盖、阀等是否完整良好、有无机修通知或通行限制，车内是否清洁，是否有毒物污染，并按合同规定的时间，完成装货任务。收货人组织卸货时，应清查货物在途中的损失量，并按有关技术规定卸货，在合同规定的时间和地点安全卸货。发货人对货物装车时造成的损失承担责任，收货人对在货物卸车时造成的损失承担责任。

(五)货物的交接手续

为保证收货人及时领取所运货物，发货人应将领取货物的凭证及有关单据及时交给收货人，并通知其按运到日期，到货物运达地点领取货物。收货人领取到货物后，应通知发货人。

(六)批量货物运输起止日期

(七)年、季、月度合同的运输计划(文书、表式、电报)提送期限和运输计划的最大限量

托运人在交运货物时，应在合同商定的时间内，以文书、表式或电报等方式，向承运人提送履行合同的年、季、月度的运输计划，注明提送期限和运输计划的最大限度，作为运输合同的组成部分。

(八)运杂费计算标准及结算方式

通常公路货运合同的运杂费由合同当事人自行协商确定。

(九)变更、解除合同的期限

提起变更或解除运输合同的一方当事人，必须及时地以书面形式向另一方当事人提出变更或解除合同的要求，对方当事人则应在协商规定的一定期限内，以书面形式予以答复。逾期不答复的，视作默认。由要求变更或解除运输合同的当事人提出答复期的，应给予对方必要的准备和考虑的时间。

(十)违约责任

(十一)双方商定的其他条款

【同步训练 4.1】请说出货运合同中 3 条以上的合同条款。

三、货运合同的权利和义务

(一)托运人的权利和义务

1. 托运人的权利

在承运人将货物交付收货人之前,托运人可以要求承运人中止运输、返还货物、变更到达地或者将货物交给其他收货人,但应当赔偿承运人因此受到的损失。

2. 托运人的义务

(1)托运人办理货物运输,应当向承运人准确表明收货人的名称或者姓名或者凭指示的收货人,货物的名称、性质、重量、数量,收货地点等有关货物运输的必要情况。因托运人申报不实或者遗漏重要情况,造成承运人损失的,托运人应当承担损害赔偿责任。

(2)货物运输需要办理审批、检验等手续的,托运人应当将办理完有关手续的文件提交承运人。

(3)托运人应当按照约定的方式包装货物。

(4)托运人托运易燃、易爆、有毒、有腐蚀性、有放射性等危险物品的,应当按照国家有关危险物品运输的规定对危险物品妥善包装,做出危险物标志和标签,并将有关危险物品的名称、性质和防范措施的书面材料提交承运人。

托运人违反规定的,承运人可以拒绝运输,也可以采取相应措施以避免损失的发生,因此产生的费用由托运人承担。

(二)承运人的权利和义务

1. 承运人的权利

(1)托运人或者收货人不支付运费、保管费以及其他运输费用的,承运人对相应的运输货物享有留置权。

(2)收货人不明或者收货人无正当理由拒绝受领货物的,承运人可以提存货物。

2. 承运人的义务

(1)货物运输到达后,承运人知道收货人的,应当及时通知收货人。

(2)承运人对运输过程中货物的毁损、灭失承担损害赔偿责任,但承运人证明货物的毁损、灭失是因不可抗力、货物本身的自然性质或者合理损耗以及托运人、收货人的过错造成的,不承担损害赔偿责任。

(3)两个以上承运人以同一运输方式联运的,与托运人订立合同的承运人应当对全程运输承担责任。损失发生在某一运输区段的,与托运人订立合同的承运人和该区段的承运人承担连带责任。

(4)货物在运输过程中因不可抗力灭失,未收取运费的,承运人不得要求支付运费;已收取运费的,托运人可以要求返还。

(三)收货人的权利和义务

1. 收货人应当及时提货

收货人逾期提货的,应当向承运人支付保管费等费用。

2. 收货人提货时应当按照约定的期限检验货物

收货人在约定的期限或者合理期限内对货物的数量、毁损等未提出异议的,视为承运人已经按照运输单证的记载交付的初步证据。

◆【知识拓展 4.1】运输合同

《中华人民共和国合同法》第 17 章为运输合同

第一节　一般规定

第二百八十八条　运输合同是承运人将旅客或者货物从起运地点运输到约定地点,旅客、托运人或者收货人支付票款或者运输费用的合同。

第二百八十九条　从事公共运输的承运人不得拒绝旅客、托运人通常、合理的运输要求。

第二百九十条　承运人应当在约定期间或者合理期间内将旅客、货物安全运输到约定地点。

第二百九十一条　承运人应当按照约定的或者通常的运输路线将旅客、货物运输到约定地点。

第二百九十二条　旅客、托运人或者收货人应当支付票款或者运输费用。承运人未按照约定路线或者通常路线运输增加票款或者运输费用的,旅客、托运人或者收货人可以拒绝支付增加部分的票款或者运输费用。

第二节　客运合同(略)

第三节　货运合同

第三百零四条　托运人办理货物运输,应当向承运人准确表明收货人的名称或者姓名或者凭指示的收货人,货物的名称、性质、重量、数量,收货地点等有关货物运输的必要情况。因托运人申报不实或者遗漏重要情况,造成承运人损失的,托运人应当承担损害赔偿责任。

第三百零五条　货物运输需要办理审批、检验等手续的,托运人应当将办理完有关手续的文件提交承运人。

第三百零六条　托运人应当按照约定的方式包装货物。对包装方式没有约定或者约定不明确的,适用本法第一百五十六条的规定。

托运人违反前款规定的,承运人可以拒绝运输。

第三百零七条　托运人托运易燃、易爆、有毒、有腐蚀性、有放射性等危险物品的,应当按照国家有关危险物品运输的规定对危险物品妥善包装,做出危险物标志和标签,并将有关危险物品的名称、性质和防范措施的书面材料提交承运人。

托运人违反前款规定的,承运人可以拒绝运输,也可以采取相应措施以避免损失的发生,因此产生的费用由托运人承担。

第三百零八条　在承运人将货物交付收货人之前,托运人可以要求承运人中止运输、返还货物、变更到达地或者将货物交给其他收货人,但应当赔偿承运人因此受到的损失。

第三百零九条　货物运输到达后，承运人知道收货人的，应当及时通知收货人，收货人应当及时提货。收货人逾期提货的，应当向承运人支付保管费等费用。

第三百一十条　收货人提货时应当按照约定的期限检验货物。对检验货物的期限没有约定或者约定不明确，依照本法第六十一条的规定仍不能确定的，应当在合理期限内检验货物。收货人在约定的期限或者合理期限内对货物的数量、毁损等未提出异议的，视为承运人已经按照运输单证的记载交付的初步证据。

第三百一十一条　承运人对运输过程中货物的毁损、灭失承担损害赔偿责任，但承运人证明货物的毁损、灭失是因不可抗力、货物本身的自然性质或者合理损耗以及托运人、收货人的过错造成的，不承担损害赔偿责任。

第三百一十二条　货物的毁损、灭失的赔偿额，当事人有约定的，按照其约定；没有约定或者约定不明确，依照本法第六十一条的规定仍不能确定的，按照交付或者应当交付时货物到达地的市场价格计算。法律、行政法规对赔偿额的计算方法和赔偿限额另有规定的，依照其规定。

第三百一十三条　两个以上承运人以同一运输方式联运的，与托运人订立合同的承运人应当对全程运输承担责任。损失发生在某一运输区段的，与托运人订立合同的承运人和该区段的承运人承担连带责任。

第三百一十四条　货物在运输过程中因不可抗力灭失，未收取运费的，承运人不得要求支付运费；已收取运费的，托运人可以要求返还。

第三百一十五条　托运人或者收货人不支付运费、保管费以及其他运输费用的，承运人对相应的运输货物享有留置权，但当事人另有约定的除外。

第三百一十六条　收货人不明或者收货人无正当理由拒绝受领货物的，依照本法第一百零一条的规定，承运人可以提存货物。

第四节多式联运合同

第三百一十七条　多式联运经营人负责履行或者组织履行多式联运合同，对全程运输享有承运人的权利，承担承运人的义务。

第三百一十八条　多式联运经营人可以与参加多式联运的各区段承运人就多式联运合同的各区段运输约定相互之间的责任，但该约定不影响多式联运经营人对全程运输承担的义务。

第三百一十九条　多式联运经营人收到托运人交付的货物时，应当签发多式联运单据。按照托运人的要求，多式联运单据可以是可转让单据，也可以是不可转让单据。

第三百二十条　因托运人托运货物时的过错造成多式联运经营人损失的，即使托运人已经转让多式联运单据，托运人仍然应当承担损害赔偿责任。

第三百二十一条　货物的毁损、灭失发生于多式联运的某一运输区段的，多式联运经营人的赔偿责任和责任限额，适用调整该区段运输方式的有关法律规定。货物毁损、灭失发生的运输区段不能确定的，依照本章规定承担损害赔偿责任。

任务二　公路货物运输业务办理

【任务描述】

本项任务是明确公路货物运输的流程，能结合实际业务办理货物的托运、承运、交接等工作环节。

一、货物的托运

货物托运，是指货主委托公路运输企业为其运送货物，并办理相关手续等工作的统称。货物托运具体包括托运、承运及验货等工作环节。

(一)托运

办理托运，一般采用书面方式，先由货主填写托运单。托运单是货主(托运方)与运输单位(承运方)之间就货物运输所签订的契约，它由托运方填写约定事项，再由承运方审核承诺。经由运输单位审核以及双方签章后的托运单具有法律效力。根据托运单，货主需要按时向运输方提交货物，并按规定的方式支付运费。运输方需要及时派车将货物运到托运人指定的卸货地点，并将货物交给收货人。不同的物流公司使用的托运单的格式会有所不同，但主要的项目都必须具备，托运单格式见表 4-2 和表 4-3。

表 4-2　货物托运单(1)

托运单位：＿＿＿＿＿＿电器厂　联系人：＿＿＿＿＿＿　电话：＿＿＿＿＿＿

地址：＿＿＿＿＿＿市＿＿＿＿＿＿路＿＿＿＿＿＿号

货物名称	包装式样	件数	每件体积(m^3) 长×阔×宽	重量(kg)		托运总吨位	
				每件	最重件	实重吨	车辆吨

需要车辆数：4 t 车一辆

需要车种：平板车

起运地：＿＿＿＿＿＿路＿＿＿＿＿＿号

到达地：＿＿＿＿＿＿路＿＿＿＿＿＿号

发货单位：＿＿＿＿＿＿＿＿电器厂

收货单位：＿＿＿＿＿＿＿＿电机厂

运到日期：托运日起四天内

委托注意事项：

1. 雨天不运。
2. 非危险品。
3. 有自备机具装车。

4.有自备机具卸车。

5.发货单位星期二厂休。

6.收货单位星期三厂休。

运输距离：__________ km。运费人民币(大写)：__________

违约责任：不按运输托运单规定时间和要求配车发运的，由承运单位酌情赔偿损失；运输过程中货物灭失、短少、损坏，按货物的实际损失赔偿。托运方未按托运单规定的时间和要求提供托运货物，应偿付承运方实际损失的违约金。由于货物包装缺陷产生破损，因此造成其他货物和运输工具损坏，造成人身伤亡，托运方应承担赔偿责任。

附件　结算单据等四张

托运方：______________电器厂(盖章)

________年________月________日

承运方：______________市汽车运输公司

营业员(盖章)______________

________年________月________日

表 4-3　货物托运单(2)

签约地：__________　　编号：__________

托运人		地址		电话	
承运人		地址		电话	
装货地点		发货人		电话	
卸货地点		收货人		地址	
				电话	
启运时间	年　月　日　时		运到时间	年　月　日　时	
货物名称	包装形式	件数	价值	运　费	运费结算方式
螃蟹					
托运人签(章)	年　月　日　时			收货人签字：	
承运人签(章)	年　月　日　时			年　月　日　时	

本运单经承运方和托运方签章后具有合同效力，承运人与托运人、收货人之间的权利、义务和责任界限适用于《合同法》及以下有关规定。

一、托运方权利义务

1.要求承运方按照约定的时间将螃蟹运到指定地点。

2.按照约定形式对螃蟹进行包装，并支付运输费用。

二、承运方权利义务

1.要求托运方按照螃蟹运输的约定对螃蟹进行包装并送到装货地点。

2.按照约定的时间将螃蟹运到卸货地点，并及时通知收货人凭有效证件提取螃蟹。收货人未及时提取螃蟹的，须及时通知托运人。

三、违约责任

1.托运方责任：由于托运方的原因造成螃蟹死亡的，或收货人在接到承运方提取螃蟹通知后未及时提取螃蟹造成的损失由托运方承担；

2.承运方责任：未按照约定的时间将螃蟹运到卸货地点(遇有大雾天可合理延迟)、或运输过程中发生交通事故造成托运方螃蟹损失的，承运方应赔偿托运方的实际损失(按签约当日的收购价)并退还运输费用。

3.承运人对运输过程中货物的毁损、灭失承担损害赔偿责任。

四、其他约定

由于下列原因，承运方不承担违约责任：

1.承运人证明螃蟹短少、毁损、死亡、灭失、运输时间延迟，是因不可抗力、货物本身的自然属性或者合理损耗以及托运人、收货人过错造成的，不承担损害赔偿责任。

2.他人交通事故等造成高速公路封闭不能按时履约。

3.托运方、收货方本身的过错。

五、生效条件：托运方、承运方约定，本合同经双方签署后生效。本合同一式2份，合同双方各执1份。

六、纠纷处理办法：因本合同的订立、效力、履行、变更、终止等发生争议的，双方应协商解决，协商不成的，可书面向人民法院提起诉讼。

(二)承运

承运是运输方对货物进行审核、检查、登记等受理运输业务的工作过程。货物承运自运输单位在托运单上签章开始，要派人对货物的数量、重量、包装、标志以及装货现场状况进行查验。

(三)验货

1.受理前核实

受理前的核实是在货方提出托运计划并填写运单后，运输部门派人会同货方进行的。核实的内容主要有：①运单所托运的货物是否已处于待运状态；②装运的货物数量、发运日期有无变更；③运输的货源有无保证；④货物包装是否符合运输要求，危险货物的包装是否符合规定；⑤确定货物体积、重量的换装标准及其交接方式；⑥装卸场地的机械设备、通行能力；⑦运输道路的桥涵、沟管、电缆、架空电线等详细情况。

◆【知识拓展4.2】货物包装的一般要求

1.货物包装应坚固、完好，在运输过程中能防止包装破裂、内物漏出、散失；防止因码放、摩擦、震荡或因气压、气温变化而引起货物损坏或变质。

2.包装除应适合货物的性质、状态和重量外，还要便于搬运、装卸和码放；包装外表面不能有突出的钉、钩、刺等；包装要整洁、干燥、没有异味和油渍。

3.包装内的衬垫材料(如木屑、纸屑)不能外漏。除纸袋包装的货物(如文件、资料等)，托运货物都应使用包装带捆扎货物。严禁使用草袋包装或草绳捆扎货物。

4.捆扎货物所用的包装带应能承受该货物的全部重量，并保证提起货物时不致断开。

5.如果货物的包装不符合本公司的相关规定，应要求托运人改进或重新包装后方可收运。

6.易碎品(玻璃制品、陶瓷制品、工艺品和瓶装食品)的包装。

最典型和最常用的易碎品外包装是瓦楞纸箱。部分大而重的易碎品采用蜂窝纸板包装箱，部分较轻或本身抗压强度较高的产品如玻璃空罐等，在使用托盘运输时，采用缠绕薄膜包装代替瓦楞纸箱。无论何种易碎品外包装件，都应在四个侧面的左上角处，标上“易碎物品”字样和相应的图案。

2. 起运前验货

货物起运前的核实工作称为理货或验货。它是在运量核定后，运力调配前，或货物装车前进行的。其主要内容有：①承托双方共同验货；②落实货源、货流；③落实装卸、搬运设备；④查清货物待运条件是否变更；⑤确定装车时间；⑥通过发货、收货单位做好过磅、分垛、装卸等准备工作（图 4-1）。

供应商号码：30247	订单号码：	收货号：
供应商：	电　　话：	传　真：
地址：		供货日期：
类型：百货		页数/部页数：1/1
货号：76297	货品名称：好太太西装衣架 46 cm	单位：个
条码：	价签：	
实收数量：		
验货员：		

图 4-1 验货清单

二、货物的交接

承、托双方应履行交接手续，包装货物采取件交件收；集装箱重箱及其他施封的货物凭封志交接；散装货物原则上要磅交磅收或采用承托双方协商的交接方式交接。交接后双方应在有关单证上签字。

货物交接时，承托双方对货物的重量和内容有质疑，均可提出查验与复磅。费用由责任方负担。

经承托双方在指定的时间和地点验收、交接货物完毕，并经承运人与托运人在运单上签字或盖章后，运单即生效，货物运输合同即告成立。

三、派车装货

由运输单位的调度人员根据承运货物情况和运输车辆情况编制车辆日运行作业计划，全面平衡运力运量及优化车辆运行组织。据此再填发"行车路单"，具体派车去装货地点装货。货物装车时，驾驶员要负责点件交接，保证货物完好无损和计量准确。

车辆装货后，业务人员应根据货物托运单及发货单位的发货清单填制运输货票。运输货票是承运的主要凭证，是一种具有财务性质的票据。它在起票站点是向托运人核收运费、缴纳税款的依据；在运达站点则是与收货人办理货物交付的凭证；而在运输单位内部又是清算运输费用、统计有关运输指标的依据。起票后，驾驶员按调度人员签发的行车路单运送货物。

四、货物的搬运装卸

承运人应根据承运货物的需要，按货物的不同特性，提供技术状况良好、经济适用的车辆，并能满足所运货物重量的要求。使用的车辆、容器应做到外观整洁，车体、容器内干净无污染物、残留物。承运特种货物的车辆和集装箱运输车辆，需配备符合运输要求的特殊装置或专用设备。

货物搬运装卸由承运人还是托运人承担，可在货运合同中约定。

（一）搬运装卸要求

（1）搬运装卸人员应对车厢进行清扫，发现车辆、容器、设备未达到装货要求，应立即通知承运人或托运人。

（2）搬运装卸作业应当轻装轻卸、堆码整齐，并清点数量，防止混杂、破损。

（3）严禁有毒、易污染物品与食品混装，危险货物与普通货物混装。对性质不相抵触的货物，可以拼装、分卸。搬运装卸过程中，发现货物包装破损，搬运装卸人员应及时通知托运人或承运人，并做好记录。

（4）搬运装卸作业完成后，货物需绑扎苫盖篷布的，搬运装卸人员必须将篷布苫盖严密并绑扎牢固。

（5）承、托运人或委托站场经营人、搬运装卸人员应编制有关清单，做好交接记录，并按有关规定施加封志和外贴有关标志。

（6）货物在搬运装卸中，承运人应当认真核对装车的货物名称、重量、件数是否与运单上记载相符，包装是否完好。

◆【知识拓展 4.3】危险品的装卸保管

在危险货物装卸、保管、储存过程中，应当根据危险货物的性质和保管要求，轻装轻卸，分区存放，堆码整齐，防止混杂、撒漏、破损，不得与普通货物混合存放。（资料来源：《道路危险货物运输管理规定》第四十四条）

（二）实现商品装卸搬运的合理化

装卸搬运只能改变劳动对象的空间位置，而不能改变劳动对象的性质和形态，即不能提高也不能增加劳动对象的使用价值。但装卸搬运必然要有劳动消耗，包括活劳动消耗和物化劳动消耗。这种劳动消耗量要以价值形态追加到装卸搬运对象的价值中去，从而增加了产品的物流成本。因此，应科学地、合理地组织装卸搬运过程，尽量减少用于装卸搬运的劳动消耗。

1. 合理使用装卸搬动工具，实现装卸搬动工具的机械化与自动化，主要的装卸搬动工具如表 4-4 所示

2. 遵循六不改善法原则

六不分别是不让等、不让碰、不让动、不让想、不让找、不让写。

（1）不让等。即要求通过合理的安排使得作业人员和作业机械闲置的时间为零，实现连续的工作，发挥最大的效用。

（2）不让碰。通过机械化、自动化设备的利用，使得作业人员在进行各项物流作业的时候，不直接接触商品，减轻人员的劳动强度。

表 4-4 主要装卸搬运机械的种类

机械类型	设备名称	工作特征
装卸搬运车辆	1.叉车 2.人力搬运车(台车、手推车、手动液压托盘搬运车、升降式搬运车)动力搬运车(轨道无人搬运车、牵引车、挂车、底盘车)	底盘上装有起重、输送、牵引、承载装置,可以在设施内移动作业
连续输送机械	1.带式输送机 2.辊子输送机 3.悬挂输送机 4.斗式提升机 5.振动输送机	连续动作、循环运动、持续负载、线路一定
散装作业法的机械	1.斗式类型装载机 2.斗轮类型装载机 3.抓斗类型装载机 4.倾翻类型卸车机 5.连续输送机	装载搬运散装货物
起重机械	1.轻小起重设备(葫芦、绞车) 2.升降机(电梯、升降机) 3.起重机(桥式类型起重机、门式类型起重机、臂式类型起重机、梁式类型起重机)	间歇动作、重复循环、升降运动、使货物在一定范围内上下、左右、前后移动
自动分拣机械	1.押出式 2.浮出式 3.斜行式 4.倾斜落下式	在计算机的控制下连续动作,将不同的货物搬运到各自被指定的位置

(3)不让动。即通过优化仓库内的物品摆放位置和自动化工具的应用,减少物品和作业人员移动的距离和次数。

(4)不让想。即通过对于作业的分解和分析,实现作业的简单化、专业化和标准化,从而使得作业过程更为简化,减少作业人员的思考时间,提高作业效率。

(5)不让找。通过详细的规划,把作业现场的工具和物品摆放在最明显的地方,使作业人员在需要利用设备的时候,不用去寻找。

(6)不让写。通过信息技术以及条形码技术的广泛应用,真正实现无纸化办公,降低作业成本,提高作业效率。

3.缩短搬运距离

在工厂由于生产工艺的要求,原材料、半成品和产成品总要发生一定距离的水平位移,在物流据点,由于收发保管作业的要求,货物也要发生一定距离的水平位移。这种位移是通过搬运完成的。从合理搬运的角度看,其搬运距离应该越短越好。所以,缩短搬运距离,成为人们实现搬运合理化的主要目标。其效果是节省劳动消耗、缩短搬运时间、减少搬运中的损耗。影响搬运距离的主要因素是工厂和物流据点的平面布局与作业组织工作水平,因此要尽量合理规划路线与各据点的平面布局。

4.减少装卸次数

装卸次数是指产品生产和流通过程中,发生装卸作业的总次数。对企业物流而言,在产品的生产过程中,从原材料进厂卸车到产成品入库待运,要发生若干次装卸作业。对社会物流而言,从产成品装车发运到直接进入消费,一般要经过若干环节,也要发生多次装卸。具体到任何一个物流据点,如物流中心、配送中心、中转仓库等,在整个作业流程中,都要发生多次装卸作业。

合理装卸的主要内容之一，就是尽量减少装卸次数。减少装卸次数就意味着减少装卸作业量，从而减少装卸劳动消耗，节省装卸费用。同时，减少装卸次数，还能减少货物损耗、加快物流速度、减少场地占用和装卸事故。

5.提高物料的活性指数

被装卸搬运物料的放置处于什么状态，对装卸搬运作业效率关系甚大。为了便于装卸搬运，总是期望物料处于最容易被移动的状态，物料放置被移动的难易程度，称为活载程度，亦称活载性或活性。一般把物料放置的活载程度分为 0、1、2、3、4 五个等级，该数值称为活载性指数或活性指数。各个等级物料放置状态如表 4-5 所示。

表 4-5　装卸搬运活性指数表

物品状态	作业说明	作业种类				还需要作业数目	已不需要的作业数目	搬运活性指数
		集中	搬起	升起	运走			
散放在地上	集中、搬起、升起、运走	是	是	是	是	4	0	0
集装在箱中	搬起、升起、运走(已集中)	否	是	是	是	3	1	1
托盘上	升起、运走(已搬起)	否	否	是	是	2	2	2
车中	运走(不用升起)	否	否	否	是	1	3	3
运动着的输送机	不要(保持运动)	否	否	否	否	0	4	4

6.实现省力化

装卸搬运是使劳动对象产生垂直或水平位移。随着生产力的发展和科学技术的进步，装卸搬运机械化程度有了很大的提高，少数工厂和仓库向着装卸搬运自动化迈进。但从目前我国的实际情况看，有相当一部分装卸搬运作业，是靠人工完成的。因此，实现装卸搬运作业的省力化，也是一个不容忽视的问题。

实现装卸搬运省力化，有以下经验可以借鉴。

(1)充分利用物体本身的重力。重力对物料的移动是一个不利因素，但可将不利因素转化为有利因素，可将重力转变为促使物料移动的动力。例如，对火车、汽车进行卸车时，用力学斜面原理，使用滑板、滑槽等，靠货物在斜面上产生的水平分力，使其从高处降到低处，并产生一定的水平位移，完成货物的卸车作业。为了减少斜面的摩擦阻力，应选择摩擦系数小的光滑斜面，或变滑动摩擦为滚动牵引，采用安装滑轮或滚动轴承的斜面，并可通过调节斜面的倾角，控制货物的下滑速度。这种方法不需要复杂的设备，不消耗能源，可大大减轻作业人员的劳动强度，达到省力的目的。

(2)改变垂直位移为水平位移。货物装卸车辆，主要是产生以垂直为主的位移。为了达到省力的目的，应设法尽量缩小货物在垂直方向上所产生的位移。例如，可使存放货物的地面与运输车辆的车底，保持在同一水平面上，这样就可以减少相当于车辆高度的一段垂直位移，装卸人员可直接进入车内进行作业。为达到上述目的，可设库边设立站台或开挖地沟，使车底与库边站台地面和库内地面平齐。

(3)减轻搬运阻力。在物料搬运过程中，必须克服由于物体的重力所产生的阻力。为了达到省力的目的，就要设法将这种阻力减至最小。如果用人力手搬、肩扛搬运货物，完全由人的体力去克服货物的全部重力。但使用人力搬运车辆，则只需要人力去克服车辆走行时滚动摩擦阻力就可以了。若在车轴上安装轴承，还会更加省力。所以小型人力搬运车在一定范围内的使用，是达到省力化的一个重要途径。

(4)进行劳动动作分析，形成标准化作业。劳动动作分析的基本思想是，对从事某一项作业的若干作业人员，在作业时所发生的手、脚及其他身体部位的各种动作(即劳动姿态)进行观察、分析、研究和比较，去掉多余的动作，把必要的和有效的动作很好地组合起来，编排成标准动作系列，并与之相配合设计制造相应的工具，提供必要的作业场所和作业环境。在制定动作标准时，应遵循使人体的基本动作最经济的原则，主要包括：尽可能减少不必要的动作；动作距离要尽可能短；动作轨迹应尽可能圆滑；动作引起疲劳尽可能轻；作业尽可能有节奏和旋律等。

(5)组织文明装卸。所谓文明装卸是相对于野蛮装卸而言。狭义的文明装卸，是指装卸人员以高度的责任心，严格按照各类货物的操作规程进行作业，对货主负责，爱护货物，保持货物及其包装完好无损。广义的文明装卸，除上述内容外还应包括：货物堆码整齐、稳固、无混淆；爱护运输工具和装卸设备；减轻劳动强度，改善劳动条件；加强劳动保护，确保安全生产；主动为货主或用户服务等。

文明装卸的核心是确保装卸质量和作业安全。组织文明装卸的主要措施是推行全面质量管理，全面提高装卸人员的素质，并提供必要的物质技术条件，建立健全必要的规章制度。

【同步训练 4.2】以下物品状态的装卸搬动活性指数是多少？

1. 某物品散放在地面上。

2. 放在托盘中的物品。

五、货物运送及押运

车辆在运送货物过程中，一方面，调度人员应做好线路车辆运行管理工作，掌握各运输车辆工作进度，及时处理车辆运输过程中临时出现的各类问题，保证车辆日运行作业计划的充分实施；另一方面，驾驶人员应及时做好运货途中的行车检查，既要保持货物完好无损、无漏失，又要保持车辆技术状况良好。

需派人押运的货物，托运人在办理货物托运手续时，应在运单上注明押运人员姓名及必要的情况。押运人员每车一人。押运人员在运输过程中负责货物的照料、保管和交接；如发现货物出现异常情况，应及时做出处理并告知车辆驾驶人员。

六、货物的到达与交付

货物在到达站发生的各项货运作业统称为到达作业。到达作业主要包括货运票据的交接，货物卸车、保管和交付等内容。交付过程中要注意以下几个方面的问题：

(1)车辆装运货物抵达卸车地点后，收货人或车站货运员应组织卸车。卸车时，对卸下货物的品名、件数、包装和货物状态等应作必要的检查。

(2)货物交付是到达作业最重要的内容，对包装货物要“件交件收”，点件清楚；对散装货物，尽可能做到“磅交磅收”，计重准确；施封货物如集装箱，则应凭铅封点交。

(3)发现货损货差，则应按有关规定编制记录并申报处理。收货人可在记录或货票上签署意见，但无权拒收货物。

（4）交货完毕后，应由收货人在货票收货回单上签字盖章，公路运送人的责任即告终止。经签收的货票应回交驾驶员，并附路单带回车队存查并作为统计依据。

七、违约和货运事故赔偿

运输协议、运输合同（含运单上的约定事项）一经签订，协议双方就必须严格遵守履行。承托各方发生违约行为，应向对方支付违约金。

货运事故是指承运责任期内发生的货物灭失、短少、变质、污染、损坏、误期等。发生货运事故的损失赔偿，应做到合法、合理。有关违约金和损失额的赔偿，有关方应根据合同中的有关条款进行，如合同不明确或不合理的，应依据合同法进行。

八、货运统计与结算

（一）运输统计

运输统计是指对已经完成的运输任务，依据行车路单和运输货票进行有关运输工作指标统计，生成有关统计报表，供运输管理与决策使用。

（二）运输结算

运输结算，对运输单位内部，是指对驾驶员完成运输任务所应得的工资收入进行定期结算；对运输单位外部，是指对货主（托运人）进行运杂费结算。

公路货物运费的构成及其计算

1. 计费重量

（1）一般货物的计费重量，无论整批、零担，计费重量均按毛重计算。①整批货物运输以 t 为单位，1 t 以下计至 100 kg。尾数不足 100 kg 的，四舍五入；②零担货物运输以 kg 为单位，起码计费重量为 1 kg。重量在 1 kg 以上、尾数不足 1 kg 的，四舍五入。

其中，公路整车运输（full container load）简称 FCL，是指托运人一次托运货物计费重量在 3 t 以上（含 3 t）或虽不足 3 t 但其性质、体积、形状需用一辆或一辆以上的车辆运送的运输。我国国家标准《物流术语》（GB/T 18354—2006）对整车运输的定义是：按整车办理承托手续、组织运送和计费的货物运输。公路零担运输（less than contain load）简称 LCL，是指托运人一次托运的货物计费重量在 3 t 以下的货物运输。我国国家标准《物流术语》（GB/T 18354—2006）对零担运输的定义是：按零散货物办理承托手续、组织运送和计费的货物运输。

零担托运规定：为便于配装和保管，每批零担货物不得超过 300 件，每一件零担货物的体积最小不得小于 0.02 m^3（一件重量在 10 kg 以上的除外）。当然，这个标准会根据零担运输公司的不同而有所变化。由于目前中国零担运输行业的行业规范相对还不是很完整，因此不同承运商之间对货物的要求会有差异。对于单件货物重量较重，或者体积尺寸较大的货物，会另行收取相关的操作费用，如装卸费，吊车费，搬运费等。

（2）轻泡货物的计费重量规定。轻泡货物是指每立方米重量不足 333 kg 的货物。①整批轻泡货物的高度、长度、宽度以不超过有关道路交通安全规定为限，按车辆标记吨位计算重量；②零担轻泡货物以货物包装最长、最宽、最高部位尺寸计算体积，按 333 kg/m^3 折合计算重量。

（3）其他货物的计费重量规定。①包车运输：按车辆的标记吨位计算重量；②散装货物：如沙、矿石、木材等,按体积、按有关单位统一规定的重量换算标准计算重量;③集装箱运输:以箱作为计量单位,不按箱内货物实际重量计算。

2.公路货物运输运价分类

(1)基本运价。基本运价分为整批货物基本运价、零担货物基本运价和集装箱基本运价三种。其中整车运价的计费单位为元/t km,零担运价的计费单位为元/kg km,集装箱运价的计费单位为元/箱 km。

(2)普通货物运价。普通货物分为一等货物、二等货物和三等货物三个等级,并实行分等计价。以一等货物为计价基础,二等货物加成15%,三等货物加成30%。

(3)特种货物运价。分为长大笨重货物运价、危险货物运价和贵重、鲜活货物运价 3 种。特种车辆运价,按车辆的不同用途,在基本运价的基础上,加成计算。

(4)非等级公路货物运价。非等级公路货物运价在整批(零担)货物基本运价的基础上,加成10%~20%。

3.公路货物运输运费计算

(1)整批货物运费计算公式。整批货物运费=吨次费×计费重量+整批货物运价×计费重量×计费里程+货物运输其他费用。

(2)零担货物运费计算公式。零担货物运费=计费重量×计费里程×零担货物运价+货物运输其他费用。

(3)集装箱运费计算公式。重(空)集装箱运费=重(空)箱运价×计费箱数×计费里程+箱次费×计费箱数+ 货物运输其他费用。

(4)包车运费计算公式。包车运费=包车运价×包用车辆吨位×计费时间+货物运输其他费用。

任务三 铁路货物运输业务办理

【任务描述】

本项任务是明确铁路货物运输的流程,能结合实际业务办理铁路货物运输,包括提报货物运输计划、货物的托运受理、承运、交接等工作环节。

一、提报货物运输计划

铁路运输的整车货物必须纳入铁路货物运输计划。铁路货物运输计划是铁路承运人对托运人的第一承诺。托运人向铁路运输部门提出的货物运输服务订单(简称订单),经铁路部门承诺后,即成为铁路货物运输合同的组成部分。

铁路货物运输计划的编制过程可分为以下几个阶段:

(一)订单的提出

凡经铁路运输的整车货物,托运人必须提出订单;零担、集装箱货物的订单由车站提出。托运人可根据自己的运输需求,以订单的形式,随时向铁路计算机联网点(现阶段为装车站或装车分局)提出任何时间段的要车要求。大宗稳定货源,托运人可通过计算机网络直接向装车分局提出订单。

铁路整箱运输是指一批货物的重量、性质、体积、形状需要以1辆或1辆以上货车装运的运输。零担运输是指一批货物不需要一辆货车来装运的运输。集装箱运输是指使用集装箱货车进行的运输，集装箱运输适用于运输精密、贵重、易损的货物。下列货物虽不需要一辆货车，但也不得办理零担运输，而应按整车运输来办理。包括：

(1)需要冷藏、保温或加温运输的货物。

(2)规定限按整车办理的危险货物。

(3)易于污染其他货物的污秽品(例如，未经过消毒处理或未使用密封不漏包装的牲骨、湿毛皮、粪便、炭黑等)。

(4)蜜蜂。

(5)不易计算件数的货物。

(6)未装容器的活动物(铁路局规定在管内可按零担运输的除外)。

(7)一件货物重量超过2 t，体积超过3 m^3 或长度超过9 m的货物(经发站确认不致影响中转站和到站装卸车作业的除外)。

在专用线或专用铁路内组织直达整装零担运输，经铁路分局同意由车站和托运人协商并签订协议后办理；如组织中转整装零担，应由铁路局同意。

(二)订单的受理

货运计划人员应随时受理订单，应确认托运的货物是否符合运输条件，各栏填写是否齐全、正确、清楚，领货凭证与运单相关栏是否一致。对营业办理限制、起重能力、专用线专用铁路办理范围、证明文件等有关内容进行审查。对到站、到局和到站所属省、市、自治区各栏内容应相互核对。核对无误后即输入计算机传到分局数据库，并在订单上加注受理号码后将其中一联返回托运人。

(三)订单运量的核定

(1)订单运量的核定权限，统一由铁道部、铁路局或分局的运输管理部门负责。

(2)订单运量的核定权限及分工，由各铁路局根据简化手续、方便托运人的原则确定后报铁道部备案。

(3)订单运量实行集中核定、随时核定、立即核定和自动核定相结合的办法。国际联运、水陆联运和到港货物以及大宗稳定货源的订单运量可以集中核定和随时核定。铁路分局在规定的核定权限内，可按去向、车种、车数、品类等因素，设置自动核定功能。对符合自动核定条件的订单运量，计算机系统自动赋予核准号码。对抢险救灾等必须迅速运输的物资，根据受理员输入的特殊审定标志，由计算机系统立即赋予核准号码。

(4)对已同意跨月运输的整车、零担和集装箱货物，以及关系国计民生的重点物资，要给予优先安排。

(四)订单运量的管理

(1)各联网站货运计划人员，对托运人提出的订单运量要随时受理、随时核实，要在24 h内输入计算机并及时上报。

(2)分局对本级管理权限的订单运量要及时核定，核定后及时并入计划数据库。对上级管理范围的订单运量，上级审定返回后，并入分局计划数据库。分局计划数据库的内容要及时返回到联网站或装车站，并通知托运人。

(3)订单运量及相关内容经承、托双方确定后不得变更。

(4)订单运量在双方规定的时限内有效，如未兑现且双方商定需要延期执行时，按新订单办理。

(五)运输合同的签订

装车站根据网上反馈的核定要车内容，根据车站各项作业能力，与托运人签订运输服务合同并明确承运人、托运人之间的经济权利和责任义务，并根据日装车方案组织安排装车。

二、货物的托运和受理

(一)托运

托运人在托运货物时，应做好以下几项工作：

(1)对货物进行符合运输需求的包装。对货物正确妥善地包装是托运人应尽的责任。

(2)在货件上标明清晰明显的标记。货物标记，也称为货签，记载发站、到站、托运人、收货人、货物品名、件数和运输号码等内容。货物标记的内容必须与货物运单记载的内容相符。

(3)备齐必要的证明文件。托运人托运需凭证明文件运输的货物，必须在托运货物前备齐相应的证明文件。

(4)向车站提交货物运单。货物运单是托运人和承运人签订的运输合同，具有法定的效力，必须正确填记。

货物运单既是托运人向承运人提出货物托运的申请，又是承运人承运货物、核收运费、填制货票的依据，也是货运全过程的一种运送单证，还是编制记录、备查或处理事故赔偿的凭据。它既是收货人领货的凭证，也是托运人、承运人、收货人及铁路内部进行货物交接的凭证。

货物运单由“货物运单”和“领货凭证”两部分组成(运单格式见表 4-6)。前者又分为托运人填写和承运人填写两大栏目。

(二)受理

托运人提出货物运单后，经承运人审查，若符合运输条件，在货物运单上签署货物搬入日期或装车日期的作业，称为受理。

托运人向发站提交货物运单后，车站货运工作人员应对其内容逐项进行认真检查，看其填写是否正确和是否符合运输要求。经铁路审查，若运单填写无误，符合运输要求，车站方可受理，并在货物运单上签署货物搬入日期或装车日期。

三、进货和验收

1. 进货

在铁路货场内装车的货物，托运人按承运人受理时签署的货物搬入日期，将货物全部搬入车站，并整齐堆放在指定的货位，完好地交给承运人的作业。

2. 验收

车站在接收托运人搬入车站的货物时，按运单记载对货物品名、件数、运输包装、重量等进行检查，确认符合运输要求并同意货物进入场、库指定货位的作业。

具备条件的车站，从托运人将全批货物搬入车站并经验收完毕时起，应负责承运前的保管。

表 4-6 铁路局货物运单(示范文本 GF—91—0402)

承运人／托运人装车　　领货凭证

计划号码或运输号码：　　铁路局

货位：　　货物运单　　承运人／托运人施封　　车种　车号

货物指定于　月　日搬入　　托运人→发站→　　货票第　号

运到期限　日　　到站→收货人　　货票第　号　　运到期限　日

托运人填写					承运人填写				
发站		到站(局)			车种车号		货车标重		
到站所属省(市)自治区					施封号码				
托运人	名称				经由	铁路货车篷布号码			
	住址		电话						
收货人	名称				运价里程	集装箱号码			
	住址		电话						
货物名称	件数	包装	货物价格	托运人确定重量(kg)	承运人确定重量(kg)	计费重量	运价号	运价率	运费
合计									
托运人记载事项					承运人记载事项				

注：本单不作为收款凭证，托运人签约须知见下页	托运人盖章或签字 年　月　日	到站交付日期戳	发站承运日期戳

发站		
到站		
托运人		
收货人		
货物名称	件数	重量
托运人盖章或签字		

注：收货人领货须知见下页

四、货物的装车作业

装车是货物发送作业中十分重要的一个环节。货物运输的质量在很大程度上取决于装车作业组织的好坏。铁路必须按照发站从严、装车从严的原则，认真做好装车作业，为途中作业和到达作业打下良好的基础。

装车前，认真检查货车的车体、车门、车窗、盖阀是否完整良好，车内是否干净，是否被毒物污染。装载粮食、医药品、食盐、鲜活货物、饮食品、烟草制品以及有押运人押运的货物等时，还应检查车内有无恶臭异味。要认真核对待装货物的品名、件数，检查标志、标签和货物状态。对集装箱还应检查箱内装载情况，检查箱体、箱号和封印。

装车时，必须核对运单、货票、实际货物，保证运单、货票、货物"三统一"。要认真监装，做到不错装、不漏装，巧装满载，防止偏载、偏重、超载、集重、亏吨、倒塌、坠落和超限。对易磨损货件应采取防磨措施，怕湿和易燃货物应采取防湿或防火措施。装车过程中，要严格按照《铁路装卸作业安全技术管理规则》有关规定办理，对货物装载数量和质量要进行检查。对以敞、平车装载的需要加固的货物，有定型方案的，严格按方案装车；无定型方案的，车站应制订装载加固方案，并按审批权限报批，按批准方案装车。装载散堆装货物，顶面应予平整。对自轮运转的货物、无包装的机械货物，车站应要求托运人将货物的活动部位予以固定，以防止脱落或侵入限界。

装车后，认真检查车门、车窗、盖、阀关闭及拧固和装载加固情况。

五、制票和承运

制票。是指根据货物运单填制货票。货票是铁路运输的凭证，也是一种财务性质的货运票据。它是铁路清算运输费用、确定货物运到期限、统计铁路完成的工作量、确定运送里程，以及计算有关货运工作指标的依据。制票后，货运员应向托运人核收运输费用，在运单及货票上加盖发站承运日期戳，并将领货凭证及货票丙联交给托运人。托运人应将领货凭证及时交给收货人，收货人据此向到站领取货物。

承运。零担和集装箱货物在发站验收完毕，整车货物在装车完毕，并核收运输费用后，发站在货物运单上加盖承运日期戳记的作业。货物承运意味着托运人和承运人的运输合同签订完毕，开始生效。承运是铁路负责运输的开始，也是承运人对托运人履行运输合同的一个重要标志，它表示铁路开始对托运人托运的货物承担运输义务。

六、货物的途中作业

货物装车后，需要将车辆编入一定的列车，并由机车牵引在铁路上移动。途中，车辆可能还要进行改编作业。

铁路货物运输途中作业主要有以下几种：途中货物的交接、检查，货物的换装整理，整车分卸作业，运输障碍的处理。

七、货物的到达和卸车作业

（一）货运票据的交接

列车到达到站后，车站应及时核对，并进行货运检查。检查无误后，与车长或列车乘务员办理重车和货运票据的交接签证。车号室将到达本站卸车的重车票据登记后，移交货运室。货运室接到货物到达票据后，即进行登记，并核算在途中和到站发生的各项费用，以便交付时向收货人结算。

（二）货物的卸车

正确、迅速、及时地组织卸车作业，对于保证货物运输质量、确保装车车源、完成排空任务以及加速货车周转、提高货车使用效率都具有重要的意义。卸车时要注意以下几点：

(1)卸车前，认真检查车辆、篷布苫盖、货物装载状态有无异状，施封是否完好。

(2)卸车时，必须核对运单、货票、实际货物，保证运单、货票、货物"三统一"。要认真监卸，根据货物运单清点件数，核对标记，检查货物状态。对集装箱货物应检查箱体，核对箱号和封印。严格按照《铁路装卸作业安全技术管理规则》及有关规定作业，合理使用货位，按规定堆码货物。发现货物有异状，要及时按章处理。

(3)卸车后，应将车辆清扫干净，关好车门、车窗、阀、盖，检查卸后货物安全距离，清理线路，将篷布按规定折叠整齐，送到指定地点存放。对托运人自备的货车装备物品和加固材料，应妥善保管。

八、货物的交付和搬出作业

（一）到达通知

承运人组织卸车的货物，应在卸车完毕的次日内，用电话或书信向收货人发出催领通知并在货票内记明通知的方法和时间。对于由收货人组织卸车的，承运人也应按规定通知收货人卸车。

（二）及时领取或将货物搬出

货物运抵到站，收货人应及时领取。拒绝领取时，应出具书面说明。承运人组织卸车的货物，收货人应于承运人发出催领通知的次日起算，2 日内将货物搬出。超过上述期间未将货物搬出，对其超过的期间核收货物暂存费。

（三）交付货物

收货人在到站领取货物时，须提出领货凭证，并在货票丁联上盖章或签字。

到站在收货人办完领取手续和支付费用后，应将货物连同货物运单一并交给收货人。承运人组织卸车和发站由承运人组织装车、到站由收货人组织卸车的货物，向收货人点交货物或办理交接手续结束，即为交付完毕；发站由托运人组织装车，到站由收货人组织卸车的货物，在货车交接地点交接完毕，即为交付完毕。

九、运费的计算

（一）铁路运价

铁路货物运输价格按其适用范围可分为普通运价、特定运价和国际联运运价。整车运输以吨为单位，吨以下四舍五入；零担运输以 10 kg 为单位，不足 10 kg 进位为 10 kg；集装箱运输则以箱为单位按箱重进行计算。

（二）计算公式

整车运费＝(发到基价＋运行基价×运价里程)×计费重量

零担运费=(发到基价+运行基价×运价里程)×计费重量/10

集装箱运费=(发到基价+运行基价×运价里程)×箱数

(三)计算程序

(1)找到货物对应的运价号(表4-7)。

(2)确定发到基价,运行基价。按运价号查找对应的发到基价和运行基价(铁路货物运价表见表4-8),其中整车货物分为9大类,每大类各包括不同货物;零担货物分为4大类,每大类包括不同物品;集装箱按箱型不同分类。

(3)查看运价里程:查货物运价里程表。

(4)考虑杂费,杂费按有关规定计算。

表4-7 铁路运输整车运价号

货物品名	运价号	货物品名	运价号	货物品名	运价号
煤	4	洗精煤	5	水泥	5
化肥	2	粮食	2	食用盐	1
钢材	5	渣油	7	汽柴油	7
原油	7	铝锭	5	硅铁	5
电石	7	石灰氮	7	木材	5
焦炭	4	机械设备	8	白糖	6
纸	6	卷烟	6	烟叶	4
苹果	8	土豆	2	石膏	2

表4-8 铁路货物运价表

办理类别	运价号	发到基价		运行基价	
		单位	标准/元	单位	标准/元
整车	1	元/t	4.6	元/t km	0.021 2
	2	元/t	5.4	元/t km	0.024 3
	3	元/t	6.2	元/t km	0.028 4
	4	元/t	7	元/t km	0.031 9
整车	5	元/t	7.9	元/t km	0.036
	6	元/t	8.5	元/t km	0.039
	7	元/t	9.6	元/t km	0.043 7
	8	元/t	10.7	元/t km	0.049
	9	元/t		元/t km	0.15
	冰保	元/t	8.3	元/t km	0.045 5
	机保	元/t	9.8	元/t km	0.067 5

续表 4-8

办理类别	运价号	发到基价		运行基价	
		单位	标准/元	单位	标准/元
零担	21	元/10 kg	0.087	元/10 kg km	0.000 365
	22	元/10 kg	0.104	元/10 kg km	0.000 438
	23	元/10 kg	0.125	元/10 kg km	0.000 526
	24	元/10 kg	0.15	元/10 kg km	0.000 631
集装箱	1 t 箱	元/箱	7.4	元/箱 km	0.032 9
	5,6 t 箱	元/箱	57	元/箱 km	0.252 5
	10 吨箱	元/箱	86.2	元/箱 km	0.381 8
	20 英尺箱	元/箱	161	元/箱 km	0.712 8
	40 英尺箱	元/箱	314.7	元/箱 km	1.393 5

例:某单位准备从天津站运至武昌站食盐 600 t,如果食盐发到基价 4.6 元/t,运行基价为 0.021 2 元/t km,计价里程为 1 300 km,问这批食盐运价多少元?

解:整车运费=(发到基价+运行基价×运行里程)×计费重量

=(4.6+0.021 2×1 300)×600

=19 296(元)

答:这批食盐运价是 19 296 元。

【同步训练 6.3】一批煤重 500 t 从西安站运到杭州站,计费里程为 2 000 km,问这批煤的运费是多少?

任务四 水路货物运输业务办理

【任务描述】

本项任务是明确水路货物运输的流程,能结合实际业务办理水路货物运输,包括班轮运输、租船运输方式的选择;货物托运、租船订舱业务等,并对主要的国际贸易术语 FOB、CFR、CIF 有所了解。

一、水路运输方式的选择

水路运输方式主要分为班轮运输和租船运输。我国国家标准《物流术语》(GB/T 18354—2006)对班轮运输的定义是:班轮运输(liner transport)是指在固定的航线上,以既定的港口顺序，按照事先公布的船期表航行的水上运输经营方式。我国国家标准《物流术语》(GB/T 18354—2006)对租船运输的定义是：租船运输(shipping by chartering)是指货主或其代理人租赁其他人的船舶、将货物送到目的地的水上运输经营方式。

在选择运输方式时主要考虑以下因素。

1. 运输服务的定期性

如果货物需要以固定的间隔时间运输出去，则选择挂靠固定港口、固定费率、严格按船期表航行的班轮运输。

2. 运输速度

当托运人为了满足某种货物在规定日期内运到的需求，则应注重运输速度的问题，而较少考虑费用的高低。

3. 运输费用

当运输的定期性和速度不是托运人考虑的主要因素时，运输费用就成为最重要的影响因素。

4. 运输的可靠性

在选择一家船舶公司之前，独立地考察一下它的实力和信誉是可取的做法。这样可以减少海事欺诈的风险。

5. 经营状况和责任

应该调查一下托运人所使用的船舶的所有人或经营人的经营状况及所负担的责任。表面看来，某一船舶所有人对船舶享有所有权，而事实上，他将船舶抵押给银行并通过与银行的经营合同而成为船舶经营人。船舶经营人也可能是定期租船人，按照租约，船东对于未付的租金，可以留置经营人运输的货物。

二、货物的托运

外贸公司在收到国外开来的信用证经审核(或经修改)无误后即可办理托运。按信用证或合同内有关装运条款填写托运单并提供全套单证，在截止收单期前送交外运公司，作为订舱的依据。

(一)班轮运输

如果托运人办理的是班轮运输，则可以查看各班轮公司的船期表来确定托运的有关事项。班轮公司会按月编印出口船期表，分发给各外贸公司及工贸代理企业，内容包括列航线、船名及其国籍、抵港日期、截止收单期、预计装船日期和挂港港口名称(即船舶停靠的港口)。各外贸公司及工贸代理企业据此进行催证、备货。

各班轮公司根据具体情况，编制公布的船期表是有差异的。通常，近洋班轮航线因航程短且挂港少，船公司能较好地掌握航区和挂靠港的条件以及港口装卸效率等实际状况，可以编制出时间准确的船期表，船舶可以严格按船期表规定的时间运行。远洋班轮航线由于航程长、挂港多、航区气象复杂，船公司难以掌握航区、挂靠港，船舶在航线上运行可能发生的各种情况，在编制船期表时对船舶运行的时间必然会留有余地。

(二)租船运输

在国际租船市场上，租船交易通常都不是由船舶所有人和承租人亲自到场直接洽谈，而是通过租船经纪人代为办理并签约的，租船一般要经过询价、报价、还价、接受订租和签订合同等几个过程。

1. 租船询价

询价又称询盘。通常是指承租人根据自己对货物运输的需要或对船舶的特殊要求，通过租船经纪人在租船市场上要求租用船舶。询价主要以电报或电传等书面形式提出。

2. 租船报价

报价又称发盘。当船舶所有人从船舶经纪人那里得到承租人的询价后，经过成本估算或者比较其他的询价条件，通过租船经纪人向承租人提出自己所能提供的船舶情况和运费率或租金率。报价的主要内容，除对询价的内容作出答复和提出要求外，最主要的是关于租金（运价）的水平和选定的租船合同范本及对范本条款的修改、补充条款。

3. 租船还价

还价又称还盘。在条件报价的情况下，承租人与船舶所有人之间对报价条件中不能接受的条件提出修改或增删的内容，或提出自己的条件，称为还价。双方之间可能就交易条件进行多次的还价。

4. 接受订租

接受订租又称受盘，是指一方当事人对实盘所列条件在有效期内明确表示承诺。至此，租船合同即告成立。原则上，接受订租是租船程序的最后阶段。接受订租后，一项租船洽商即告结束。订租确认书。接受订租是租船程序的最后阶段。通常的做法是当事人之间要签署一份"订租确认书，详细列出船舶所有人和承租人在洽租过程中双方承诺的主要条款。订租确认书经当事人双方签署后，各保存一份备查。

5. 租船合同

正式的租船合同实际是合同已经成立后才开始编制的。双方签认的订租确认书实质就是一份供双方履行的简式的租船合同。签认订租确认书后，船东按照已达成协议的内容编制正式的租船合同，通过租船经纪人送交承租人审核。如果租船人对编制的合同没有什么异议，就可以签字。

◆【知识拓展 4.4】标准租船合同范本

在国际航运市场上，一些航运垄断集团、大的船公司、货主垄断组织，先后编制了作为洽商合同条款基础的租船合同范本。租船合同范本中罗列了事先拟定的主要条款。为了便于双方通过函电对范本中所列条款进行删减、修改和补充，每一租船合同范本都为范本的名称规定了代码，为每一条款编了代号，并在每一行文字前（或后）编了行次的顺序号。但许多条款都不会对承租人一方有利，这是在选用租船合同范本时不能不考虑的问题。

租船合同范本的种类很多，标准航次租船合同代表范本有"金康"，定期租船合同代表范本有"纽约土产"，光船租船合同代表范本有"光租"。

三、租船订舱

根据贸易合同的规定，负责货物运输的一方要根据货物的性质和数量决定租船或订舱。不管采取租船或订舱，均需办理租船或订舱手续。除个别情况外，一般均委托国际货代物流公司代为办理。在办理委托时，委托人需填写《进口租船订舱联系单》，提出具体要求。其内容包括货名、重量、尺码、合同号、包装种类、装卸港口、交货期、贸易条款、发货人名称和地址、发货人电话或传真号以及其他特殊要求事项。

在国际贸易中，如果是以 CIF 价格条件成交的，则由出口商安排货物运输，所以，订舱多数在装货港或货物输出地由出口商办理。如果出口货物是以 FOB 价格条件成交，则货物运输由进口商安排，此时，订舱就可能在货物的卸货地或输入地由进口商办理。

四、出口货物集中港区

租船或订舱后，货主应在规定的时间内将符合装船条件的出口货物发运到港区内指定的仓库或货场，以方便装船作业。向港区集中时，应按照卸货港的先后和货物积载顺序发货。即后卸的装在舱底的货先发，先卸的装在上面的货物后发，以便按先后次序装船。出口大宗货物时，可联系港区提前发货。有船边现装条件的货物，也可按照装船时间将货物直送港区船边现装，以节省进仓出仓的手续和费用。发货前要按票核对货物品名、数量、标记、配载船名、装货单号等项，做到单、货相符和船、货相符。

五、报关、报验工作

我国国家标准《物流术语》(GB/T 18354—2006)对报关的定义是：报关(Customs Declaration)是指进出境运输工具的负责人、进出境货物的所有人、进出口货物的收发货人或其代理人向海关办理运输工具、货物、物品进出境手续的全过程。

(一)进口报关

进口报关，就是向进口港口的海关申报货物进口的手续。凡进口货物，须经报关、纳税、查验和放行后，方可提运。

进口货物均需向海关报关，填制《进口货物报关单》。其内容有船名、贸易国别、货名、标记、件数、重量、金额、经营单位、运杂费和保险费等项，连同发票、提单、品质证明书等单证，向海关申报进口。

按我国现行有关规定，进口货物应在商检后 14 d 之内申报，并在开出税单后 7 d 内纳税。超过规定日期申报或迟缴税款，则要缴纳一定的滞纳金。

根据我国现行的"进出口商品检验法"规定，凡必须经商检机构检验的进口商品，须向商检机构办理进口商品登记。收货人应在商检机构规定的地点和期限内，向商检机构报验。

(二)出口报关

出口时，货物集中港区后，发货单位必须向海关办理申报出口手续。这叫作出口报关。

出口报关时，由发货单位备妥出口货物报关单，连同装货单、发票、装箱单(或磅码单)、商检证(如商检局来不及出证时，可由商检局在报单上加盖合格章)及其他有关单证(如需经动植物检疫的商品的检疫证明等)向海关申报出口，经海关关员检查单证和货物，确认单货相符和手续齐备后，即在装货单上加盖放行章。经海关查验放行的出口货物，方能开始装船。如果海关发现货物不符合出口要求时，则不予放行，直到符合要求时为止。

六、货物的装船与交接

装船是指托运人应将其托运的货物送至码头承运船舶的船边并进行交接，然后将货物装到船上。

在班轮运输中，一般采用集中装船的方式。集中装船是指由船公司在各装货港指定装船代理人，在各装货港的指定地点（通常为码头仓库）接受托运人送来的货物，办理交接手续后，将货物集中并按货物的卸货次序进行适当的分类后再进行装船。

如果船舶是在锚地或浮筒作业，托运人还应负责使用自己的或租用的驳船将货物驳运至船边办理交接后将货物装到船上，也称直接装船。对一些特殊的货物，如危险品、冷冻货、鲜活货、贵重货多采用船舶直接装船。

采用 FOB 贸易术语成交的合同，卖方只需按照规定的时间和地点完成装运，卖方的义物就完成了。但如果采用 CFR 贸易术语成交时，出口方即卖方要承担将货物由装运港运往目的港的义务。为了保证能按时完成在装运港交货的义务，卖方应根据货源和船源的实际情况合理地规定装运期。装运期一经确定，卖方就应及时租船订舱和备货，并按规定的期限发运货物。卖方需要特别注意的问题是，货物装船后必须及时向买方发出装船通知，以便买方办理投保手续。

七、货物的卸船

卸货是指将船舶所承运的货物在卸货港从船上卸下，并在船舶交给收货人或代其收货的人和办理货物的交接手续。船公司在卸货港的代理人根据船舶发来的到港电报，一方面编制有关单证联系安排泊位和准备办理进口手续，约定装卸公司，等待船舶进港后卸货；另一方面还要把船舶预定到港的时间通知收货人，以便收货人及时做好接收货物的准备工作。在班轮运输中，为了使分属于不同收货人的货物能在船舶有限的停泊时间内迅速卸完，通常都采用集中卸货的办法，即由船公司所指定的装卸公司作为卸货代理人总揽卸货以及向收货人交付货物的工作。

八、货物的交付

实际业务中，船公司凭提单将货物交付给收货人。其具体过程是收货人将提单交给船公司在卸货港的代理人，经代理人审核无误后，签发提货单交给收货人，然后收货人再凭提货单前往码头仓库提取货物并与卸货代理人办理交接手续。交付货物的方式有仓库交付货物、船边交付货物、货主选择卸货港交付货物、变更卸货港交付货物、凭保证书交付货物等。货主选择卸货港交付货物是指货物在装船时货主尚未确定具体的卸货港，待船舶开航后再由货主选定对自己最方便或最有利的卸货港，并在这个港口卸货和交付货物。变更卸货港交付货物是指在提单上所记载的卸货港以外的其他港口卸货和交付货物。凭保证书交付货物是指收货人无法以交出提单来换取提货单提取货物，按照一般的航运惯例，常由收货人开具保证书，以保证书交换提货单，然后持提货单提取货物。

任务五　航空货物运输业务办理

【任务描述】

航空货物运输主要用于国际货物的运输，因此本项任务主要以国际航空货物运输业务为主，主要是明确航空货物进出口运输业务的流程，能结合实际业务办理航空货物运输业务。

一、出口货物航空运输

国际货物运输的出口业务流程是指从托运人委托运输货物到航空承运人将货物装上飞机的货物流、信息流的运输组织与控制管理的全过程。在实践中，托运人一般采用委托航空运输代理人运输或直接委托航空公司运输两种方式。

（一）航空货物出口运输代理业务程序

航空货物出口运输代理业务程序由以下若干环节构成

1. 接受托运人委托运输

托运书（Shippers Letter of Instruction，SLI）是托运人用于委托承运人或其代理人填开航空货运单的一种表单，表单上列有填制货运单所需各项内容，并应印有授权于承运人或其代理人代其在货运单上签字的文字说明。托运书格式如表 4-9 所示。

表 4-9 托运书格式

<table>
<tr><td>委托单位
（托运人）</td><td colspan="2"></td><td>受托单位
（承运人）</td><td colspan="4"></td></tr>
<tr><td rowspan="3">提
单
项
目
要
求</td><td>发货人
Shipper</td><td colspan="6"></td></tr>
<tr><td>收货人
Consignee</td><td colspan="6"></td></tr>
<tr><td>通知人
Notify Party</td><td colspan="6"></td></tr>
<tr><td>海运或空运
By sea or
by air</td><td>预付或到付
Prepaid or
collect</td><td>船公司</td><td></td><td>可否分批</td><td></td><td>可否
转船</td><td></td></tr>
<tr><td>起运港
Port of
loading</td><td>宁波</td><td>目的港
Port of
destination</td><td></td><td>开船日期</td><td></td><td>装船
日期</td><td></td></tr>
<tr><td>集装箱
预配数</td><td></td><td>装箱时间</td><td></td><td>装箱地点</td><td></td><td></td><td></td></tr>
<tr><td>标记唛码
Marks &
Numbers</td><td>件数及包装式样
No & kind of
packages</td><td>中英文货号
Description
of goods
(In Chinese
& English)</td><td>毛重(kg)
G. W. (KGS)</td><td>体积
（立方数）
Measure-
ment (CBM)</td><td colspan="3">成交条件（总价）</td></tr>
<tr><td></td><td></td><td></td><td></td><td></td><td colspan="3">内陆费：

海运费：</td></tr>
</table>

续表 4-9

声明事项		托运人签单
		电话：
		传真：
		手机：
		地址：
		托运人签名：
		委托日期：2011 年　月　日

2. 审核单证

代理人需要对托运人提交的单证进行审核，主要的单证有发票、装箱单、托运书、报关单、外汇核销单、许可证、商检证、配额许可证。

3. 预配舱

代理人汇总所接受的委托和客户的预报，并输入电脑，计算出各航线的件数、重量、体积，按照客户的要求和货物重、泡情况，根据各航空公司不同机型对不同板箱的重量和高度要求，制定预配舱方案，并对每票货配上运单号。

4. 预订舱

代理人根据所制定的预配舱方案，按航班、日期打印出总运单号、件数、重量、体积，向航空公司预订舱。这一环节之所以称为预订舱，是因为此时货物可能还没有入仓库，预报和实际的件数、重量、体积等都会有差别，这些留待配舱时再做调整。

5. 接受单证

接受托运人或其代理人送交的已经审核确认的托运书及报关单证和收货凭证，并将电脑中的收货记录与收货凭证核对，确保两者的一致性。制作操作交接单，填上所收到的各种报关单证份数，给每份交接单配一份总运单或分运单。将制作好的交接单、配好的总运单或分运单、报关单证移交制单。如果此时货未到或未全到，可以按照托运书上的数据填入交接单并注明，货物到齐后再进行修改。

6. 填制货运单

填制航空货运单，包括总运单和分运单。航空货运单是发货人收结汇的主要有效凭证，因此运单的填写必须详细、准确、严格符合单货一致、单单一致的要求。填制航空货运单的主要依据是发货人提供的国际货物托运书，货运单一般用英文填写，目的地为香港地区的货物运单可以用中文填写，但货物的品名一定要用英文填写。货运单格式及填写如表 4-10 所示。

7. 接收货物

接收货物，是指航空货运代理公司把即将发运的货物从发货人手中接过来并运送到自己的仓库。接货时应对货物进行过磅和丈量，并根据发票、装箱单或送货单清点货物，并核对货物的数量、品名、合同号或唛头等是否与货运单上所列一致。

同时，要检查货物的外包装是否要求，对于航空运输的货物包装有以下基本要求。

(1)托运人提供的货物包装要求坚固、完好、轻便，应能保证在正常的操作(运输)情况下，货物可完好地运达目的站。同时，也不损坏其他货物和设备。

表 4-10 国际航空主运单格式及填写说明

	名称	英文名称	具体内容
1	托运人名称和地址	Shipper's Name and Address	详细填写托运人全名，地址应详细填明国家、城市、门牌号码及电话号码
2	托运人账号	Shipper's Account Number	有必要时填写
3	收货人名称和地址	Consignee's Name and Address	详细填写收货人全名，地址应详细填明国家、城市、门牌号码及电话号码。此栏不得出现"To Order"字样
4	收货人账号	Consignee's Account Number	有必要时填写
5	始发站、第一承运人地址及所要求的线路	Airport of Departure (Address of First Carrier) and Requested Routing	填写始发站城市的英文全称
6	路线和目的站	Routing and Destination	由民航填写经由的航空路线
7	货币	Currency	填写运单上所用货币代码
8	运费/声明价值费、其他费用	WT/VAL, Other	选择预付费用或到付费用，并在选择付费方式栏内作"×"记号
9	托运人向承运人声明的货物价值	Declared Value for Carriage	填写托运人在运输货物时声明货物的价值总数。如托运人不需办理声明价值，则填写"NVD"(No Value Declared)
10	托运人向目的站海关声明的货物价值	Declared Value for Customs	填写托运人向海关申报的货物价值。托运人未声明价值时，必须填写"NCV"(No Customs Valuation)
11	目的站	Airport of Destination	填写目的站城市的英文全称，必要时注明机场和国家名称
12	航班/日期	Requested Flight/Date	填写已订妥的航班日期
13	保险金额	Amount of Insurance	托运人委托航空公司代办保险时填写
14	处理情况	Handling Information	本栏填写以下内容：货物上的唛头标记、号码和包装等；通知人的名称、地址、电话号码；货物在途中需要注意的特殊事项；其他需要说明的特殊事项；运往美国商品的规定
15	件数	No. of Pieces/RCP	如各种货物运价不同时，要分别填写，总件数另行填写
16	毛重	Gross weight	重量单位(kg/lb)为"kg"，分别填写时，另行填写总重量

续表 4-10

	名称	英文名称	具体内容
17	运价类别	Rate Class	用 M、N、Q、C、R 或 S 分别代表起码运费、45 kg 以下普通货物运价、45 kg 以上普通货物运价、指定商品运价、附减运价(低于 45 kg 以下普通货物运价的等级运价)、附加运价(高于 45 kg 以下普通货物运价的等级运价)
18	品名编号	Commodity Item Number	指定商品运价则填写其商品编号;按 45 kg 以下普通货物运价的百分比收费的,则分别填写具体比例
19	货物品名及体积	Nature and Quantity of Goods	货物体积按长、宽、高的顺序以 cm 为单位填写最大的长、宽、高度
20	托运人或其代理人签字	Signature of Shipper or his Agent	表示托运人同意承运人的装运条款
21	运单签发日期	Executed on(Date)	日期应为飞行日期,如货运单在飞行日期前签发,则应以飞行日期为货物装运期
22	承运人或其代理人签字	Signature of Issuing Carrier or its Agent	有此签字,航空货运单才能生效

(2)为了不使密封舱飞机的空调系统堵塞,不得用带有碎屑、草末等材料作包装,如草袋、革绳、粗麻包等。包装的内衬物,如谷糠、锯末、纸屑等不得外漏。

(3)包装内部不能有突出的棱角,也不能有钉、钩、刺等。包装外部需清洁、干燥、没有异味和油腻。

(4)托运人应在每件货物的包装上详细写明收货人、另请通知人和托运人的姓名和地址。如包装表面不能书写时,可写在纸板、木牌或布条上,再拴挂在货物上,填写时字迹必须清楚、明晰。

(5)包装窗口的材料要良好,不得用腐朽、虫蛀、锈蚀的材料。无论木箱或其他容器,为了安全,必要时可用塑料、铁箍加固。

(6)如果包装件有轻微破损,填写货运单应在"Handling Information"标注出详细情况。

8. 配舱

配舱时,需运出的货物都已入库。这时需要核对货物的实际件数、重量、体积与托运书上预报数量的差别。同时,要对预订舱位、板箱的有效领用、合理搭配,按照各航班机型、板箱型号、高度、数量进行配载。对于货物晚到、未到情况以及未能顺利通关放行的货物做出调整处理,为制作配舱单做准备。实际上,这一过程一直延续到单、货交接给航空公司后才完毕。

9. 订舱

订舱,就是将所接收空运货物向航空公司正式提出申请并订妥舱位。货物订舱需根据发货人的要求和货物标识的特点而定。一般来说,大宗货物、紧急货物、鲜活易腐货物、危险品、贵重物品等,必须预订舱位。非紧急的零散货物可以不预订舱位。

10. 出口报关

出口报关,是指发货人或其代理人在货物发运前,向出境地海关办理货物出口手续的过程。

11. 出仓单

配舱方案制定后就可着手编制出仓单。出仓单上应载明日期、承运航班的日期、装载板箱形式及数量、货物进仓顺序编号、总运单号、件数、重量、体积、目的地三字代码和备注。出舱单交给出口仓库,用于出库计划,出库时点数并向装板箱交接。

出仓单交给报关环节,当报关有问题时,可有针对性反馈,以采取相应措施。

12. 提板箱与装货

根据订舱计划向航空公司申领板、箱并办理相应的手续。提板、箱时取相应的塑料薄膜和网。对所使用的板、箱要登记、销号。

对货物进行装箱装板,除特殊情况外,航空货运均是以"集装箱"、"集装板"形式装运。装板、装箱时要注意以下事项。

(1)不要用错集装箱、集装板,不要用错板型、箱型。

(2)不要超装箱板尺寸。

(3)要垫衬,封盖好塑料纸,防潮、防雨淋。

(4)集装箱、板内货物尽可能配装整齐,结构稳定,防止运输途中倒塌。

(5)对于大宗货物、集中托运货物,尽可能将整票货物装一个或几个板、箱内运输。已装妥整个板、箱后剩余的货物尽可能拼装在同一箱、板上,防止散乱、遗失。

13. 签单

货运单在盖好海关放行章后还需到航空公司签单。主要是审核运价使用是否正确以及货物的性质是否适合空运,例如,危险品等是否已办了相应的证明和手续。航空公司的地面代理规定,只有签单确认后才允许将单、货交给航空公司。

14. 交接发运

交接是向航空公司交单交货,由航空公司安排航空运输。交单就是将随机单据和应有承运人留存的单据交给航空公司,随机单据包括第二联航空运单正本、发票、装箱单、产地证明、品质鉴定书等。

交货即把与单据相符的货物交给航空公司。交货之前必须粘贴或拴挂货物标签,清点和核对货物,填制货物交接清单,大宗货、集中托运货,以整板、整箱称重交接,零散小货按票称重,计件交接。

航空公司审单验货后.在交接签单上验收,将货物存入出口仓库,单据交吨控部门,以备配舱。

15. 货物追踪

单、货交接给航空公司后,航空公司可能会因种种原因未能按预定时间运出,所以货运代理公司从单、货交给航空公司后就需对航班、货物进行跟踪,并及时提供客户相应的信息。

(二)费用结算

1. 重量的计算

(1)计费质量,所谓计费质量就是据以计算运费的货物质量。航空公司规定计费质量按实际质量和体积质量两者之中较高的一种统计。

(2)实际质量。实际质量是指一批货物包括包装在内的实际总重,即毛重。凡质量大而体积相对小的重货物(如机械、金属零件等)用实际质量作为计费质量。具体计算时,质量不足0.5 kg的按0.5 kg计算,0.5 kg以上不足1 kg时按1 kg计算,不足1磅的按1磅计算。

(3)体积质量。轻泡货物以体积质量作计费质量,计算方法是:分别量出货物的最长、最宽、最高的部分,单位为厘米或英寸,测量数值四舍五入。计算货物的体积。将体积折合成千克或磅,即根据所使用的度量单位分别用体积值除以6 000 cm^3 或366 in^2,结果即为该货物的体积质量,即:

体积质量 ＝ 最长×最宽×最高÷6 000(或366)

不同的货物重量有不同的运价类别代码(表4-11)

表4-11　货物重量运价类别代号

货物重量等级	运价类别代号
45 kg(100 lb)以下	N
45 kg以上(含45 kg)人。分为100 kg、300 kg、500 kg、1 000 kg、2 000 kg等多个计费质量分界点	Q

2. 运价

(1)公布的直达运价。公布的直达运价是指航空公司在运价本上直接注明承运人对由甲地运至乙地的货物收取的一定金额,包括指定商品运价和普通货物运价。

①指定商品运价。指定商品运价是指承运人根据在某一航线上经常运输某一种类货物的托运人的请求或为促进某一地区间某一种类货物的运输,经国际航空运输协会同意所提供的优惠运价。指定商品运价是给予在特定的始发站和到达站的航线上运输的特种货物的。公布指定商品运价时,同时公布起码质量。国际航空运输协会公布指定商品运价时,将货物划分为10种类型。

◆【知识拓展4.5】使用指定商品运价的注意事项

在具体使用指定商品运价时应注意:

1. 决定货物是属于哪一种货物。

2. 查阅在所要求的航线上有哪些特种货物运价。

3. 查阅“航空货物运价表”上的“货物明细表”,选择与货物一致的号码,如果该货物号有更详细的内容,则选择最合适的细目。

4. 根据适用该货物的起码质量,选择合适的指定商品运价。

②等级货物运价。等级货物运价适用于指定地区内部地区之间的少数货物运输,通常是在普通货物运价的基础上增加或减少一定的百分比。当某种货物没有指定商品运价可以适用

时，才可选择合适的等级运价，其起码质量规定为 5 kg。

◆【知识拓展 4.6】适用等级货物运价的商品

适用等级货物运价的货物常有：

1. 动物、活动物的集装箱和笼子。

2. 贵重物品。

3. 尸体或骨灰。

4. 报纸、杂志、期刊、盲人和聋哑人专用设备和书籍等出版物。

5. 作为货物托运的行李。

其中 1～3 项通常在普通货物运价基础上增加一定百分比；4～5 项通常在普通货物运价的基础上减少一定百分比。

③普遍货物运价。普通货物运价又称一般货物运价，是应用最为广泛的一种运价。当一批货物不能适用等级货物运价，也不属于指定商品时，就应该选择普通货物运价。普通货物运价的数额随运输量的增加而降低。

④起码运费。起码运费代号为 M，它是航空公司办理一批货物所能接受的最低运费，是航空公司在考虑办理即使很小的一批货物也会产生固定费用后判定的。如果承运人收取的运费低于起码运费就不能弥补运送成本。航空公司规定无论所运送的货物适用哪一种航空运价，所计算出来的运费总额都不得低于起码运费，否则以起码运费计收。

3. 非公布的直达运价

如果甲地至乙地没有可适应的公布的直达运价，则要选择比例运价或利用分段相加运价。

4. 声明价值附加费

《华沙公约》规定了由于承运人的责任导致货主损失的最高赔偿责任限额。如果货物的价值超过这个限额，发货人在交运货物时就必须向承运人声明货物的价值，并支付一定的费用。否则承运人只按照最高限额承担赔偿责任。

5. 其他附加费

其他附加费包括地面运费、中转手续费、制单费、货到付款附加费、提货费、送货费等，一般只有在航空公司或航空货运公司提供相应服务时才收取。

二、进口货物航空运输

国际货物运输的进口业务流程就其流程的环节主要包含两大部分：航空公司进港货物的操作程序和航空货物进口运输代理业务程序。

(一)航空公司进港货物的操作程序

航空公司进港货物的操作程序是指从飞机到达目的地机场，承运人把货物卸下飞机直到交给代理人的整个操作流程。该流程主要包括进港航班预报；办理货物海关监管；分单业务。其中，联程货运单交货物中转部门、核对货运单和运输舱单、制作国际进口货物航班交接单、货物交接等内容。

(二)航空货物进口运输代理业务程序

1. 代理预报

在国外发货前，由国外代理公司将运单、航班、件数、重量、品名、实际收货人及其他地址、联系电话等内容发给目的地代理公司。

到货预报的目的是使代理公司做好接货前的所有准备工作。

2. 交接运单与货物

航空公司的地面代理人向货运代理公司交接的有:国际货物交接清单、运单、随机文件和货物。交接时应做到单、单核对,即交接清单与总运单核对;单、货核对,即交接清单与货物核对。

3. 分类整理

货运代理公司在取得航空运单后,根据自己的习惯进行分类整理,对集中托运货物和单票货物、运费预付和运费到付货物应区分开来。集中托运货物需对总运单项下的货物进行分拨,按每一分运单的货物分别处理。分类整理后,货运代理公司编上公司内部的编号,以便于用户查询和内部统计。

4. 到货通知

货运代理公司根据收货人资料寄发到货通知,催促其速办报关、提货手续。

5. 缮制单证

根据运单、发票及证明货物合法进口有关批文缮制报关单,并在报关单的右下角加盖报关单位的报关专用章。

6. 报关

将制作好的报关单连同正本的货物装箱单、发票、运单等递交海关,向海关提出办理进口货物报关手续。海关经过初审、审单、征税等环节后,放行货物。只有经过海关放行后的货物才能提出海关监管场所。

7. 提货

凭借盖有海关放行章的正本运单到海关监管场所提取货物并送货给收货人,收货人也可自行提货。

8. 费用结算

货主或委托人在收货时,结清各种费用。

【项目回顾】

通过本项目的学习,使我们明确了公路运输业务、水路运输业务、铁路运输业务和航空运输业务的办理流程,知道了每一环节应注意的问题。这一项目能指导我们做好以后的实际运输业务。

课后训练

一、理论训练

(一)不定项选择题

1. 零担货物运输的起码计费重量是( )。

A. 1 t　　B. 1 kg　　C. 1 g　　D. 10 kg

2. 整批货物运输以 t 为单位,1t 以下计至( )。

A. 100 kg　　B. 10 kg　　C. 1 t　　D. 1 kg

3.公路整批运输是指托运人一次托运货物计费重量在(　　)吨以上。

A. 3　　B. 1　　C. 4　　D. 5

4.零担托运规定:为便于配装和保管,每批零担货物不得超过(　　)件。

A. 100　　B. 200　　C. 300　　D. 400

5.为便于配装和保管,每一件零担货物的体积最小不得小于(　　)m^3。

A. 0.01　　B. 0.02　　C. 0.03　　D. 0.04

6.轻泡货物是指每立方米重量不足(　　)kg 的货物。

A. 100　　B. 222　　C. 333　　D. 400

7.普通货物分为一等货物、二等货物和三等货物三个等级,并实行分等计价。以一等货物为计价基础,二等货物加成(　　)。

A. 15%　　B. 20%　　C. 25%　　D. 30%

8.普通货物分为一等货物、二等货物和三等货物三个等级,并实行分等计价。以一等货物为计价基础,三等货物加成(　　)。

A. 15%　　B. 20%　　C. 25%　　D. 30%

9.在铁路运输中,下列哪些货物不能办理零担运输(　　)。

A.需要冷藏、保温或加温运输的货物

B.易于污染其他货物的污秽品

C.蜜蜂

D.不易计算件数的货物

E.一件货物重量超过 3 t,体积超过 3 m^3 或长度超过 9 m 的货物

10.以下采用等级货物运价的物品有(　　)。

A.动物、活动物的集装箱和笼子

B.贵重物品

C.尸体或骨灰

D.报纸、杂志、期刊、盲人和聋哑人专用设备和书籍等出版物

E.作为货物托运的行李

(二)判断题

1.托运人或者收货人不支付运费、保管费以及其他运输费用的,承运人对相应的运输货物享有留置权。(　　)

2.货物在运输过程中因不可抗力灭失,托运人应同样支付运费。(　　)

3.托运单是货主(托运方)与运输单位(承运方)之间就货物运输所签订的契约,具有法律效力。(　　)

4.承运人组织卸车的货物,应在卸车完毕的当日内,用电话或书信向收货人发出催领通知并在货票内记明通知的方法和时间。(　　)

5.收货人应于承运人发出催领通知的次日起算,2 d 内将货物搬出。(　　)

6.租船交易一般要以经过询价、报价、签订合同 3 个阶段。(　　)

7.如果是以 CIF 价格条件成交的,则由进口商安排货物运输。(　　)

8.班轮运输一般采用集中装船的方式。(　　)

9.航空公司规定计费质量按实际质量和体积质量两者之中较高的一种统计。(　　)

10.45 kg(100 磅)以下的货物,共其运价类别代码为 N。( )

(三)简答题

1.简述公路货物运输业务的一般流程。

2.简述装卸搬运中的六不改善法原则。

3.简述水路货物运输业务的一般流程。

4.简述租船交易的过程。

5.简述铁路货物运输业务的一般流程。

6.简述航空货物运输业务的一般流程。

二、案例讨论:从冰川式模式转变为雪崩式的杜邦物流

杜邦总裁和首席执行官 John A. Kroll 这样形容杜邦这个化工巨头的企业战略:从冰川式模式转变为雪崩式。

雪崩的概念更能强调在现今市场中一个庞大公司应有的表现:速度和灵活性。许多大公司在竞争上更像冰川,巨大缓慢且不宜调整方向。

Kroll 认为大公司应该像雪崩式思考,快捷、迅猛、流动,易于跨越障碍,易于改变形状并迅速到达各个地方。不论现在和未来,速度和灵活性将是创造价值的核心所在。

Kroll 这番话的意思是要清楚表明杜邦在管理其物流业务上的能力:杜邦的任务是将任何货物按时安全送到任何地方并因此领先一步。理解杜邦公司的庞大和复杂性就可以理解这个任务有多艰巨。杜邦公司已有 200 年历史,总部位于 Delaware 的威明顿(Wilmington),旗下拥有 80 多个业务各异的子公司,这些公司归类为 18 个战略业务部门(SBU)。杜邦子公司还包括石油公司 Conoco。杜邦业务跨度极大,从开发生产拳头产品如 Coriancoutertop 和 StainMaster 地毯,到生产各类化工产品、纤维、聚合体、树脂以及其他工农业产品。某些产品属于或含有极危险物质。这些公司和业务部门管理全球 70 多个国家的 175 个制造和加工工厂,75 个研究开发实验室。如今杜邦已是业务遍布全球,拥有 79 000 名雇员,年营业额为两百四十亿美元的超级跨国公司。

杜邦全球物流总监 Charles N. Beinkampen 的看法是,杜邦是一个多元化公司,服务不同的市场并管理多条供应链。杜邦全球物流作为企业采购部门的一部分所面临的挑战是,如何支持各个业务公司和部门的物流需求,并能充分利用这些公司整体的雄厚购买力。Beinkampen 相信物流任务来自业务需求,必须完全考虑所服务市场、客户及所面临的竞争。

核心价值至上

Beinkampen 强调,针对杜邦所有的业务,首要考虑的是公司的核心价值所在。杜邦是价值驱动型公司,不论个别业务是何种业务,杜邦始终把眼光放在真正重要的事情上,大量这种事情都围绕安全问题。杜邦运输的货物中,40%包含危险产品,近 20%剧毒物质用于制造,显然安全性和环境保护问题摆在头号位置。杜邦称这类物品为“游戏规则改变者”,做得差后果将不堪设想,做得好杜邦将能占据优势甚至可能给竞争对手设置不易跨越的行业障碍。

尽管杜邦还没有做到零事故,但已经做到没有涉及危险材料的重大事故。物流部门对货运商的安全性要求极为严格,并定期对货运人的安全操作履行程度进行检验。杜邦将安全表现和其他核心价值同管理人员的薪资直接挂钩,称之为“感受管理”。

杜邦公司物流管理始于安全管理,作为杜邦价值链核心过程的一部分,物流管理还帮助业务部门提高服务质量并降低成本。在降低成本方面,杜邦极为成功并领先于其他公司。杜邦每年的货运支出接近十五亿美元,这个庞大数目自然意味着杜邦有更多物流业务谈判的主动权,但杜邦真正出色的在于其物流操作执行。杜邦认为许多公司物流部门能够谈判得到非常优惠的合同,但不能有效执行具体物流业务。杜邦所作的是在所有业务部门密切控制物流执行,要求在谈判中给杜邦提供优惠条件的承运人就是能实际运输货物的公司。由此杜邦所做到的与谈判桌上的承诺保持一致,给市场和承运人都建立信誉。杜邦的这种做法使得公司的成品运输支出在业务增长和国际运输增多的情况下仍能逐年下降。

集中管理战略业务物流

在 1995 和 1996 年两年中,杜邦的物流支持为公司节省了约一亿六千万美元。其中三千万美元纯粹出自费率下降,其他则来自一次性节约和供应链效率提高如减少关税、使用免税区和供应链流程改进。杜邦的供应链操作能力实际上间接影响到其利用运输量进行物流业务谈判的能力。杜邦在物流领域的优势来自对全球 18 个战略业务部门的整合。

在管理供应商进货方面,杜邦采取整合策略,外包给一家大的运输公司全面负责所有杜邦在美国工厂的零担货物运输。

杜邦的全球物流运作也集中后外包给少数几个物流整合商:将全球进出口业务包给美国的 BDP 国际公司和欧洲的 Kuehne & Nagel 公司。BDP 的服务包括依照同杜邦的合同为所有货物订舱并实现货运量目标,维护杜邦的费率数据库,提供审计后费率报告,准备和填写各类发货单据,跟踪货物等,所有工作都实现电子化。K&N 主要在欧洲地区为杜邦提供服务,包括为杜邦的一些战略业务部门进行专业化仓储设施建设和运营管理。K&N 保证 99%的供应率以满足杜邦的高标准物流要求如准时服务和设备可及度。

杜邦采取集中管理策略的原因之一是由于杜邦的物料运输特点已经发生变化。杜邦每年有大约二十五万批次跨国界运输,进出口价值达一百四十亿美元。这些进出口多数发生在美国到欧洲和亚洲之间。杜邦预计未来公司的业务增长主要来自海外业务,因而在美国境外投资不断增长,区域间的货物运输如亚洲各地区间运输也不断增加。在这种形势下,原先的采购运输模式显得分割不连贯和低效。在边界清关时常有由于信息不完整造成的延误,并且不同业务部门对海关的条例规则的理解都不尽相同。另外,杜邦的业务重点在缩减供货周期和提高整个供应链的库存清晰度。分散式管理要同大量人员和供应商打交道,很难取得好的效果和及时数据。再者,杜邦的庞大业务需要更全面清晰及时的信息来支持决策、谈判并提高其竞争优势,特别是全球竞争。旧的复杂的供应商和运输管理网络已不能适应杜邦全球业务发展的需要。

重视供应链关系管理

杜邦在缩减供应商和服务商数目的同时非常重视培养与他们之间的高度信赖和开放交流的合作伙伴关系。

BDP 和 K&N 公司同杜邦合作已久,他们也极为重视维护这种高效的合作关系。杜邦同 BDP 和 K&N 之间定期举行物流经理和供应商项目管理小组的讨论会以坦率交流看法,提出问题和改进建议。在讨论中各方一直对运输和配送模式和流程仔细检查以发现任何可以节省成本的改进措施。

在由 BDP 操作的一个从美国到澳大利亚的运输试验项目里,BDP 将全部流程电子化:从货物起运,所有商业和运输数据即整合在一起直接发送至澳大利亚的进口报关行,然后迅速利用电子单据清关。这个过程中单据全部无纸化,清关手续在货物到达前即完成,无任何延误。

好处是运输可靠性和货物清晰度极大提高，位于澳大利亚的工厂可以利用途中货物信息来控制库存。销售部门也可以非常从容地根据此信息进行提前销售。

BDP在国际运输中使用先进信息技术上一直处于领先。它是第一个同美国海关使用远程自动清关系统的公司，并一直在化工领域表现出众。包括杜邦在内的许多国际化工公司在逐步安装使用SAP的ERP系统时，BDP已是获得SAP认证并具备同SAPR/3系统有接口能力的国际海运系统。在杜邦各战略业务部门实施SAP的销售和配送模块时，BDP得以领先其他服务商一步为杜邦提供相应接口服务。

在另一个从美国到欧洲的设计提前销售的运输试验项目中，运送的货物是需求很旺的用于从涂料到牙膏等产品的白色氧化钛。原先这种货物由欧洲的一家配送中心运送，货物先运至比利时的安特卫普(Antwerp)，从那里的配送中心再做二次运输。杜邦现在可以利用供应链中的准确信息在货物还在途中时就可以处理订单和进行销售，货物可以不经配送中心，在港口集装箱卸货后即可直接转运给客户。原先的一部分内陆运输可以省掉，专注于海运谈判后海运费率下降，在客户看来订货周期也大大缩短。

虽然杜邦物流团队在选择外包伙伴时不以项目盈利多少为标准，但这仍然是一个期望指标。同BDP和K&N的合作让杜邦也能够更有效管理资产。并且长期稳定的合作关系给杜邦还带来优惠的合同价格。通过合作伙伴提供的持续的流程改进、完善的教育培训和技术支持服务，杜邦的运输费用节省从开始的8%上升到14%。

缩减服务商数目带来竞争优势

杜邦缩减服务商数目能使杜邦集中精力同几个实力雄厚的物流公司合作，这种长期稳定的合作关系提高了杜邦物流运作效率，并增强了杜邦在一些极为艰难的环境下的竞争优势，最终使杜邦在全球竞争中处于领先。当然缩减服务商数目的危险是对其依赖性过高导致的风险增加。杜邦的物流部门自然意识到了这一点，在更多外包物流运营的技术业务时，杜邦同时也对备用系统进行投资以备急需。例如，如果BDP或K&N中止同杜邦的长期合作，杜邦可以无须重新设计其现有系统就可以同其他服务商连接进行业务。

(资料来源：http://www.exam8.com/zige/wuliu/anli/经编者整理)

结合以上案例，讨论以下问题：

1.杜邦公司在物流业务方面所持的核心价值观是什么？

2.结合你所掌握的知识，谈谈危险品运输业务需要注意哪些问题？

3.杜邦公司选择物流服务提供商主要考虑哪些因素？谈谈杜邦公司为什么选择BDP和K&N公司。

4.谈谈杜邦公司对我国物流运输业务的办理有何启示？

三、实战训练：运输业务办理

1.实训技能点

公路货物运输业务办理；租船业务办理。

2.实训任务

任务1：有关运输业务办理

将学生分成4个小组，3个小组分别扮演3个托运方，简称为甲、乙、丙，1个小组扮演浙江宁波百佳物流公司，该公司承接公路运输、水路运输、航空运输、铁路运输及代理业务。请完成以下问题：

(1)甲托运人有一批木制玩具,从浙江宁波到合肥,请浙江宁波百佳物流公司提供运输方案,双方签订运输合同,并填写托运单。

(2)乙托运人有一批鲜花出口到美国,请浙江宁波百佳物流公司提供运输方案,双方签订运输合同,并填写托运单。

(3)丙托运人有一批水泥出口到英国,请浙江宁波百佳物流公司提供运输方案,双方签订运输合同,并填写托运单。

任务 2:租船业务办理

按以下步骤进行实训

(1)分小组,分成 5 个小组,每小组 8 人。

(2)分角色,一半的同学充当船东,一半的同学租船方。

(3)要求同学们根据询盘、发盘、还盘、接受四个步骤进行,将每一个步骤的内容记录下来,最后签订一份租船合同。

项目五　配送中心组织

通过本项目的学习，我们将能完成以下学习目标：

【知识目标】

1. 明确配送中心的含义、类型、地位、作用、功能等。

2. 掌握配送中心设立各环节的内容，包括配送中心定位、配送中心物流分析、配送中心规模设计、配送中心选址、配送中心设施设计、配送中心投资决策等内容。

3. 明确配送中心的岗位设立及各岗位相应的工作职责。

4. 掌握配送中心的工作流程。

【能力目标】

1. 能制作配送中心设立方案。

2. 能进行配送中心工作岗位的设立。

3. 能按配送中心的工作流程处理实际业务。

【背景资料】

王力和张蕾在海运部和空运部工作了半年后，公司经理分配他们到杭州配送中心熟悉业务。他们来到杭州配送中心，只见这里的工作人员进进出出，业务繁忙，他们看到了货架、立体仓、叉车和各种现代化的设施。配送中心经理热情地接待了他们，并向他们提了几个问题：

1. 配送中心的主要功能是什么？

2. 配送中心应该设立哪些岗位？

3. 配送中心的流程是怎样的？

任务一　认知配送中心

【任务描述】

配送各工作任务主要在配送中心完成，本次任务主要是对配送中心进行全面了解，包括认知配送中心的含义、类型、配送中心的定位和作用以及配送中心的功能。

一、配送中心的概念

国家标准《物流术语》(GB/T 18354—2006)对配送中心(Distribution Center)的定义为：从事配送业务且具有完善信息网络的场所或组织，应基本符合下列要求：主要为特定客户或末端客户提供服务；配送功能健全；辐射范围小；多品种、小批量、多批次、短周期。

◆【知识拓展 5.1】关于配送中心的几种说法

日本《市场用语词典》对配送中心的解释是："配送中心是一种物流节点，它不以贮藏仓库的这种单一的形式出现，而是发挥配送职能的流通仓库，也称做基地、团地、据点或流通中心。配送中心的目的是降低运输成本、减少销售机会的损失，为此建立设施、设备开展经营、管理工作。"

日本日通综合研究所编写的《物流手册》对配送中心的定义是："配送中心是从供应者手中接受多种大量的货物，进行倒装、分类、保管、流通加工和情报处理等作业，然后按照众多需要者的订货要求备齐货物，以令人满意的服务水平进行配送的设施。"

王之泰在《现代物流管理》中的定义如下："配送中心是从事货物配备(集货、加工、分货、拣选、配货)和组织对客户的送货，以实现提高销售水平或供应的现代物流设施。"

二、配送中心的类型

(一)按配送中心的经济功能分类

1. 供应型配送中心

供应型配送中心是以向客户供应商品，提供后勤保障为主要特点的配送中心。这种配送中心大多是为大型生产企业或是大型连锁零售企业供应原材料、零配件和其他商品，并与这些生产企业或零售企业建立紧密稳定的合作关系。由于供应性的配送中心需要向多用户供应商品，为保证生产和经营的正常运行，这类配送中心一般都建有大型现代化仓库并储备一定数量的商品，占地面积一般也较大。

2. 销售型配送中心

这种配送中心主要以销售商品为目的，借助配送这一手段来开展经营活动。这类配送中心多以商品生产者或销售者为促进商品销售，降低物流成本，以高效甚至是免费的物流配送服务吸引客户，由此而采用的各种物流技术，装备、物流设施，并运用现代配送理念来组织配送活动而形成的配送中心。这种配送中心是典型的配销经营模式，在国外以销售配送中心为主要发展方向。在具体实践中销售型配送中心具体分为 3 类：生产企业为了直接销售自己的产品以及扩大自己的市场份额而设立的销售型配送中心；专门从事商品销售活动的流通企业为了扩大销售而自己或合作建立起来的销售型配送中心；流通企业和生产企业联合建立的销售型配送中心。

3. 储存型配送中心

有很强储存功能的配送中心，一般来讲，在买方市场下，企业成品销售需要有较大库存支持，其配送中心要有较强储存功能；在卖方市场下，企业原材料，零部件供应需要有较大库存支持，这种供应配送中心也有较强的储存功能；大范围配送的配送中心，需要有较大库存，也可能是储存型配送中心。瑞士 GIBA—GEIGY 公司的配送中心拥有世界上规模居于前列的储存库，可储存 4 万个托盘；美国赫马克配送中心拥有一个有 163 000 个货位的储存区，可见存储能力之大。我国目前拟建的配送中心，大都采用集中库存形式，库存量较大，多为储存型配送中心。

4. 流通型配送中心

流通型配送中心包括通过型或转运型配送中心，这种配送中心基本上没有长期储存的功能，仅以暂存或随进随出方式进行配货、送货，通常用来向客户提供库存补充。其典型方式为：大量货物整批进入，按一定批量零出。一般采用大型分货机，其进货直接进入分货机传送带，分送到各用户货位或直接分送到配送车辆上，货物在配送中心里仅作短暂停滞。因此流通型配送中心应充分考虑市场因素，在地理上定位于接近主要的客户地点，可获得从制造点到配送中心货物集中运输的最大距离，而向客户的运输则相对较短，从而可以迅速补充库存，其规模大小取决于被要求的送货速度、平均订货的多少以及单位用地成本。例如，阪神配送中心只有暂存库，大量储存则依靠一个大型补给仓库。

5. 加工型配送中心

加工型配送中心是以配送加工为主要业务的配送中心，其主要功能是对商品进行清洗、下料、分解、集装等加工活动，以流通加工为核心展开配送活动。因此在其配送作业流程中，储存作业和加工作业居主导地位。由于流通加工多为单品种、大批量的加工作业，并切实按照用户的要求安排的，因此对于加工型配送中心，虽然进货量比较大，但是分类、分拣工作量并不太大。此外，因为加工的产品品种较少，一般都不单独设立拣选、配货等环节。通常，加工好的产品(特别是生产资料产品)可直接运到按用户户头划定的货位区内，并且要进行包装、配货。

◆【知识拓展 5.2】沃尔玛配送中心类型

沃尔玛公司共有 6 种形式的配送中心：

(1)“干货”配送中心，即普通的商品配送中心。

(2)食品配送中心，包括不易变质的饮料等食品以及易变质的生鲜食品等，需要有专门的冷藏仓储和运输设施，直接送货到店；

(3)山姆会员店配送中心，它批零结合，有 1/3 的会员是小零售商。

(4)服装配送中心，不直接送货到店，而是分送到其他配送中心。

(5)进口商店配送中心，为整个公司服务，主要作用是大量进口以降低进价，再根据要货情况送往其他配送中心。

(6)退货配送中心，接收店铺因各种原因退回的商品，其中一部分退给供应商，一部分送往折扣商店，一部分就地处理，其收益主要来自出售包装箱的收入和供应商支付的手续费。

(资料来源：http://news.cnfol.com/100609/101,1598,7836639,01.shtml 2010 年 6 月 2 日)

(二)按配送中心的配送对象分类

1. 生产资料配送中心

这种配送中心主要负责向生产企业配送能源、原材料、零部件等物品，是专门为生产企业组织供应的配送中心。该种类型的配送中心一般设在交通比较便利的地区，如重要的交通枢纽或铁路沿线、沿海地区，或者距离原材料产地或者是生产资料需求企业较近的地区。我国的煤炭配送属于上述类型。

2. 生活资料配送中心

这种配送中心所采用的配送模式属配销模式，即其配送功能是作为促进产品销售的主要手段而存在的。如生产企业为本身产品的直接销售而建立的配送中心，商品批发企业为促进商品的分销而建立的配送中心，其目的都是扩大市场的销售能力。

3. 特殊商品销售中心

这种配送中心主要功能是配送特种商品，如易燃、易爆、有毒、生鲜易腐、贵重物品等。这种配送中心在设施与设备的设计上，为了保护特种商品通常采用较特殊的设计，因此其初期建设费用较高；在商品的储存及进出库作业上，也要采用特殊商品所要求的作业方法。因此其配送成本较高。另外，对于剧毒、易燃易爆等商品配送中心在配送中心选址时，应该将其选在远离人群的地区。

◆【知识拓展 5.3】美国加州食品配送中心

美国加州食品配送中心是全美第二大批发配送中心，建于 1982 年，建筑面积 10 万 m^2，工作人员 2 000 人左右，共有全封闭型温控运输车 600 多辆，1995 年销售额达 20 亿美元。经营的商品均为食品，有 43 000 多个品种，其中有 98%的商品由该公司组织进货，另有 2%的商品是该中心开发加工的商品，主要是牛奶、面包、冰激凌等新鲜食品。该中心实行会员制。各会员超市因店铺的规模大小不同、所需商品配送量的不同，而向中心交纳不同的会员费。会员店在日常交易中与其他店一样，不享受任何特殊的待遇，但可以参加配送中心定期的利润处理。（资料来源：中储物流在线网）

(三)按配送中心的辐射范围分类

1. 城市配送中心

城市配送中心是指向城市范围内众多用户提供配送服务的物流组织。城市范围内货物的配送距离较短，运输距离一般都处在汽车的经济里程内，因此配送中心在送货时，一般用汽车送货。可以充分发挥汽车的机动性强、供应快、门到门运输等特点。这种配送中心往往和零售经营相结合，由于运送距离短、反应能力强，因而从事多品种、少批量、多用户的配送较有优势。这种类型的服务对象多为城市范围内的零售商、连锁店或生产企业，所以一般其辐射能力不是很强，在实践中多与区域性配送中心相连。目前我国一些城市建立的配送中心绝大多数属于城市配送中心。

2. 区域配送中心

这是一种辐射能力强、活动范围大、可以跨省市、全国乃至在国际范围内对用户进行配送的配送中心，其经营规模较大、配送批量也较大，服务对象往往是下一级的城市配送中心、零售商或生产企业用户。这种配送中心的形式在国外已经非常普遍，一般采用大型连锁集团建设区域配送中心，负责某一区域范围内部分商品的集中采购，再配送给下一级配送中心的形式。如沃尔玛最早在我国的深圳和天津建立的两大配送中心，深圳配送中心主要负责对南方门店的商品配送，天津配送中心主要负责对北方门店的商品配送。

三、配送中心的地位和作用

配送中心是连接生产与生产、生产与消费的纽带，在现代物流活动中具有十分重要的地位和作用。

(一)调节供需矛盾,更好适应市场需求

配送中心不是以储存为目的,但是配送中心保持一定的库存时对调节市场需求起到了一定的作用。各种商品的市场需求在时间、季节、需求量上都存在大量的随机性,而现代生产、加工无法完全在工厂、车间来满足和适应这种情况,必须依靠配送中心来调节、适应生产与消费之间的矛盾与变化。例如,在节假日时商品的销售及需求量会比平时有成倍的增加,配送中心的库存对确保销售起到了有力的调节作用。

(二)实现规模经济

从原材料供应企业到生产企业或是从生产企业到销售市场之间存在复杂的储运环节,要依靠多种交通、运输、库存手段才能满足需求。由于传统的以产品或部门为单位的储运体系明显存在不经济和低效率的问题,而区域、城市配送中心,通过批量采购货物,组织成组、成批、成列直达运输和集中储运,可以提高流通的社会化水平,实现规模经济所带来的规模效益。例如,大型连锁超市通过电子订货系统汇总下属各个门店的订单,统一向供应商订货,供应商只要将大批货物一次性运输至配送中心,配送中心按门店订单需求进行拣货、配货等工作环节,然后统一配送到配送中心,这样就实现从订货到配送的全过程的规模效应。

(三)实现物流的系统化和专业化

由于物流系统在企业的生产和销售经营中起的作用越来越大,当今世界上的企业要想取得低成本、高经营绩效、较高的顾客满意度,就必须具有一个高效率的物流系统。而配送中心在物流系统中占有重要的地位,配送中心能够提供专业化的储存、包装、加工、配送、信息等系统服务。由于现代物流活动中物质的物理、化学性质的复杂多样化,交通运输的多方式、长距离、长时间、多起点、多终点,地理气候的多样性,对保管、包装、加工、配送、信息提出了很高的要求,因此,只有建立配送中心,才可能提供更加专业化、系统化的服务。

(四)促进地区经济的快速增长

配送连接了国民经济的各个部门和各项经济功能,使整个国民经济能够顺利快速的发展。所以配送中心连接着生产和消费、供给与需求,保障了经济的发展和快速增长,因此配送中心的建设可以带动经济的健康快速发展。

(五)完善连锁经营体系

配送中心对于连锁制经营模式的作用是巨大的。沃尔玛总裁格拉斯曾经说过:"配送设施是公司成功的关键之一,如果说我们有什么比别人做得更好的话,那就是配送中心"。连锁制企业可以通过配送及配送中心实现配送作业的经济规模,降低流通费用,降低分店的库存,加快商品周转,促进业务的发展和扩散。有了配送中心零售商可以省去了需要亲自去批发商处采购物资的麻烦,而将这些业务完全委托于配送中心,自己可以专心致力于店铺的销售和利润的增长等核心业务,不断开发外部市场,拓展新的业务领域。例如,配送中心的流通加工作业可减轻门店的工作量;拆零作业有利于商场增加销售产品的花色和规格,给顾客以足够挑选产品的选择余地。同时,统一的采购系统还可以降低进价价格,从而提高了企业的竞争力。

四、配送中心的功能

配送是一种特殊的综合物流活动形式,是商流与物流的紧密结合,包含了商流活动的物流

活动，也包含了物流中的若干功能要素，因此配送中心是一种多功能、集约化的物流结点。作为现代物流方式和优化销售体制手段的配送中心，它把接货验收、储存保管、装卸搬运、拣选、分拣、流通加工、配送、结算等有机地结合起来，形成多功能、全方位、集约化的供货枢纽。作为一个多功能、集约化的配送中心通常应具备以下功能：

(一)备货功能

备货是指配送中心根据客户的需要，进行的货源组织活动。它是配送的准备工作或基础性工作。备货工作包括订货、集货进货、合理配货及有关的质量检查、结算、交接等活动。配送的优势之一就是可以集中多个用户的需求进行大规模的订货，以取得规模经济效应。备货是决定配送成败的初期工作，如果备货成本太高，会大大降低配送的效益。

(二)储存功能

配送中心的主要职能就是按照用户的要求及时将各种配装好的货物在规定的时间送到指定的地点，以满足生产和消费的需求，因此为了顺利有序地完成向用户配送商品的任务，更好的发挥保障生产和消费的作用，通常配送中心都建有现代化的仓储设施，如仓库、堆场等，以储存一定数量的商品，形成对配送的资源保证。同时配送中心还可以按照网点反馈的信息，及时组织货源，始终保持最经济的库存量，从而既保证生产和消费的需求，将缺货率降到最低点，又减少了流动资金的占用和利息的支付。

(三)组配功能

由于每个用户(企业)对于商品的品种、规格、型号、数量、质量、送达时间和地点等的要求不同，配送中心就必须按用户的要求对商品进行分拣和组配。配送中心的这一功能是其与传统仓储企业的明显区别之一。可以说没有组配功能，就无所谓配送中心。

(四)拣选功能

国家标准《物流术语》(GB/T 18354—2006)对拣选(order picking)的定义为：按订单或出库单的要求，从储存场所拣出物品，并码放在指定场所的作业。作为物流结点的配送中心，其为数众多的客户中，彼此之间存在着很大的差别，不仅各自的性质不同，其经营规模也大相径庭。因此在订货或进货时，不同的用户对于货物的种类、规格、数量、都具有不同的要求，因此为了满足不同客户的不同要求，配送中心必须组织对货物进行分拣。因此，分拣作业是配送作业的各环节中非常重要的一环，是完善送货、支持送货的准备性工作。

(五)集散功能

配送中心是重要的物流结点，它可以凭借其特殊的地位和拥有的各种先进的设备、完善的物流管理系统，将分散在各个企业的产品集中起来，再通过分拣、配货、配装等环节向多家用户进行发送。同时配送中心也可以把各个用户所需要的多种货物有效的组合或配装在一起，形成经济、合理的批量，来实现高效率、低成本的商品流通。另外配送中心在选址时也应该考虑其集散功能，将地址选在商品流通发达、交通便利的中心城市或地区，以便于发挥其集散功能。

(六)衔接功能

通过开展货物配送活动，配送中心能够把各种生产资料和生活资料直接送到用户手中，从而起到了衔接生产和消费的作用。另外，配送中心通过储存和货物的发送配送中心又起到了调节市场需求、平衡供求关系的作用。配送中心不断地通过进货、送货、快速周转，有效地解决了产销不平衡,缓解了供需矛盾。配送中心通过发挥储存和发散货物的功能,实现了供需、产销双方的衔接。

(七)流通加工功能

配送中流通加工的存在可以大大提高顾客的满意度,配送中心应该注意提高其配送加工能力,保证有能力按照客户的要求进行配送加工,以便提高物流效率和顾客满意度。配送中的流通加工除了为了满足客户要求外,有时还为了方便进行配送作业以提高物流效率。销售型配送中心有时也会根据市场需求来进行简单的流通加工。

(八)信息处理功能

配送中心作为衔接供应和需求的终结,需要同双方保持信息上的及时沟通。随着现代物流对配送的效率及实效性的增强和库存产品资金占用的提高,配送对信息处理的速度和传输的效率也越来越高,为此配送中心必须有高效的信息处理和传递系统。另外,配送中心内部作业的高效率也离不开信息系统的支持。

【同步训练 5.1】列举配送中心的 4 种功能?

任务二　配送中心设立

【任务描述】

配送中心的设立涉及多方面的内容,本项任务主要是了解配送中心设立的流程,并掌握设立过程中有关的内容,包括配送中心定位、配送中心物流分析、配送中心规模设计、配送中心选址、配送中心设施设计、配送中心投资决策。

一、配送中心定位

配送中心定位包括对配送中心功能定位、商品定位和区域定位。

(一)配送中心功能定位

配送中心一般具有采购、储存、加工、分拣、配货、配送运输多项功能,但不同种类的配送中心其核心功能不同,在建设和规划时应进行合理的功能定位。

1. 流通型配送中心

流通型配送中心以快速转运为核心,在设计时应配备适应货物快速流转的设备设施。

2. 储存型配送中心

储存型配送中心主要功能是储存,在设计时应规划较大规模的仓储空间和相应的设备设施。

3. 加工型配送中心

加工型配送中心主要对进入流通领域的商品进行拆包、分解、整理、再包装等流通加工活动。规划这种配送中心时为满足加工的需要，配备必要的加工设施、场地及加工技术。

(二)配送商品定位

由于不同的商品配送对所需的场地、设施设备是不一样的，作业流程也有较大区别。因此，试图建立适合所有商品物流需要的配送中心是较难实现的，配送中心所处理的商品种类是有限的。在配送实践中，有许多专业的配送中心，只专注于某种或某类商品，比如，服装配送中心、食品配送中心、生鲜配送中心、干货配送中心、图书配送中心、药品配送中心、家用电器配送中心、饮料配送中心、水果配送中心。

配送中心规划时，应根据企业目标、市场需求进行配送商品定位，结合作业量与物流费用规划相应的设施设备。

(三)配送区域定位

配送区域是指配送中心辐射的范围。配送的距离和区域关系到配送中心的投资规模和运作方式。配送中心规划时，综合分析配送商品的种类、数量、交通运输条件和用地条件等因素，合理进行配送区域定位。

二、配送中心物流分析

(一)物流需求分析

物流需求，是指一定时期内社会经济活动对生产、流通、消费领域的原材料、成品和半成品、商品以及废旧材料等的配置作用而产生的对物流空间和时间的要求，主要涉及运输、储存、包装、装卸搬运、流通加工以及与之相关的信息需求等物流活动的各个方面。

物流需求分析的目的在于保证供给与需求之间的相对平衡，使社会物流活动保持较高的效率与效益。在一定时期内，当物流供给能力不能满足这种需求时，将对需求产生抑制作用；当物流供给能力超过这种需求时，不可避免地造成浪费。

因此，企业在配送中心设立前必须重视物流需求分析，借助定性和定量的分析手段，充分了解社会经济活动对物流的需求强度，从而合理地对配送中心进行合理规划和建设。

EIQ 分析是日本权威物流专家铃木震先生通过 40 多年的实战经验积累，所创立的一种分析方法。EIQ 就是利用 E、I、Q 这三个物流关键要素，其中，E(Order Entry，订单件数、订购次数)，I(Item，货品的种类、品项、单品)，Q(Quantity，配送货物的数量或库存量)，即从客户订单的品项、数量与订购次数等观点出发，来研究配送中心的需求特性，为配送中心提供规划依据。

EIQ 的基本思想：在订单出库资料取样的基础上，运用柏拉图、次数分布图及 ABC 分析工具等，对其订单进行订单量(EQ)、订货品项数(EN)、品项数量(IQ)、品项受订次数(IK)等的统计分析，以获取规划信息。

1. 订单量分析(EQ)

了解单张订单订购量的分布情形，决定订单处理的原则、拣货系统规划，确定出货方式、出货区的规划。通常以单一营业日的 EQ 分析为主。当订单量分布趋势越明显时，分区规划的原则越易运用，否则应以弹性化较高的设备为主。

2. 品项数量分析(IQ)

了解各类产品出货量的分布状况，分析产品的重要程度与运量规模。适用于仓储系统的规划选用、储位空间的估算、确定拣货方式、拣货区的规划。

3. 订货品项数分析(EN)

单张订单出货品项数的分析。主要了解订单订购品项数的分布，对于订单处理的原则及拣货系统的规划有很大的影响，并将影响出货方式及出货区的规划。通常需配合总出货品项数、订单出货品项累计数及总品项数三项指标综合考虑。

4. 品项受订次数分析(IK)

每单一品项出货次数的分析。主要分析各类货物出货次数的分布，对于了解货物的出货频率有很大的帮助，主要功能可配合品种数量分析决定仓储与拣货系统的选择。

经过 EIQ 分析以后，明确订单内容、订货特性、接单特性、配送中心特性和 EIQ 特性，明确配送中心各子系统如自动仓库、高速自动分拣机、拣货系统、流利货架、输送机、搬运车、叉车等要素设计的条件，据此得出所需的物流设备。

【同步训练 5.2】物流需求分析主要包括哪几个方面？

(二)物品特性与储运单位分析

在进行订单品项和数量分析时，最好结合相关物性、包装规格及特性、以及储运单位等因素进行分析。这样，更有利于对仓储和拣货区的规划。PCB 分析就是考察配送中心各个主要作业(进货、拣货、出货)环节的基本储运单位，配送中心的储运单位包括：P＝托盘、C＝箱子、B＝单品。可将订单资料以 PCB 的单位加以分类统计，根据出货单位类型加以分解统计，以正确计算各区实际的需求，使仓储与拣货区得到适当的规划。

(三)物流与信息流分析

配送中心作业流程中，伴随商流、物流、资金流的信息流动的输入、整理、分类、加工处理和输出的内容，因此要分析相关的信息流，以合理布置相关的技术，包括传输网络、传输方式等。

(四)配送中心作业分析

对配送中心的作业环节及各作业特点进行分析，包括订单作业、进货作业、包装作业、堆码作业、拣货作业、配货作业、储存作业、送货作业、退货作业等。

(五)配送中心进出货量分析

配送中心进出货量分析包括供货商、供货方式、单位时间进货数量和品种数、商品形态、收货店铺数、配送车辆、配送量、配送要求等要素的分析。

(六)配送中心商品保管形态分析

分析配送中心商品的保管形态，确定配送中心的货架形式，配送中心采用高层货架和自动化立体仓库存取货物时，应确定托盘商品的堆垛尺寸、货架的空间利用率、搬动的次数、运输的手段。

三、配送中心规模设计

(一)配送中心的规模确定

配送中心的规模选择包括3个方面的含义：与店铺规模相适应的总规模，既需要总量为多少平方米的配送中心；建立几个配送中心，即这些配送中心的布局；每个配送中心的规模。

配送中心总规模确定的基本原则是在服务和成本之间找到最佳平衡点。通常配送规模越大，其服务能力越强；而规模越大，投资成本也将会增加。

配送规模与单位配送成本之间的关系是：在一定配送规模范围内，随着投资建设规模的不断扩大，单位配送成本随之不断降低，而当规模扩大到一定程度，单位配送成本则会开始随规模的扩大而上升，规模经济开始发挥作用。“配送规模”与“服务能力”之间的关系为：随着配送规模的扩大，配送中心的服务能力不断增强，但当规模扩大到一定程度时，其服务能力受规模的影响不断减小，因此配送中心的建设和经营规模不是越大越好。

确定配送中心(以连锁企业配送中心为例)总体规模的方法，具体步骤如下：

1.测定配送及储存商品总量

配送中心的配送量和商品储存量直接受连锁企业各店铺商品经营总量的影响。商品经营量越大，所需要的配送中心规模就越大。而商品经营量又与店铺面积有着正相关的关系，所以连锁店铺总面积与配送中心总规模也呈正相关关系。连锁店铺总面积与配送中心规模的比例，因业态不同、流转速度的不同而不同。因而，必须充分考虑企业自身的特征，以确保决策无误。另外，在测定商品配送及储存商品总量的同时，还要掌握配送储存的具体品种及相应的数量情况和包装等。

2.推算平均配送量

这个配送量既包括平均周转量，也包括平均储存量，前者决定运输规模，后者决定仓储规模。由于商品周转速度直接影响商品在配送中心停留的时间，配送速度慢则产品在配送中心停留的时间就越长，需要配送中心的规模就越大；反之，则需要相对较小的配送中心。同时直送的货物越多，需要的配送中心的仓储面积就越少。所以在推算平均配送量时，因考虑商品的平均周转速度。商品平均储存量等于商品总储存量除平均周转次数。对于季节性的商品，其储存量在各个时期的分布将有很大差异，因此不能考虑其平均储存量，而应该进一步考虑商品储存量在全年某个时期的平均分布情况，特别是高峰时期对商品空间的需求情况。

3.计算储存空间需要量

由于不同商品的容量及包装不同，因而其在储存时所占的空间就不相同，这样储存的商品和其所占的储存空间之间就会有一个关系，这就是“仓容占用系数”。仓容占用系数是指单位重量或金额商品所占空间的大小。

4.计算储存面积

在储存空间一定的条件下，所需储存面积的大小取决于仓库允许商品的堆码高度。允许堆码高度的因素有商品性能、包装、仓库建筑构造和设备的配备等。根据仓库所存放商品的特点和仓库的建筑设计等方面的条件，应合理得确定商品的堆码高度、仓库的储存面积。

5.计算仓库的实际面积

仓库的实际面积要大于储存面积，因为仓库除储存商品外还要留出一定的空间留作他用，例如为了保证商品储存的安全和适应库内作业的要求，需要留有一定的作业通道、作业区域等。在确定仓库的实际面积时要根据新建仓库的具体条件，确定仓库的面积利用系数，并以此为根据对仓库面积作最后的调整。

6. 确定仓库的面积

仓库的全部面积为仓库的实际面积与辅助面积之和。在确定用地面积时，除了考虑仓库、月台尺寸（长度、宽度）等面积之外，还应该考虑办公室、停车用地、绿化带和其他固定设施所要求的面积。

(二)配送中心数量确定

一般来说，配送中心的数量取决于经营商品的类别和连锁店的分布状态，因此可得确定配送中心数量的两种方法，分别是商品功能法和适当比例法。

1. 商品功能法

这种方法按照商品类别来设立配送中心，有利于根据商品的自然属性来安排储存和运输。例如，日本的大荣公司按照这种方法，分别建立了衣料和杂货中心、电器和家具中心、食品中心等。

2. 适当比例法

这种方法是按照连锁店铺分布状态或空间特征设立配送中心，其优点是利于配送距离及效益达到理想状态。日本的家庭市场连锁店物流半径为 30 km，在半径为 30 km 的面积内设有 70 家店铺，有一个配送中心负责配货，一个中心拥有四五辆货车，一辆车一次送货 10～15 家店铺，先装距离最远店铺的货物，送货时先送最近店铺的货物，后送最远店铺的货物。

事实上，许多连锁企业通常综合上述两种方法进行配送中心的设置，既按商品分类划分配送中心，又按店铺分布来安排位置。配送中心要求连锁店铺分布相对集中，一个配送中心至少能满足几家店铺的需要，因此，如果连锁制企业建立的分店过于分散，配送中心的效果就很难体现。

四、配送中心选址

配送中心的选址是很复杂的问题，涉及法律、法规、规划、土地使用权、物流业务种类、物流设施、筹资能力、交通环境、经营环境、自然条件等因素，在选址时要遵循以下一些原则。

(一)配送中心选址应遵循的原则

1. 动态性原则

在配送中心选址时，不能将环境条件和影响因素绝对化，而是从动态出发，将配送中心选址建立在详细分析现状及对未来变化做出合理预测的基础上。

2. 竞争性原则

物流活动是服务性活动，用户的选择必将引起物流服务的竞争。若不考虑这种竞争性机制，而从成本最低、线路最短、速度最快等角度出发，就会剥夺用户的选择权利，导致垄断从而阻碍物流服务质量的提高。

3. 经济性原则

配送中心的选址不同，其未来物流活动辅助实施的建设规模及建设费用以及运费等是不同的，选址应以费用最低作为重要的选址原则。

4. 交通便利性原则

布局配送中心时，要考虑现有交通条件，同时预测和规划未来交通，保证配送中心投入使用后交通便利。

5. 统筹性原则

配送中心的布局与生产力布局、消费布局密切相关，在规划配送中心时，必须统筹兼顾，微观宏观综合考虑。

6. 战略性原则

要有前瞻性，制定长远规划。

(二)配送中心选址要考虑的条件

1. 客户条件

要有充足的客源或客户需求潜力或临近大型工业、商业企业。

2. 自然地理条件

水电畅通，基础条件好，采光照明良好。

3. 运输条件

方便运输，便于配送，运输基础设施较好，最好靠近各种运输方式的运输据点或多种运输方式的中转点，并应在交通主干道附近。一般认为配送中心离高速公路 3 km 以内较为理想。

4. 用地条件

满足需求，留有余地，适当超前。最好能预留出第二期物流工程用地，地价应在能承受的投资能力内。

5. 环境条件

缓解城市交通压力，不对环境造成不利影响，实现物流可持续发展。

6. 法规制度

符合本区域政府的各项规章制度。配送中心的选址必须和国家及区域的经济发展方针、政策相适应，与我国物流资源分布和需求分布相适应，与国民经济和社会发展相协调。

五、配送中心的设施规划与设计

在预定的区域内合理地布置好各功能模块的相对位置是非常重要的，合理布置的目的是：有效地利用空间、设备、人员和能源；最大限度地减少物料搬运；简化作业流程；缩短生产周期；力求投资最低；为职工提供方便、舒适、安全和卫生的工作环境。在制造企业的总成本中用于物料搬运的占 20%～50%，如果合理地进行设施规划可降低 10%～30%，配送中心是大批物资集散的场所，物料搬运是主要的作业活动，合理的设施规划将明显减少物料的搬运。

设施规划与设计应根据系统的观念、运用系统分析的方法求得整体优化；减少或消除不必要的作业流程，在时间上缩短作业周期，空间上少占用面积，物料上减少停留、搬运和库存，才能保证投入的资金最少、生产成本最低；作业地点的设计，实际是人—机—环境的综合设计，要考虑创造一个良好、舒适、安全的工作环境。

一般来说，设备系统的水平常常被看成是配送中心先进性的标志，因而为了追求先进性就要配备高度机械化、自动化的设备，在投资方面带来很大的负担。但是，欧洲物流界认为“先进性”就是合理配备，能以较简单的设备、较少的投资，实现预定的功能。也就是强调先进的思想和方法。从功能方面来看，设备的机械化、自动化程度不是衡量先进性的最主要因素。根据我国的实际状况，对于配送中心的建设，比较一致的认识是贯彻软件先行、硬件适度的原则。也就是说，计算机管理信息系统、管理与控制软件的开发，要瞄准国际先进水平；而机械设备等硬件设施则要根据我国资金不足、人工费用便宜、空间利用要求不严格等特点，在满足作业要求的前提下，更多选用一般机械化、半机械化的装备。例如，仓库机械化，可以使用叉车或者与货架相配合的高位叉车；在作业面积受到限制，一般仓库不能满足使用要求的情况下，也可以考虑建设高架自动仓库。

在进行配送中心设施规划与设计之前，必须确定该中心的任务，即其未来的工作负荷、服务标准、稳定性、连续作业时间等信息，从而确定符合需要的设备设施。

◆**【知识拓展 5.4】沃尔玛配送中心的设计**

从配送中心的设计上看，沃尔玛的每个配送中心都非常大，平均占地面积大约有 11 万 m^2，相当于 23 个足球场。一个配送中心负责一定区域内多家商场的送货，从配送中心到各家商场的路程一般不会超过一大行程，以保证送货的及时性。配进中心一般不设在城市里，而是在郊区，这样有利于降低用地成本。

沃尔玛的配送中心只有一层，之所以这样设计，主要是考虑到货物流通的顺畅性。有了这样的设计，沃尔玛就能让产品从一个门进，从另一个门出。如果产品不在同一层就会出现许多障碍，如电梯或其他物体的阻碍，产品流通就无法顺利进行。

沃尔玛配送中心的一端是装货月台，可供 30 辆卡车同时装货，另一端是卸货月台，可同时停放 135 辆大卡车。每个配送中心有 600～800 名员工，24 小时连续作业；每天有 160 辆货车开来卸货，150 辆车装好货物开出。

沃尔玛的配送中心，大多数商品停留的时间不会超过 48 h，但某些产品也有一定数量的库存，这些产品包括化妆品、软饮料、尿布等各种日用品，配送中心根据这些商品库存量的多少进行自动补货。到现在，沃尔玛在美国已有 30 多家配送中心，分别供货给美国 18 个州的 3 000 多家商场。

六、配送中心的投资决策

配送中心的投资决策是通过可行性研究与分析，计算出投资多少、效益怎样，从而对配送中心的建设提供科学依据。

(一)配送中心投资额的确定

1. 预备性投资

由于配送中心占地较大，又应处于与用户或市场接近的最优位置，因此在基本建设主体投资之前，需要有征地、拆迁、市政、交通等投资。这笔费用投资相对较大，尤其是在准黄金地段，这项投资可能超过总投资的 50%。

2. 直接投资

即用于建设配送中心主体项目的费用，如配送中心各项主要建筑物的建设费用，配送中心的货架、叉车、分拣设备的购置及安装费，信息系统的购置安装费，配送中心自有车辆购置费等。

3. 相关投资

与基本建设及未来经营活动有关的一些活动都需要有一定的投资，诸如燃料、水、电、环境保护等，这些项目投资在某些地区，可能费用会较高，因此在考虑投资情况时还应该考虑相关投资。

4.运营费用

这包括配送过程中所发生的人力、物力费用。配送中心的投资不仅要受前期投资的影响，还受运营过程中运营费用的影响。如果前期投资费用很低，但后期的运营费用较高，远离市区的配送中心，配送效率就会很低，因此在建设配送中心时对此也应该有一个充分的估计。

(二)投资效果分析

投资效果分析就是对投资收益进行估算，由于配送中心是向各个店铺提供配送服务，这是一种无形产品，因此其收益的计算较模糊。同时，由于配送中心的各个作业环节也较模糊，因而对配送中心的分环节收益分析也较困难。较为合适的方法是：比较与没有配送中心、自建与租赁配送中心所产生的利益差，这个利益差是通过店铺效益反映出来，诸如统一配送进货价格降低了多少，增加了多少销售额，取得了多少利润，或者说多少利润是由于自建配送中心取得的。

(三)投资与效益的比较

如果效益较理想，就可进行投资，否则只有放弃。而理想效益的界定则与企业的整体发展战略有关，诸如目标是取得怎样的效果，投资多少年能够收回等。

效益是投资与效果的差额，在实际工作中，不能够仅仅只考虑以上四项的投资，在衡量效益时，还应考虑经济成本，即在会计成本之上再加上因之而发生的机会成本。只有这样，才能全面计算出效益的大小。

任务三　配送中心岗位设置

【任务描述】

在配送中心从事相关的工作，要明确配送中心的主要工作岗位及每一个岗位的工作职责，这样才能做好本职工作，并有针对性地持续提升自身的水平和能力，以适应更高层次的岗位。

一、配送中心的岗位设置

配送中心的岗位设置应由配送中心的作业流程来决定，由于配送中心的规模、设施设备、作业内容、服务对象不同，岗位设置也不尽相同。配送中心一般可以设置以下部门及岗位。

1.采购部

采购部下可设采购经理、主管、采购员、助理员等岗位。

2.仓储部

仓储部下可设经理、仓库主管、装卸主管、仓库管理员、货物保管员、叉车司机、装卸员等岗位。

3.配送部

配送部下可设配送经理、调度主管、理货主管、货运主管、调度员、驾驶员、送货员等岗位。

4.相关行政管理部门

主要负责对配送中心的管理和后勤服务工作。

二、配送中心职业岗位分析

以下对采购部、仓储部、配送部共19个岗位进行职业岗位分析。

1.采购部岗位分析

采购部对经理、主管、采购员、助理员进行了工作岗位任务分析。

(1)采购经理工作岗位分析(表5-1)。

表5-1　采购经理工作明细表

工作大项	工作任务
采购决策管理	1.确定本部门的发展目标、采购战略、采购方式等,动态掌握物资需求、库存、期货资源、供货商情况,按滚动平均价做好综合平衡,编制采购计划,并做好采购预算。 2.根据采购特点,编制各项工作业务流程及操作标准,并监督执行。
采购业务管理	1.负责主要物资的采购,控制、监督采购的过程。 2.签订审核订购单与合约,并把重要采购计划或大金额采购上报上级主管领导审核。 3.主持或参加与采购相关的业务会议,并做好部门间的协调工作。 4.建立与供应商良好的合作关系。 5.撰写采购部门周报或月报。
部门管理和采购团队建设	1.本部门各项规章制度的建立、修改、完善。 2.审核本部门各项目费用的报销,有效控制各项费用的支出。 3.主持本部门员工招聘、培训、调配,培养高素质、高效率的采购团队。

(2)采购主管工作岗位分析(表5-2)。

表5-2　采购主管工作明细表

工作大项	工作任务
编制采购需求计划	1.组织资源市场的调研,掌握物资的供求、价格等变动情况。 2.及时掌握新产品、新技术和装备国产化动态,提高编制物资需求计划的可行性。 3.协调、督促用料单位提出物资需求计划,并研究物资需求规律,制订物资需求计划,提交给部门经理。
采购业务管理	1.辅助经理主要物资的采购,负责次要物资的采购,并控制、监督采购的过程。 2.协助采购人员与供应商谈判价格、付款方式、交货日期等,并后续跟踪进度。 3.保险、公证、索赔的督导。 4.供应商的考核,负责组织对供应商产品的质量、价格、交货期、售后服务进行动态考核,按照动态考核表,提出接受或淘汰供应商的意见,上报领导。 5.审核一般物资的采购。 6.管理下属采购中央委员助理。

(3)采购员工作岗位分析(表 5-3)。

表 5-3 采购员工作明细表

工作大项	工作任务
采购协助业务	1.建立各种物资的价格、质量信息台账,并广泛收集最新的价格、质量信息,至少每季度更新一次,及时反馈给采购主管。 2.深入现场跟踪了解物资质量、售后服务、使用等情况,参考供应商考核评价,推荐供应商选择范围。
采购业务	1.执行物资采购计划,在确定的渠道和范围内开展比质比价工作和招标工作。 2.根据比质比价情况,选择质量可靠、价格合理、售后服务好的供应商,组织商务谈判。 3.采购合同履行的跟进。 4.经办一般性物资的采购。 5.处理退货。 6.负责一般索赔案件。

(4)助理员工作岗位分析(表 5-4)。

表 5-4 助理员工作明细表

工作任务
1.采购合同、请购单、验收单、供应商资质证明等文件的登记与保管。 2.交货记录与稽催。 3.采购费用的申请与支报。 4.进出口文件及手续的申请。 5.承办保险、公证等事宜。 6.电脑作业与档案的管理。 7.访客的安排与接待。

2.仓库部岗位分析

仓储部对经理、仓库主管、装卸主管、仓库管理员、货物保管员、叉车司机、装卸员进行了工作岗位任务分析。

(1)仓储经理工作岗位分析(表 5-5)。

表 5-5 仓储经理工作明细表

工作大项	工作任务
仓储储位规划及规划建设	1.根据公司仓库的特点及物流服务业务的特性,编制各项工作流程及操作标准,并监督执行。 2.根据公司仓库的特点及物流服务业务的特性,在信息管理部相关人员的协助下,合理规划仓库的储位。 3.根据公司货物的性质,合理设计存放区域,安排货物的存放位置,确保库存容最大化利用,确保存放货物安全无损坏。

续表 5-5

工作大项	工作任务
货物流通管理	1.组织仓库管理员做好各项货物的出入库管理，对出入库货物进行安全质量检验。 2.根据客户订单和配送部的作业，组织部门人员提供及时、安全、有效地装卸服务；改善货物的存储搬运环境，提高货物的装卸效率。
货物在库管理	1.运用科学仓储管理方法，提高公司物流仓库各项资源的利用率，降低物流服务中的仓储成本。 2.定期检查仓库5S推行情况，组织人员对仓库环境进行日常清理和维护，防止货物受潮、受损。
仓库账务管理	1.督导仓库管理员建立货物的出入库台账，对出入库货物及时进行账务处理。 2.督导仓库管理员定期与财务部核对，做到日清月结。 3.定期组织库存的盘点工作，做到账、卡、物相符。
库存量控制	1.根据公司提供物流服务的能力，根据物流仓库的实际吞吐量，及时提出库存预警 2.对积压在仓库内的货物及时提出处理意见，通知相关部门联系客户。

(2)仓库主管工作岗位分析(表 5-6)。

表 5-6 仓库主管工作明细表

工作大项	工作任务
货物入库管理	1.在货物到达之前应做好堆放场地、货物储位的安排，每天检查仓库值日情况，保持仓库整洁干净。 2.根据《货物托运单》逐票验收入库货物，清点件数，无误时签字确认，对异常货物进行登记并及时反馈。 3.返程货物入库，要根据《货物托运单》同样进行上述操作，无误时签字确认，不符的要及时反馈给部门经理。 4.对入库货物外包装进行检查，发现外箱破损、湿损及打包带断裂要及时处理。 5.识别入库货物是否是易燃、易爆等违规运输的危险品。
货物在库管理	1.按发货线路、货物的属性合理安排货物的堆放，做好货物的隔离，提高仓库的空间利用率。 2.指导仓库管理员按货物标签的填写要求和张贴标准，填写、张贴货物标签，并检查完善货物的标签张贴情况。 3.负责对在库货物的立方数、吨数进行抽查，对立方数和吨数不符的要做好记录并及时上报部门经理。 4.加强仓库和货物的安全管理，保持仓库环境干净、整齐，并做好防火、防盗、防潮等工作。
货物出库管理	1.当接到《发货单》，应根据发货单的内容组织仓库管理员清点出库货物，通知配送部人员进行配货作业。 2.检查出库货物的立方数、吨数，指导仓库管理员做好出库货物的标签填写工作。
与装卸组的配合	1.货物到达后，在货物清点、包装检查等验收工作完毕的情况下，通知装卸主管进行货物的装卸工作。 2.监督、指导装卸人员的作业，防止野蛮装卸破坏货物的包装、形状及质量。 3.出库货物备妥后，通知装卸主管将货物搬运至指定的位置。

(3)装卸主管工作岗位分析(表 5-7)。

表 5-7 装卸主管工作岗位分析

工作大项	工作任务
组织货物装卸、搬运	1.负责指挥装卸工人进行到达货物、返程货物的装卸工作。 2.将货物在放置场所、指定位置或运输设备之间进行相互移动,按要求的位置和形态将货物堆码,保证货物堆放有序。 3.安排叉车司机对货物进行水平、垂直方向的搬运,用运输工具对货物进行运送。 4.督导装卸工按《发货清单》或《配货清单》装好货物。发货准确、安全、及时。
货物分拣	在配送作业之前,组织人员把货物按品种、出入先后进行分拣,分别放到规定位置,按品种、下一步作业种类、发货对象将货物送到指定位置。
装卸工作搬运的管理和优化	1.对从事装卸搬运的各项作业的工作人员按照操作规范进行管理,提高他们的工作效率和工作质量。 2.指导监督装卸搬运作业人员按货物要求进行装卸,防止野蛮装卸。 3.与仓库管理人员、配送部门人员共同研究,对工作流程进行优化,确定最恰当的装卸方式,力求减少装卸次数,保证装卸连续性。
装卸搬运设备管理	对装卸搬运设备、工作进行登记、注册,组织设备、工作日常保养和维护,并进行定期检查。
下属人员管理	1.组织装卸工进行操作技能、装卸工等知识培训。 2.负责对装卸工进行监督,检查与初级成绩考核。

(4)仓库人员工作岗位分析(表 5-8)。

表 5-8 仓库管理员工作明细表

工作大项	工作任务
办理货物入库手续	1.参与货物验收工作,在各种单据相符。相关人员签字齐全的情况下,办理货物入库手续。 2.返程货物入库,严格执行货物入库手续。在货物质量,包装符合描述的情况下,办理入库手续。 3.货物入库完毕后,及时准确的登记货物入库台账。
办理货物出库手续	1.按《发货单》的具体要求和公司规定的会计原则(如先进先出、后进先出等)及时、准确的清点要发的货物。 2.货物出库时,及时、如实地填写货物出库台账。
仓库的日常保护	1.定时检查仓库的温度、湿度及安全情况,并做好相关的记录。 2.负责所辖库房的环境清洁及保护工作,定时巡查库区,确保仓库的环境条件适合存放相应的货物。

(5)货物保管员工作岗位分析(表 5-9)。

表 5-9 货物保管员工作明细表

工作大项	工作任务
货物在库管理	1.审查入库手续完整性,清点入库的货物,发现问题及时反馈。 2.熟悉货物的特性,本着区、架、层、位的原则将货物码放上架,登记货位编号,按相关要求及规范填写货物入库标签、保管卡。 3.定期、定时做好在库货物的清洁、整洁工作,保证货物摆放整齐有序、合理规范。 4.根据公司仓库管理相关规定,定期参与仓库货物盘点工作。
货物出库管理	1.根据《发货单》的具体要求,清点出库的货物,并根据运输要求对货物进行合理的包装,以保证货物在途的完好性。 2.做好出库货物装车前的保管工作,以防货物丢失、损坏。
仓库日常维护	1.做好货物库区的清洁、整理工作,保证货物在库的安全存放。 2.定期巡查库区,测量温度、湿度,防止货物受潮、老化、变质等。

(6)叉车司机工作岗位分析(表 5-10)。

表 5-10 叉车司机工作明细表

工作大项	工作任务
货物装卸搬移	1.根据货物装卸作业的需要,安全驾驶叉车,对货物进行水平、垂直方向的搬运。 2.指导搬运工人将卡板上的货物摆放整齐,不得超宽、超高,装卸搬运过程中要小心驾驶,不得有货物掉落导致损坏的现象。
叉车的维护保养	1.熟练掌握叉车作业程序,操作规范,掌握叉车安全知识。 2.做好所属叉车的日常维护、保养工作,协助机修人员做好叉车的检修保养工作。

(7)装卸员工作岗位分析(表 5-11)。

表 5-11 装卸员工作明细表

工作大项	工作任务
货物装卸与搬运	1.严格按照装卸要求和货物外包装的特殊标志,合理、安全地装卸货物,并分类堆放整齐。 2.对出现破损、泄漏等有异常状况的货物,能当场修复的应当场修复,严重破损或泄漏的,应立即向装卸主管反映以寻求解决方案。 3.对于送货上门的货物,严格按照客户的要求卸货和堆放,做到让客户满意为止。
货物保管	1.卸完货物后,在货物入库之前,应妥善保管货物,做好防雨、防潮、防晒、防腐、防火、防盗。 2.当遇有暴雨、狂风、雷电、火灾等突发事件时,应赶往现场做好货物的防雨、防潮等防护工作及救护工作。
相关协助工作	1.协助司机、提货人员送货人员做好货物的装卸搬运工作。 2.协助仓库管理员做好货物入库前的清点、堆放工作。 3.协助仓库管理员做好仓库和周边环境的保洁工作,仓库整洁有序。

3. 配送部岗位分析

配送部对经理、调度主管、理货主管、货运主管、调度员、驾驶员、送货员进行了工作岗位任务分析。

(1)配送经理工作岗位分析(表 5-12)。

表 5-12　配送经理工作明细表

工作大项	工作任务
配送作业计划管理	1. 根据客户发来的订单或托运单,运用物流信息系统科学地估算进货作业量与送货作业量,据此制订配送作业计划,上报审批。 2. 根据配送作业计划,合理安排相应的运输力量进行进货、送货作业。
进货管理	1. 组织人员从供货方或发货方手中取得所需运输的货物,进行货物的检验、结算,将货物从供货方或发货方手中运送到本公司指定的仓库。 2. 协助仓储部进行货物的交接、验收、入库工作。
理货、包装、配货	1. 根据《发货单》和客户的要求,组织人员出库检验。 2. 根据货物的特性和运输要求,选择合适的运输包装,组织人员做好货物运输包装工作。 3. 采用科学合理的分拣方法,按照交货地点、商品性态、货物特点进行配载,把同一送货路线上的不同客户的货物组配到同一火车上。
送货管理	1. 根据公司所在的地理位置,选择、决策最佳的配送路线。 2. 按照配送产品的性质,选择合理的配送方式,有效搭配每条配送路线运送的货物。 3. 每日组织相关人员对货物到达情况进行确认,随时掌握货物在途状况,以便及时解决突发事件。
货物运输管理	1. 负责公司所有车辆的组织、调度和日常管理,严格控制运输费用。 2. 调查并掌握竞争对手到达各地区的运费价格,参与本公司运费价格及运补价格的制定工作。 3. 根据客户的要求和货物的性质,合理选择承运商。
运输部门关系维护	负责协调公司与铁路部门、航空公司、船运机构的合作关系,保障公司各种运输线路通畅。
部门人员管理	负责组织本部门员工的招聘、调配、培训及考核工作,不断提高本部门员工的基本素质及业务能力。

(2)调度主管工作岗位分析(表 5-13)。

表 5-13 调度主管工作明细表

工作大项	工作任务
配送货物调动	1.根据客户订单或托运单制定合理的货物调动计划,并根据计划进行货物调度,做好到达货物的按时配送及返程货物的及时提取工作。 2.若接到客户提货电话,应在最短的时间内通知就近驾驶员前去提货。 3.协助相关人员做好铁路运输货物的短倒、上站和装车工作,以及协助做好海运货物的装箱或发货安排工作。
自有车辆调度	1.根据业务员上报的当天返程货物数量及当天到达货物数量,合理制定出车计划,准确快捷地调度公司的自由车辆。 2.合理安排车辆的出勤,制定车辆的检修保养计划,保证出车安全。 3.若驾驶员在运输途中反映车辆出现异常状况,应及时确认产生异常的原因及程度,本着节约的原则确定维修地点和维修方式。
配送单据管理	1.定期或不定期检查驾驶员填写《车辆星城、费用统计表》的规范程度,并与月底进行月度审核。 2.负责车辆的过桥过路费、耗油等费用的审核,做好短途运费及相关费用的控制。 3.做好与外挂司机就发货清单、货物托运单等相关手续的交接工作,并做好相关单据的保管。
驾驶员管理	1.严格执行本公司的自由车辆管理制度,负责对驾驶员的提货、开票等业务知识进行培训和考核。 2.每天跟踪驾驶员当天运费收取情况,发现异常及时查找原因,并上报部门经理。 3.若发现驾驶员在运输途中有怠工、拖延、公车私用的现象,应立即采取措施并追查责任。

(3)理货主管工作岗位分析(表 5-14)。

表 5-14 理货主管工作明细表

工作大项	工作任务
货物检查与核对	按照货物发运凭单到指定的仓库提取货物,并核对货物品种、数量、规格、等级、型号等。
货物的分拣包装	1.检查货物的包装及运输标志,对出库待运货物进行包装、拼装、改装或加固包装后,填写装箱单,并在出库货物外包装上写明收货人。 2.组织相关人员按运输要求对货物包装进行贴标签、刷标记等作业。
货物分类与发运	1.按货物的运输方式、流向和收货地点,将出库货物分类集中填写货物启运单,通知驾驶员提货发运。 2.协助货物的搬运、整理,进行堆码指导。 3.参与鉴定货运质量,分析货物参运原因,划分事故责任。

(4)货运主管工作岗位分析(表 5-15)。

表 5-15 货运主管工作明细表

工作大项	工作任务
运输路线规划	1. 根据公司物流合同的要求和货物的特点,积极设计最佳送货路线及运输方式,报领导审批后,组织执行。 2. 重要合同需要反复设计多套运输线路,会同有关部门和人员进行综合评选,选择合适的运输路线,报领导审批后,组织执行。
运输商选择	根据物流服务合同及货物的性质,评价公司有无能力独立承担运输,如无力承担全部运输能力,广泛寻找运输商,选择合格的运输商报领导审批后,签订运输合同,并监督、检查其执行情况。
突发问题处理	1. 及时受理运输过程中的突发事件报告,积极制定问题解决措施。 2. 对于重大丢失、损毁等事故,应亲临现场,根据情况制定解决办法,报领导审批后,组织解决,及时总结问题产生的原因。 3. 评价送货员的工作质量、任务及时完成率和费用情况。
货物交接手续办理	1. 货物运输前,协助仓储部相关人员办理货物出库手续,并签字确认。 2. 货物运抵目的地时,办理货物交接验收手续,并及时提交有关人员,向客户催款。

(5)调度员工作岗位分析(表 5-16)。

表 5-16 调度员工作明细表

工作大项	工作任务
下达《派车单》	根据调度计划开具《派车单》,并按单上的要求详细填好时限、客户名称、地点、路线、数量、价格、目的地等内容,及时下达给驾驶员及其他相关人员。
车辆在途跟踪	1. 熟悉每位驾驶员的出车路线,跟踪车辆的在途状态,及时通知驾驶员就近提取客户托运的货物。 2. 若货车在规定的时限内未返回公司,应及时进行电话追踪,发生异常状况时,立即通知相关人员协助处理。
配送单据管理	1. 督促驾驶员如实、准确地填写《车辆行程费用统计表》,月底汇总后交调度主管进行审核。 2. 整理、保管配送单据,如发货清单、货物托运单、过桥过路费及耗油交易所凭证。

(6)驾驶员工作岗位分析(表5-17)。

表5-17　驾驶员工作明细表

工作大项	工作任务
货物提取与配送	1.凭《派车单》出车,认真确认出车路线并按路线行车,及时、安全到达指定地点。 2.单独上门提货时,负责清点货物数量,核对价格、立方数或重量,准确无误地开具《货物托运单》,双方(我方与客户方)签字确认。 3.装完货后,应在《派车单》上填好到达时间和离开时间,请客户签字确认,并给予服务评价;提货返回后应将《派车单》交调度员归档。 4.提货返回后,立即通知仓储部负责人安排卸货,并现场监督卸货情况;卸货完毕,经仓库管理员验收无误后,让仓库管理员在《货物托运单》的存根联和财务联上签字交接。 5.送货时,应于现场监督卸货作业,清点件数,与收货人做好货物及相关手续的交接,无误后请收货人在《客户签收单》上签字确认。 6.提货、送货时,与客户交接货物,若是现金结算的,应做好现金收款工作,回公司后应在一小时内将现金上缴给出纳。
车辆的维护保养	1.做好车辆的日常维护与保养工作,保持车况的良好和车辆的整洁。 2.出车前,应先按照《车辆点检卡》做好车辆检查工作,做好点检记录;如实填写《车辆行程、费用统计表》,做好行驶路程及公里数的记录。 3.为配送路线的规划提供合理化建议,严格按要求做好车辆维修、过桥过路费、油耗等成本的控制。

(7)送货员工作岗位分析(表5-18)。

表5-18　送货员工作明细表

工作大项	工作任务
运输前工作	1.货物发运前,知道并协助装卸人员搬运、堆码、装载待运货物。 2.查验所运货物的数量、包装情况、办理相关运输手续。
送货途中管理	1.在货物运输途中,根据货物特性进行保管,保证货物安全到达目的地。 2.遇到突发事件立即向公司相关领导汇报,并及时给予解决。 3.运输途中,货物出现损坏,应尽量进行修复。
货到交付	1.将货物按照客户要求运送到指定地点交货卸车,进行货物验收,办理交付手续,与客户进行交流,做到周到服务。 2.签发护运票,做好护运记录。

【同步训练5.3】列举3项配送经理的工作任务。

任务四　配送中心工作流程

【任务描述】

配送各工作任务主要在配送中心完成，本项任务的主要目的是认知配送中心的工作流程，只有对配送中心的典型工作流程做到心中有数，才能有条不紊地处理业务。同时对一些特殊商品的特殊流程也要有所了解。

一、配送的一般工作流程

(一)订单处理作业

是由接到客户订货开始至准备着手拣货之间的作业阶段，称为订单处理，包括有关客户、订单的资料确认、存货查询、单据处理等，它是配送中心作业流程的开端。

收集和汇总客户的订货单，当确认无法按客户要求的时间及数量交货时，业务部门需进行协调。每日的订单处理和与客户的经常沟通是客户服务的主要功能。此外还需统计该时段的订货数量，确定调货、分配、出货程序及数量。退货数据也在此阶段处理。另外，业务部门需制定报价计算方式，做报价历史管理，制定客户订购最小批量、送货间隔，订货方式或订购结账截止日。

(二)备货进货作业

备货作业主要进行货物的采购。采购作业功能一是将配送中心的存货控制在一个可接受的水平，二是寻求订货批量时间与价格的合理关系。有些由批发业务改造的配送中心或服务于连锁企业的配送中心将存货控制功能交由存货控制部或仓储部管理，采购部门只负责购买等相关事务。采购信息来源于客户订单、历史销售数据和配送中心存货量，所以配送中心的采购活动不是独立商品买卖。配送中心需向供货厂商或制造厂商订购商品，采购作业包括商品数量需求统计、查询供货厂商交易条件，然后根据所需数量及供货厂商提供的经济订购批量提出采购单。

采购单发出后进行收货的跟进工作，发出采购订单或订货单后，库房管理员即可根据采购单上预定入库日期进行入库作业安排，在商品入库当日，进行入库商品资料查核、商品质检，当质量或数量与订单不符时应进行准确的记录，及时给采购或存货控制部门反馈信息，并更新入库数据。库房管理员按库房规定的方式安排卸货、托盘堆叠、薄膜缠绕和货品入位。对于同一张订单分次到货，或不能同时到达的商品要认真地记录，并将部分收货记录资料保存到规定的到货期限。

(三)储存作业

仓储管理作业包括商品在仓库区域内摆放方式、区域大小、区域分布等规划；商品进出仓库的控制；进出货方式的制定(商品所需搬运工具、搬运方式)；仓储区货位的调整及变动；商品存储期内的卫生及安全；在库商品的数量盘点等。包括制定库存盘点方法，定期负责打印盘点清单，并根据盘点清单内容清查库存数、修正库存账目并制作盘盈盘亏报表。仓库区的管理还包括包装容器使用与包装容器保管维修。

(四)流通加工作业

流通加工是最能创造附加价值的物流活动。我国国家标准《物流术语》(GB/T 18354—2006)对流通加工(distribution processing)的定义是:物品在从生产地到使用地的过程中,根据需要施加包装、分割、计量、分拣、刷标志、拴标签、组装等作业的总称。流通加工作业包括商品的分类、称重、拆箱重包装、贴标签及商品组合包装。这就需要进行包装材料及包装容器的管理、组合包装规划的制定、流通加工包装工具的选用、流通加工作业的调度、作业人员的调派等。

(五)拣货和补货作业

我国国家标准《物流术语》(GB/T 18354—2006)对拣选(order picking)的定义是:按订单或出库单的要求,从储存场所拣出物品,并码放在指定场所的作业。拣选工作包括拣选之前的商品在库量核对,按照送货规范要求进行按路线或按订单进行拣选。还包括拣货区域的规划布置、工具选用及人员调派。拣选不只包括拣取作业,还需补充拣货架上商品,即补货作业,包括补货量及补货时点的制定、补货作业调度、补货作业人员调派。

(六)送货和退货作业

送货作业是配送中心的末端作业,也是整个作业流程中的一个重要环节,它包括装车和送货两项经济活动。出货作业包括送货文件的准备工作,为客户打印出货单据,准备发票,制定出货调度,打印装车单,画装车图,出货批次报表、出货商品上所需地址标签及出货核对表。一般由仓库人员决定出货方式、选用出货工具、调派出货作业人员,由运输调度人员决定运输车辆大小与数量。仓库管理人员或出货管理人员决定出货区域的规划布置及出货商品在车上的摆放方式。

1. 装车

根据配装计划组织装车,装车时要按送货点的先后顺序组织装车,先到的要放在混载货体的上面或外面,后到的要放在下面和里面;要做到“轻者在上,重者在下,重不压轻”。

2. 送货

送货包括送货路线的规划,与客户的即时联系。在商品配送途中进行商品跟踪、控制及配送途中意外状况的处理、送货后的文件处理。

当配送中心将商品配送到客户后,客户会因为种种原因而要求退货,如货物包装损坏、商品损坏、商品保质期快到期或已到期、送交的商品与要求的商品不符等。因此,配送中心还要承担退货的职责。

二、特殊商品的特殊流程

1. 食品类配送流程

食品种类繁多,而且形状各异,因此又有不同的流程。

(1)没有储存工序的食品配送流程(图 5-1)。

(2)有储存工序的食品配送流程(图 5-2)。

(3)有加工工序的食品配送流程(图 5-3)。

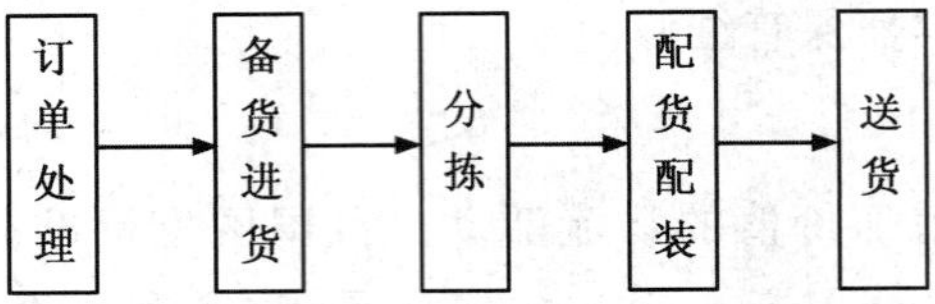

图 5-1　没有储存工序的食品配送流程

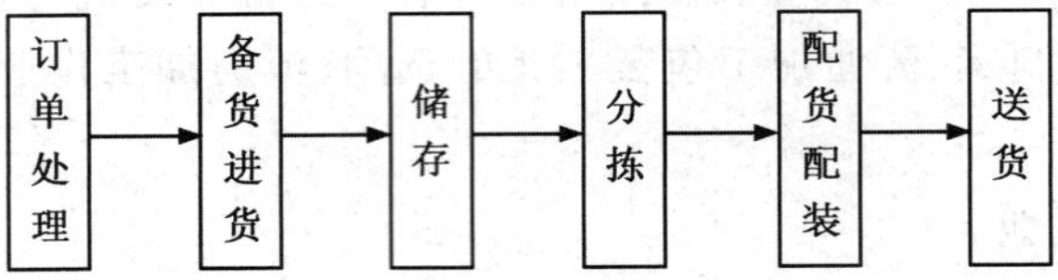

图 5-2　有储存工序的食品配送流程

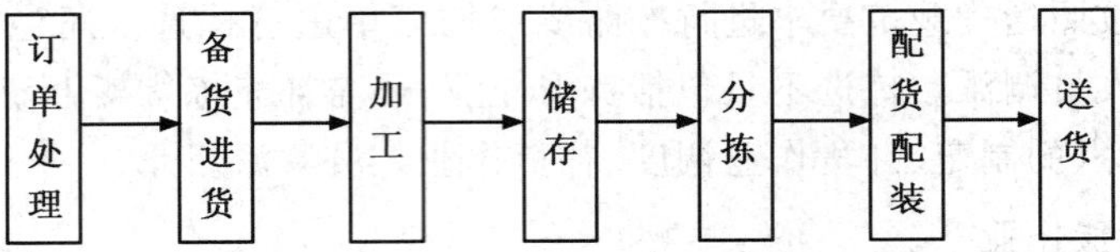

图 5-3　有加工工序的食品配送流程

2. 散装产品配送工序流程

散装产品配送工序流程(图 5-4)。

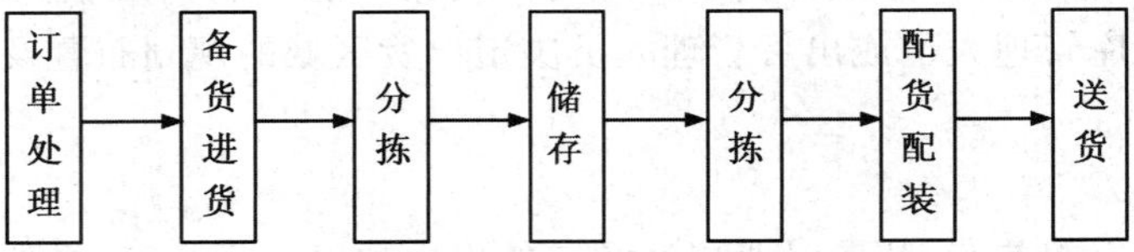

图 5-4　散装商品的配送工序流程

3. 小包装产品配送工序流程

小包装产品配送工序流程(图 5-5)。

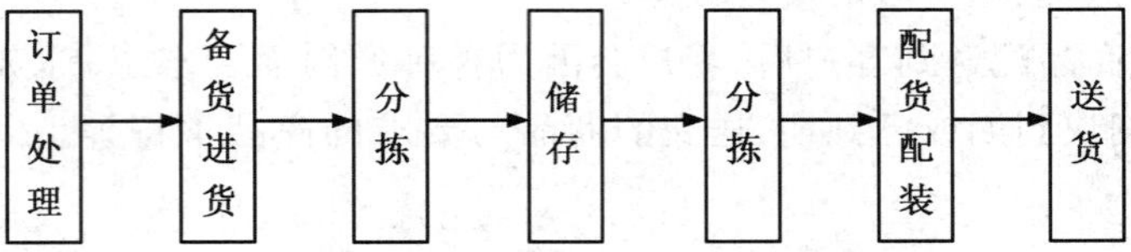

图 5-5　散装商品的配送工序流程

【项目回顾】

通过本项目的学习，我们对配送中心的类型、功能等有了较全面的了解，知道了配送中心规划的基本流程，掌握了配送中心一般作业流程和特殊作业流程，并对配送中心的岗位设置及相关岗位的工作职责有了初步的了解。因此，本项目可以为我们从事配送中心的相关工作奠定较好的理论基础。

课后训练

一、理论训练

(一)不定项选择题

1. 以下是配送中心的必备条件的有(　　)。

A. 主要为特定客户或末端客户提供服务

B. 配送功能健全

C. 辐射范围小

D. 多品种、小批量、多批次、短周期

2. 以下属于配送中心功能的有(　　)。

A. 备货功能　B. 储存功能　C. 组配功能　D. 分拣功能　E. 集散功能

3. 物流需求分析中的EIQ分析是指对以下哪些要素的分析(　　)。

A. 订单件数　B. 订购次数

C. 货品的种类、品项、单品　D. 配送货物的数量或库存量

4. 储运单位PCB分别对应以下哪一组储运单位(　　)。

A. 单品、箱子、托盘　B. 托盘、箱子、单品

C. 箱子、托盘、单品　D. 单品、托盘、箱子

5. 配送中心的定位主要包括以下哪几个方面的内容(　　)。

A. 功能定位　B. 商品的定位

C. 区域定位　D. 储存单位

6. 以下属于采购经理的工作任务的是(　　)。

A. 确定本部门的发展目标、采购战略、采购方式等

B. 负责主要物资的采购,控制、监督采购的过程

C. 主持或参加与采购相关的业务会议,并做好部门间的协调工作

D. 主持本部门员工招聘、培训、调配,培养高素质、高效率的采购团队

E. 协助采购人员与供应商谈判价格、付款方式、交货日期等,做好后续跟踪进度。

7. 以下属于仓库主管的工作任务的有(　　)。

A. 做好堆放场地、货物储位的安排

B. 验收入库货物,清点件数,无误时签字确认,对异常货物进行登记并及时反馈

C. 指导仓库管理员按货物标签的填写要求和张贴标准,填写、张贴货物标签,并检查完善货物的标签张贴情况

D. 加强仓库和货物的安全管理,保持仓库环境干净、整齐,并做好防火、防盗、防潮等工作

E. 应根据发货单的内容组织仓库管理员清点出库货物,通知配送部人员进行配货作业

8. 叉车司机的工作职责(　　)。

A. 根据货物装卸作业的需要,安全驾驶叉车,对货物进行水平、垂直方向的搬运

B. 指导搬运工人将卡板上的货物摆放整齐,不得超宽、超高,装卸搬运过程中要小心驾驶,不得有货物掉落导致损坏的现象

C. 熟练掌握叉车作业程序,操作规范,掌握叉车安全知识

D. 做好所属叉车的日常维护、保养工作,协助机修人员做好叉车的检修保养工作

9. 理货主管的工作任务有(　　)。

A. 按照货物发运凭单到指定的仓库提取货物

B. 组织相关人员按运输要求对货物包装进行贴标签、刷标记等作业

C. 协助货物的搬运、整理，进行堆码指导

D. 对出库待运货物进行包装、拼装、改装或加固包装

E. 负责货物的组配工作

10. 货运主管的工作任务有(　　)。

A. 设计最佳送货路线及运输方式

B. 运输商选择

C. 货物交接手续办理

D. 评价送货员的工作质量、任务及时完成率和费用情况

E. 及时受理运输过程中的突发事件报告，积极制定问题解决措施

(二)判断题

1. 大多是为大型生产企业或是大型连锁制零售企业供应原材料、零配件和其他商品，这种供应型配送中心是以供应型配送中心。(　　)

2. 以暂存或随进随出方式进行配货、送货，通常用来向客户提供库存补充，这种配送中主属于销售型配送中心。(　　)

3. 其服务对象往往是下一级的城市配送中心、零售商或生产企业用户，这种配送中心是区域型配送中心。(　　)

4. 要连锁企业系统中，配送中心是连接供应商和门店的纽带。(　　)

5. 在配送中心选址时，要充分考虑交通条件，一般选在交通主干道上。(　　)

6. 配送中心的规模确定主要是指要建立几个配送中心。(　　)

7. 配送速度慢则产品在配送中心停留的时间就越长，配送中心的规模就应该越大。(　　)

8. 仓容占用系数是指单位重量或金额商品所占空间的大小。(　　)

9. 连锁企业的门店分布越分散，配送中心就越能发挥其效用。(　　)

10. 配送中心的工作流程会因为配送商品的不同而有所不同。(　　)

(三)简答题

1. 简述配送中心的地位和作用。

2. 简述配送中心的主要功能。

3. 简述配送中心选址要遵循的原则。

4. 简述配送中心选址要考虑的因素。

5. 简述配送中心的一般作业流程。

二、案例讨论：四层楼的配送中心

随着新形势的发展，联华连锁超市发展势头迅猛，以每月新开60家门店的速度急剧扩张。但是规模的不断扩大也带来了新的问题——传统的物流已经不能为公司庞大的销售网络中商品的顺畅流通提供保障。建立现代化物流系统、降低物流成本成为联华连锁超市在竞争中掌握先机的关键。然而，由于超市商品价格低、物流中心投资有限，如何兼顾需求和投资合理性是项目成功的决定因素。

联华连锁超市在选择物流硬件设备和软件设计的整体方案时，最终选定了冈村制作所。冈村制作所充分考虑了上述实际情况，为联华连锁超市"量体裁衣"，设计了一套完整的解决方案，即利用现有的建筑物改建成物流中心，采用 WMS(仓库管理系统)实现整个配送中心的全电脑控制和管理，而在具体操作中实现半自动化，以上海先达条码技术有限公司提供的无线数据终端进行实时物流操作，以货架形式来保管货品，以自动化流水线来输送，以数字拣选系统(DPS)来拣选。另外，在设备的选择方面也采取进口货与国产货合理搭配的方式。这个方案既导入了先进的物流理念，提升了物流管理水平，又兼顾了联华连锁超市配送商品价值低、物流中心投资额有限的实际情况。在整个方案的设计里，设计方没有一味追求一步到位的先进性，而是力求使合理的投入得到较高的回报。

联华连锁超市配送中心总面积 8 000 m^2，建筑物共有 4 层楼。由于是多层结构，因此设计方对各层平台间的搬送自动化作了特别的考虑，采用了托盘垂直升降机和笼车垂直升降机。其中两台托盘垂直升降机能对以托盘为单位的进货物品进行各层平台自动分拣，并将空托盘自动回收至一层的进货区域。空笼车另有专用电梯送往各层平台。

为了提高拣选效率，配送中心被分成了 17 个分拣区域，利用笼车良好的流动性设计了区域拣选方式。在各个区域的起始位置装有商店号码显示器，拣选时将显示出库单上的商店号码，因此可多人进行拣选作业，即使逢年过节工作量增加也能大量出货、应对自如。配送中心采用托盘货架与流动式货架为主的布局设计。托盘货架保管整箱为单位的货物，流动式货架保管非整箱货物。为了提高分拣作业效率和正确率，托盘货架的最下端和流动式货架的外侧都装有数码拣选显示器。

配送中心应用信息化项目的作业流程

1. 进货入库

进货后，立即由 WMS 进行登记处理，生成入库指示单，同时发出是否能入库的指示。如果仓库容量已满，无法入库时，系统将发出向附近仓库入库的指示。接到系统发出的入库指示后，工作人员将货物堆放在空托盘上，并用手持终端对该托盘的号码及进货品种、数量、保质期等数据进行进货登记输入。

在入库登记处理后，工作人员用手动叉车将货物搬运至入库品运载装置处。按下入库开始按钮，入库运载装置开始上升，将货物送上入库输送带。在货物传输过程中系统将对货物进行称重和检测，如不符合要求(如超重、超长、超宽等)，系统将指示其退出；符合要求的货物，方可输送至运载升降机。

根据输送带侧面安装的条码阅读器，对托盘条码确认，计算机将对托盘货物的保管和输送目的地发出指示。当接到向第一层搬送指示的托盘在经过升降机平台时，不再需要上下搬运，将直接从当前位置经过一层的入库输送带自动分配到一层入库区等待入库。接到向二层至四层搬送指示的托盘，将由托盘升降机自动传输到所需楼层。当升降机到达指定楼层后，由各层的入库输送带自动搬运货物到入库区。

货物在下平台前，根据入库输送带侧面设置的条码阅读器，将托盘号码输入计算机，并根据该托盘情况，对照货位情况，发出入库指示，然后由叉车从输送带上取下托盘。叉车作业者根据手持终端指示的货位号将托盘入库，经确认后，在库货位数将进行更新。

2. 商品拣选

当根据订单进行配货时，仓库管理系统(WMS)会发出出库指示，各层平台上设置的激光打印机根据指示打印出货单。在出库单上，货物根据拣选路径依次打印。这时，系统中的商店号码显示器显示出需要配送的商店号码，数据显示器显示出需要拣选的数量，同时工作人员在空笼车上的塑料袋里插好出库单，在黑板上写上楼层号和商店号，并将空笼车送到仓库。做好以上准备后，方可进行商品拣选工作。

工作人员在确认笼车在黑板上记载的商店号码与商店号码显示器显示的一致后，开始进行拣选工作。根据货位上数码显示器显示拣选的数量，依次进行拣选。数码显示器配备的指示灯可以显示三种不同颜色，分别对应箱、包、件三种不同的拣选单位，以满足各种拣选需求。当拣选作业结束后，按"完了"按钮。

各平台仓库分成 17 个拣选区域，区域内拣选结束后，区域拣选"完了"指示灯会自动闪亮，工作人员再按下区域拣选"完了"按钮，便可继续进行下一个区域的拣选工作。当各个区域内所有拣选处理结束后，系统将自动显示出下一个商店的拣选数据。

3. 笼车出库

当全部区域拣选结束后，装有商品的笼车由笼车升降机送至一层。工作人员将不同商店分散在多台笼车上的商品归总分类，附上交货单，依照送货平台上显示器显示的商店号码将笼车送到等待中对应的运输车辆上。计算机配车系统将根据门店远近，合理安排配车路线。

4. 托盘回收

出货完成后，工作人员将空托盘堆放在各层的空托盘平台返回输送带上，然后由垂直升降机将空托盘传送至第一层，并由第一层进货区域的空托盘自动收集机收集起来，随后送到进货区域的平台上堆放整齐。

（资料来源：http：// hi. baidu. com/% CD% F9% CA% C2% B9% E9/blog/item/5365150f0f60222e6059f3ac. html ）

根据以上案例，讨论以下问题：

1. 请描述联华连锁超市配送中心的业务流程。

2. 分析联华连锁超市配送中心的特点。

3. 请分析建设配送中心要考虑哪些因素。

三、实战训练：绿谷果品专业合作社配送中心规划

1. 实训技能点

配送中心规划。

2. 实训任务

绿谷果品专业合作社配送中心规划

绿谷果品专业合作社注册资本金 200 万元，现有职工 20 人，其中科技人员 8 人。合作社采取"社员＋基地＋合作社＋超市"的模式，建立了较为完善的产前、产中、产后服务体系。果品的来源主要有两条途径，一是来自于合社自建基地的生产，目前合作社有自建果品种植基地 3×10^6 m^2。二是来自社员的供应，由合作社按合同规定向社员收购水果。水果主要销售到市区各超市，各超市距合作社 100 km 左右。

近年来随着超市数量的增加，消费者购买习惯也开始发生改变，越来越多的消费者开始到超市购买果品，这给绿谷果品合作社提供了很好的发展机遇，业务得到了快速的发展，水果每天的销售量和配送量急剧增长。

业务的快速增长使得合作社的物流问题日益凸显。目前绿谷果品合作社没有自己的配送中心，水果的储存主要租用一些传统的仓库，水果到超市的配送业务主要是外包给本地一家货运公司，货运代理公司服务水平较低，导致水果在配送中的损失率高。

因此，绿谷果品合作社目前迫切需要一个属于自己的配送中心，请结合以上背景资料为该合作社进行配送中心的规划，完成以下两个任务：

(1)完成该合作社配送中心的选址，说明理由。

(2)对该配送中心的进行规划，要求有配送中心平面图，说明每个区域的主要功能。

(3)说明该配送中心主要配置的设备设施。

项目六　订单处理作业

通过本项目的学习，我们将能完成以下学习目标：

【知识目标】

1. 熟悉订单及订单处理的基本概念。
2. 熟悉订单中哪些要素需要进行确认。
3. 掌握不同形态订单的处理方法。
4. 掌握跟踪控制订单的处理方法。

【能力目标】

1. 能够通过不同形式接受客户订单。
2. 能够确认订单内容。
3. 能够处理不同形态的订单。
4. 能够跟踪订单的状态并完善订单处理流程。

【背景资料】

王力和张蕾在配送中心的工作，首先被分配在订单处理员的岗位工作。2011 年 8 月 15 日周一 15:00 左右，昌荣配送中心接到了 4 家客户的订货通知单。订单内容如表 6-1 至 6-4 所示。

表 6-1　A 公司订单

订单编号:D20100507A01　　　　业务单号:W20100507-1001

订货方编号		CH 001	订货单位名称		L 连锁超市杭州总店		
订货单位联系人		张健	订货单位联系电话		05718695623		
序号	货号	货品名称	型号规格	单位	单价(元)	数量	金额
1	A 001	美的电水壶	12S03CZ	箱	598.00	3	1 794.00
2	D 001	松下吹风机	EH-ND20	箱	496.00	6	2 976.00
3	W 002	西门子微波炉	SDHC04	箱	699.00	1	699.00
4	F 003	方便面	150 g	箱	24.00	5	120.00
5	F 004	笋干老鸭煲面	115 g	箱	36.00	2	72.00
6	K 001	金锣火腿肠	50 g×10	箱	38.00	8	304.00
7	S 002	纯净水	500 mL	箱	24.00	8	192.00
8	B 003	戴尔电脑显示器	D330	箱	1 588.00	4	6 352.00
总计		人民币大写:壹万贰仟伍佰零玖圆整(12 509.00 元)					
经办人:			部门主管:				

表 6-2 B公司订单

订单编号:D20100507A02　　　　业务单号:W20100507-1002

订货方编号		CH003	订货单位名称		L连锁超市宁波店		
订货单位联系人		李康	订货单位联系电话		057456893256		
序号	货号	货品名称	型号规格	单位	单价(元)	数量	金额
1	W 002	西门子微波炉	SDHC04	箱	699.00	2	1 398.00
2	A 002	美的电饭煲	YJ407J	箱	719.00	5	3 595.00
3	B 003	戴尔电脑显示器	D330	箱	1 588.00	5	7 940.00
4	S 001	金龙鱼芝麻油	220 mL	箱	459.00	4	1 836.00
5	S 002	纯净水	500 mL	箱	24.00	6	144.00
6	F 003	方便面	150 g	箱	24.00	6	144.00
7	K 001	金锣火腿肠	50 g×10	箱	38.00	6	228.00
8	D 001	松下吹风机	EH-ND20	箱	496.00	7	3 472.00
总计		人民币大写:壹万捌仟柒佰伍拾柒圆整(18 757.00 元)					
经办人:			部门主管:				

表 6-3 C公司订单

订单编号:D20100507A03　　　　业务单号:W20100507-1003

订货方编号		CH004	订货单位名称		L连锁超市温州店		
订货单位联系人		王乐	订货单位联系电话		057756892365		
序号	货号	货品名称	型号规格	单位	单价(元)	数量	金额
1	D 001	松下吹风机	EH-ND20	箱	496.00	5	2 480.00
2	W 002	西门子微波炉	SDHC04	箱	699.00	1	699.00
3	A 002	美的电饭煲	YJ407J	箱	719.00	6	4 314.00
4	S 002	纯净水	500 mL	箱	24.00	8	192.00
5	F 003	方便面	150 g	箱	24.00	4	96.00
6	F 004	笋干老鸭煲面	115 g	箱	36.00	1	36.00
7	A 001	美的电水壶	12S03CZ	箱	598.00	5	2 990.00
8	S 001	金龙鱼芝麻油	220 mL	箱	459.00	2	918.00
总计		人民币大写:壹万叁仟肆佰壹拾陆圆整(11 725.00 元)					
经办人:			部门主管:				

表 6-4 D公司订单

订单编号:D20100507A04　　　　业务单号:W20100507-1004

订货方编号		CH006	订货单位名称		L 连锁超市台州店		
订货单位联系人		赵好	订货单位联系电话		057656893256		
序号	货号	货品名称	型号规格	单位	单价(元)	数量	金额
1	W 002	西门子微波炉	SDHC04	箱	699.00	2	1 398.00
2	A 002	美的电饭煲	YJ407J	箱	719.00	9	6 471.00
3	B 003	戴尔电脑显示器	D330	箱	1 588.00	6	9 528.00
4	S 001	金龙鱼芝麻油	220 mL	箱	459.00	1	459.00
5	S 002	纯净水	500 mL	箱	24.00	6	144.00
6	F 003	方便面	150 g	箱	24.00	5	120.00
7	K 001	金锣火腿肠	50 g×10	箱	38.00	10	380.00
8	A 001	美的电水壶	12S03 CZ	箱	598.00	3	1 794.00
总计		人民币大写:贰万零贰佰玖拾肆圆整(20 294.00 元)					
经办人:			部门主管:				

昌荣配送中心接到了四份订单后,王力和张蕾对订单进行了处理,根据其库存情况进行分配,结果发现了个别商品库存不足,库存情况如表 6-5 所示:

表 6-5 昌荣配送中心库存量表

序号	货品编号	货品名称	规格型号	单位	单价(元)	数量
1	A 001	美的电水壶	12S03CZ	箱	598.00	10
2	D 001	松下吹风机	EH-ND20	箱	496.00	20
3	W 002	西门子微波炉	SDHC04	箱	699.00	6
4	A 002	美的电饭煲	YJ407J	箱	719.00	20
5	B 003	戴尔电脑显示器	D330	箱	1 588.00	15
6	S 001	金龙鱼芝麻油	220 mL	箱	459.00	7
7	S 002	纯净水	500 mL	箱	24.00	30
8	F 003	方便面	150 g	箱	24.00	20
9	F 004	笋干老鸭煲面	115 g	箱	36.00	5
10	K 001	金锣火腿肠	50 g×10	箱	38.00	24

于是王力和张蕾去问配送主管怎么处理。配送主管告诉他们按客户优先权进行存货分配,并告诉他们客户优先权分析评价模式主要通过下列几个领域的表现:单品利润、订单紧急程度、客户去年对该货物的需求量占总需求量的比例以及客户合作年限等几个指标。客户对

该货品的需求量以及客户合作年限等具体信息如表 6-6 所示。

表 6-6　昌荣配送中心客户优先权分析表

客户	A 公司	B 公司	C 公司	D 公司
单品利润	4	5	6	6.5
订单响应时间	12	16	24	36
客户去年对该货物的需求量占总需求量的比例	12%	10%	30%	48%
客户合作年限(年)	1	2	3	1
客户信誉度	优	良	优	优

配送中心客户优先权评价指标的权重如表 6-7 所示：

表 6-7　昌荣配送中心优先权评价指标权重

评价指标	利润率	订单紧急程度	客户去年对该货物的需求量占总需求量的比例	客户合作年限	客户信誉度
权重	0.2	0.4	0.2	0.1	0.1

根据这些信息，王力和张蕾需要完成如下几项工作：

1. 如何根据表 6-6 和表 6-7 完成客户 ABC 分类，确定客户的优先次序。
2. 根据现有库存情况，按客户的优先次序，接受并确认订单，对不合格订单进行合理处理。
3. 对分配后存货不足提出合理建议，并对客户订单的处理状态进行跟踪，完善订单处理流程。

任务一　订单认知

【任务描述】

订单并没有统一的格式，不同企业不同系统的订单格式并不完全一样，订单处理作业首先要看懂订单上的内容，并为快速准确处理订单做好准备。本项任务要求我们了解订单的格式，结合背景资料了解订单的主要内容和订单的基本格式。

一、订单格式

订单本身并没有统一的模式，其内容和格式往往根据交易双方的要求或实际情况来设计。为了简化订单格式，避免内容重复，通常将订单分为两个部分。

(一)订单的表头内容

为了便于对订单进行处理，需要在表头部分设置统一格式的整体性资料，这些资料主要包括：

(1)订单号、订单日期。

(2)客户代码、采购单号。

(3)业务员代码。
(4)配送批次、日期、地址。
(5)配送车型、包装情况。
(6)付款方式。
(7)订单处理状态。
(8)相关事项说明。

(二)商品资料

商品资料主要是对订单涉及的商品进行详细描述,是订单的主体部分。其内容一般包括:
(1)商品代码。
(2)商品名称。
(3)商品规格。
(4)商品单价。
(5)订购数量及单位。
(6)订单金额。
(7)折扣折让。
(8)交易类型及方式。

例:表 6-8 和表 6-9 为信息管理系统的订单格式。

表 6-8 订单基本信息

订单号:	客户码:
客户指令号:	采购单号
订单类型:	紧急程度:
订单来源:	送达时间:
状态:	执行状态:
订单优先级	

表 6-9 订单货物信息

货品编码	货品名称	规格	批次	单位	质量	数量	备注

二、订单处理的含义

(一)什么是订单处理

配送中心收到客户订货信息后,经确认核查真实性和内容,传达拣货和出货信息,这一过程即为订单处理,也就是指接到客户订货开始至准备着手拣货之间的作业过程。对于规模较大、货种规格较多的配送中心,订单处理是一个很复杂的信息作业活动。首先,客户的订货形式和内容不同,有的上门订货,有的口头订货,订货量、品种规格、送货时间等条件各不一样,订单的形式和内容也差别很大；其次，客户订单转换为拣选单也常常比较麻烦，常需要在一定的时间点上将货种、数量归并后形成；最后，还要制作送货单并通知客户收货。

订单处理通常包括有关客户、订单的资料确认，存货查询，单据处理，出货配发等。订单处理可以是人工或电脑信息系统来完成，其中人工处理的弹性较大，但只适合少量的订单，一旦订单数量稍多处理即变得缓慢且容易出错。而利用电脑信息化系统来处理订单，能够实现订单格式的统一，客户在界面一样的信息窗口内输入订货信息，实现订货信息快速、准确传递和转换，通过辅助软件的开发和应用，实现合理而迅速地订单分批和订单分割。计算机处理订单能提供较大速率及较低的成本，适合大量的订单。

（二）订单处理的特点

1. 订单处理是配送中心所有物流作业组织的开端和核心

通常一个配送中心的各个用户都要在规定时点以前将订货单或要货单通知给配送中心，然后配送中心再将这些订单汇总，并以此来进一步确定需要配送货物的种类、数量以及配送时间。确定了这些数据以后，配送中心的其他子系统就可以开始工作了，如补货系统可以根据发出货物的数量种类确定需要补充的货物品种和数量，并组织采购。所以订单处理是配送中心物流作业组织的开端，是其他子系统开展工作的依据，订单处理系统工作效率的好坏将直接影响其他后续子系统的工作。

2. 订单处理的作业范围超越了配送中心的内部作业范围

订单处理是配送中心与用户之间的互动作业。首先用户要进行订单准备，并将订单传输给配送中心，为了提高订单处理的效率，配送中心需要用户按照规定的时间和格式将订单传输给配送中心；其次配送中心还要进行接单、订单资料输入处理、出货商品的拣货、配送、签收、清款、取款等一连串的数据处理，这些活动都需要用户的配合。因此配送中心订单处理的作业并不是配送中心单方面的内部系统作业，也不是配送中心单独的内部作业即可完成，而是配送中心与用户双方之间相关系统一的一体化活动。

3. 订单处理的作业活动伴随整个配送活动的全过程

通常认为订单处理的作业流程起始于接单，经由接单所取得的订货信息，经过处理和输出，终止于配送中心出货的物流活动，但在这一连串的物流作业里，订单是否有异常变动、订单进度是否如期进行也包括在订单处理范围内。即使配送出货，订单处理并未结束，在配送时还可能出现一些订单异常变动，如客户拒收、配送错误等，直到将这些异常变动状况处理完毕，确定了实际的配送内容，整个订单处理才算结束。

4. 订单处理的电子化要求高

由于订单处理每天要面对大量的用户订单，为了提高订单处理的效率，减少差错，需要提升订单处理的电子化水平。实际上，大多数配送中心订单处理都是电子化程度最高的部分，它们通过采用大量的电子化技术，如电子订货系统、联机输入、计算机自动生成存货分配、订单处理输出数据等技术大幅提高了订单处理系统的效率，手工技术在这一领域正不断被淘汰。

三、实现订单处理合理化

订单处理周期效率的高低对于配送企业的竞争力和利润有重要影响。其是否合理化决定了订单处理的效率，高效的订单处理可以给企业带来以下好处。

1. 持续降低平均订单周期前置时间

前置时间是指从订单发出到货物到达消费者这段时间。

2. 改善客户关系

有效的订单处理可以迅速地提供必需的客户服务，订单处理的水平直接影响到企业的客户服务绩效，它是改进客户服务绩效的重要因素。

3. 降低运作成本

高效的订单处理系统具备快速准确处理数据的能力，因此不仅可以减少订单检查相关成本，而且能够通过和整个配送渠道的联系，有效地降低多余的存货以及相关的运输成本。

4. 及时输出发货单和会计账目

有效的订单处理系统能够加快由订单出货形成的应收账目数据的转账，提高企业资金利用率。另外，有效的订单处理系统还可以通过订单出货的改善，降低发货不准确情况的发生。

【同步训练 6.1】请简述实现订单处理合理化对企业的意义

任务二　处理订单

【任务描述】

本项任务主要是按处理订单的流程掌握如何快速地进行订单的处理，包括接受订单、确认订单、设定订单号码、建立客户档案、存货查询及依订单分配存货、计算拣取的标准时间、依订单排定出货时间及拣货顺序、分配后存货不足的处理、订单资料输出 9 个环节。

一、接受订单

处理订单首先从接受订单开始，配送中心接受客户订货的方式主要有传统订货方式和电子订货方式两大类。

(一)传统订货方式

传统订货方式是指利用人工方法书写、输入和传送订单，其方法包括 6 种。

1. 厂商铺货

供应商直接将商品放在车上，一家一家地去送货，缺多少补多少。这种方式对于周转率较快的商品或新上市商品较常使用。

2. 厂商巡货，隔日送货

供应商派巡货人员前一天先至各客户处巡查需要补充的货品，隔天再予以补货。此方法厂商可利用巡货人员为商店整理货架、贴标签或提供经营管理意见、市场信息等，也可促销新品或将自己的商品放在最占优势的货架上。这种方式的缺点是厂商可能会将巡货人员的成本加入商品的进价中，这种做法可能会造成零售业者难以管理、分析自己所卖商品。

3. 电话口头订货

订货人员将商品名称及数量，以电话口述向厂商订货。这种方式因客户每天订货的品项可能达到数十项,而且这些商品常由不同的供应商供货,所以利用电话订货所费时间太长,且错误率高。

4. 传真订货

客户将所缺货物的资料整理成书面资料,利用传真机传给厂商。这种方式利用传真机虽可快速地传送订货资料,但其传送资料往往信息不全,从而增加事后确认作业。

5. 客户自行取货

客户自行到供应商处看货、补货,这种方式多为传统杂货店因距离近所采用。客户自行取货虽可省去配送作业,但个别取货可能影响物流作业的连贯性。

6. 业务员跑单、接单

业务员至各客户处推销产品,后将订单携回或紧急时以电话先联络公司通知客户订单。这种方式订货数量难以准确确定,且容易造成商品管理混乱。

(二)电子订货方式

电子订货方式是指配送中心借助计算机信息处理系统,将订货信息转为电子信息后,由通信网络传送订单的一种订货方式。其方法主要有3种:

1. 订货簿或货架标签配合手持终端机及扫描器

订货人员携带订货簿及手持终端机巡视货架,若发现商品缺货则用扫描器扫描订货簿或货架上的商品标签,再输入订货数量,当所有订货资料皆输入完毕后,利用数据机将订货信息传给供应商或配送中心。

2. POS 订货

客户若有 POS 机则可在商品存档里设定安全存量,每当销售一笔商品后,电脑自动扣除该商品库存,当库存低于安全存量时,便自动产生订货资料,将此订货资料确认后即可通过电信网络传给总公司或供应商。也有客户将每日的 POS 资料传给总公司,总公司将 POS 销售资料与库存资料对比后,根据采购计划向供应商下单。这种方式适合于连锁商业企业的销售终端向配送中心订货。

3. 订货应用系统

客户信息系统里如果有订货处理系统,可将应用系统产生的订货资料,由转换软件转成与供应商约定的共同格式,在约定时间里将资料转送出去。

电子订货方式与传统订货方式相比,具有传递速度快、可靠性好、准确性高及运行成本低等优势,因此,电子订货方式将会成为订货信息的主要传递方式。

◆【知识拓展 6.1】接单员的工作职责

接单员主要有下列6大工作职责:

1. 接收订单资料。

2. 在规定的时间内,将客户的订单进行确认和分类,并由此判断与确定所要配送货物的种类、规格、数量及送达时间。

3. 建立用户订单档案。

4. 对订货进行存货查询,并根据查询结果进行库存分配。

5. 将处理结果打印输出,如拣货单、出货单等。

6. 根据输出单据进行出货物流作业。

二、确认订单

接受订单后，对订单内容进行确认，需要确认的内容包括以下几个方面。

(一)确认货物数量及日期

对货物数量和日期的确认是对订货资料项目的基本检查，即检查品名、数量、送货日期等是否有遗漏、笔误或不符合公司要求的情形。尤其当要求送货时间有问题或出货时间已延迟时，更需要再与客户确认订单内容或更正期望运送时间。如果是采用电子订货方式接单，也需要对接收订货资料加以检查确认，对于错误的下单资料，需传回给客户修改再重新传送。

(二)确认客户信用

不论订单是由何种方式传至公司，配销系统的第一步骤即要查核客户的财务状况，以确定其是否有能力支付该件订单的账款，常用的方法是检查客户的应收账款是否已超过其信用额度。因而接单系统中应设计以下两种途径来查核客户信用的状况。

1. 输入客户代号或客户名称时查核

当输入客户代号名称资料后，系统即加以核检客户的信用状况，若客户应收账款已超过其信用额度时，系统应加以警示，以便输入人员决定是否继续输入其订货资料或拒绝其订货。

2. 输入订购品项资料时查核

若客户此次的订购金额加上以前累计的应收账款，超过信用额度时，系统应将此笔订单资料锁定，以便主管审核，审核通过，此笔订单资料才能进入下一个处理步骤。

原则上顾客的信用调查是由销售部门来负责，但有时销售部门往往为了争取订单并不太重视这种查核工作，因而也有些公司会授权由配送中心来承接负责，一旦查核结果发现客户的信用有问题，配送中心再将订单送回销售部门做进一步调查或退回处理。

(三)确认订单形态

配送中心因不同的客户或不同的商品有不同交易及处理方式，因此在订单处理时要确认订单交易形态。

1. 一般交易订单

(1)交易形态。正常、一般的交易订单。接单后按正常的作业程序拣货、出货、配送、收款结案的订单。

(2)处理方式。接单后，将资料输入订单处理系统，按正常的订单处理程序处理，资料处理完后进行拣货、出货、配送、收款结单等作业。

2. 现销式交易订单

(1)交易形态。与客户当场直接交易、直接给货的交易订单。如业务员至客户处巡货、铺销所得的交易订单或客户直接至配送中心取货的交易订单。

(2)处理方式。订单资料输入后，因其货品已交予客户，故订单资料不再参与拣货、出货、配送等作业，只记录交易资料，以便收取应收款项。

3. 间接交易订单

(1)交易形态。客户向配送中心订货，但由供应商直接配送给客户的交易订单。

(2)处理方式。接单后，将客户的出货资料传给供应商由其代配。这种方式要注意客户的送货单是自行制作或委托供应商制作，因此对出货资料进行核对确认。

4. 合约式交易订单

(1)交易形态。与客户签订配送契约的交易。如签订某段时间期间内定时配送确定的数量商品。

(2)处理方式。约定的送货日来临时,将该配送的资料输入系统处理以便出货配送。或一开始便输入合约内容的订货资料并设定各批次送货时间,以便在约定日期来临时系统自动产生送货的订单资料。

5. 寄库式交易订单

(1)交易形态。客户因促销、降价等市场因素而先行订购某数量商品,以后视需要再要求出货的交易。

(2)处理方式。当客户要求配送寄库商品时,系统应检查核实客户是否确实有此项寄库商品。若有,则出此项商品,并且扣除此项商品的寄库量。注意此项商品的交易价格是依据客户当初订购时的单价计算。

6. 兑换券交易订单

(1)交易形态。客户兑换券所兑换商品的配送出货。

(2)处理方式。将客户兑换券所兑换的商品配送给客户时,系统应审核客户是否确实有此兑换券回收资料,若有,依据兑换券兑换的商品及兑换条件予以出货,并应扣除客户的兑换券回收资料。

不同的订单交易形态有不同的订货处理方式,因而接单后必须再对客户订单或订单上的订货品项加以确认其交易形态,以便让系统针对不同形态的订单提供不同的处理功能。例如,提供不同的输入界面或不同的检核、查询功能,不同的储存档案等。

【同步训练 6.2】请说明一般交易订单和合约式交易订单的处理方式。

(四)订货价格确认

不同的客户、不同的订购量,可能有不同的售价,输入价格时系统应加以检查核实。若输入的价格不符(输入错误或因业务员降价强接单等),如背景资料中的表 6-3 C 公司的订单信息中总计这一项的大写金额和小写金额不一致,在订货价格确认时,系统应加以锁定,以便主管审核。

(五)加工包装确认

客户对于订购的商品,是否有特殊的包装、分装或贴标等要求,或是有关赠品的包装等资料都要详细地确认记录。

三、设定订单号码

每一张订单都要有其单独的订单号码,此号码是由控制单位或成本单位来指定,除了便于计算成本外,可用于制造、配送等一切有关工作,且所有工作说明单及进度报告均应附此号码。

四、建立客户档案

将客户信息详细记录，不但能让此次交易更容易进行，且有利于以后合作机会的增加。客户档案应包含订单处理需要用到的及与物流作业相关的资料，包括：

(1)客户姓名、代号、等级等。

(2)客户信用额度。

(3)客户销售付款及折扣率的条件。

(4)开发或负责此客户的业务员资料。

(5)客户配送区域，例如：地区、省、市、县及城市各区域等，基于地理位置或相关特性将客户分类于不同区域将有助于提升管理及配送的效率。

(6)客户收货地址。

(7)客户点配送路径顺序：按照区域、街道、客户位置，为客户分配适当的配送路径顺序。

(8)客户点适合的车辆形态，往往客户所在地点的街道对车辆大小有所限制，因而须将适合该客户的车辆形态存于资料档案中。

(9)客户点卸货特性，客户所在地点或客户卸货位置，由于建筑物本身或周围环境特性(如地下室有限高或高楼层)，可能造成卸货时有不同的需求及难易程度，在车辆及工具的调度上须加以考虑。

(10)客户配送要求，客户对于送货时间有特定要求或有协助上架、贴标签等要求也应将其存于资料档案中。

(11)过期订单处理指示，若客户能统一决定每次延迟订单的处理方式，则可事先将其写入资料档案，以省去临时询问或须紧急处理的不便。

五、存货查询及依订单分配存货

(一)存货查询

输入客户订货商品的名称、代号时，系统就查对存货档案的相关资料，看此商品是否缺货。如果缺货则提供商品资料或是此缺货商品已采购但未入库等信息，便于接单人员与客户协调是否该改订替代品或是允许延后出货等，以提高接单率及接单处理效率。

(二)分配库存的方法

订单资料输入系统确认无误后，最主要的作业是如何将大量的订货资料，做最有效的汇总分类，调拨库存，以便后续的物流作业能有效地进行。存货的分配模式可分为单一订单分配及批次分配两种。

1. 单一订单分配

单一订单分配多为在线即时分配，也就是在输入订单资料时，就将存货分配给该订单。

2. 批次分配

订单资料输入后累积汇总，再一次分配库存。配送中心因订单数量多，客户类型等级多，且多为每天固定配送次数，因此通常采用批次分配以确保库存能做最佳的分配。

(三)分配库存的原则

采用批次分配时,要注意订单的分配原则,即批次的划分方法。作业的不同,各配送中心的分批原则也可能不同。

当库存充足时可以有四种分配原则,分别是按接单时序、按配送区域路径、按流通加工要求、按车辆要求等几种划分方法。

1. 按接单时序

将整个订单时间划分为几个配送时段,把订单按接单先后顺序分为几个批次处理。

2. 按配送区域路径

将同一配送区域的订单汇总处理。

3. 按流通加工要求

将有流通加工需求的订单汇总处理。

4. 按车辆要求

如果配送商品要用特殊的配送车辆(如低温车、冷冻车、冷藏车)或客户所在地、卸货有特殊要求,这时可以汇总合并处理。

如果以批次分配选定参与分配的订单后,这些订单的某商品总出货量大于可分配的库存量,可依以下 4 个原则来决定客户分配的优先性。

(1)具有特殊优先权者优先分配。缺货补货订单、延迟交货订单、紧急订单、远期订单等,应给予优先分配权。

(2)订单交易量或交易金额大者优先分配。

(3)对公司贡献大的订单优先分配。

(4)客户信用状况好的客户订单优先分配。

六、计算拣取的标准时间

由于要有计划地安排出货时间,因而对于每一订单或每批订单可能花费的拣取时间要事先掌握,对此要计算订单拣取的标准时间。计算拣取的标准时间可以按以下步骤进行:

第一步,计算每一单元(一托盘、一纸箱、一件)的拣取标准时间,将它设定于电脑记录标准时间档,将单元的拣取时间记录下来,则不论数量多少,都很容易推导出整个标准时间。

第二步,有了单元的拣取标准时间后,即可依每品项订购数量(多少单元)再配合每品项的寻找时间,来计算出每品项拣取的标准时间。

第三步,根据每一订单或每批订单的订货品项及考虑一些纸上作业的时间,将整张或整批订单的拣取标准时间算出。

七、依订单排定出货时间及拣货顺序

前面根据存货状况进行了存货的分配,但对于这些已分配存货的订单,应如何安排出货时间及拣货先后顺序,通常会再依客户需求、拣取标准时间及内部工作负荷来拟定。

八、分配后存货不足的处理

如果现有存货数量无法满足客户需求,客户又不愿以替代品替代时,则应按照客户意愿与公司政策来决定应对方式。

(一)依客户意愿来处理

客户的意愿一般有以下3种情形：

(1)客户不允许过期交货，要求删除订单上不足订货，甚至取消订单。

(2)客户允许不足额订货，等待有货时再给予补送。

(3)客户允许不足额订货，可以留待下一次订单一起配送。

(二)依公司政策

一些公司愿意分批补货，但一些公司考虑分批出货的额外成本而不愿意分批补货，则可能会和客户协商取消订单，或要求客户延期交货日期。

(三)存货不足的处理方式

结合客户的意愿及公司政策，一般对存货不足有以下处理方式：

1. 重新调整

如果客户不允许过期交货，而公司也不愿失去此客户订单时，则有必要重新调整分配订单。

2. 补送

如果客户允许不足额的订货等待有货时再予以补送，且公司政策也允许，则采用补送方式。如果客户允许不足额的订货或整张订单留待下一次订单一起配送，则也采用补送处理。

3. 删除不足额订单

如果客户允许不足额订单可等待有货时再予以补送，但公司政策并不希望分批出货，则只好删除订单上不足额的订单。如果客户不允许过期交货，且公司也无法重新调整，也需考虑删除不足额订单。

4. 延迟交货

一是有时限延迟交货，即客户允许一段时间的过期交货，且希望所有订单一起配送；二是无时限延迟交货，即不论需要等多久，客户都允许过期交货，且希望所有订货一起送达，则等待所有订货到齐后再出货。对于这种将整张订单延后配送的，也应将这些顺延的订单记录成档。

5. 取消订单

如果客户希望所有订单一起配送到达，且不允许过期交货，而公司也无法重新调整时，则只有将整张订单取消。

九、订单资料输出

订单资料经上述处理后，即可开始打印出货单据，以便后续的物流作业展开。

(一)拣货单

拣货单的打印应考虑商品储位，依据储位前后相关顺序打印，以减少人员重复往返取货，同时，对于拣货数量、拣货单位也要详细确认标示。(拣货单格式如表6-10和表6-11所示)

表 6-10　分户拣货单

拣货单编号		客户订单编号	
客户名称			
出货时间		出货货位号	
拣货时间		拣货人	
核查时间	年　月　日至　年　月　日	核查人	

序号	储位号码	商品名称	规格型号	商品编码	包装单位			数量	备注
					箱	整	单件		

表 6-11　品种拣货单

拣货单号		包装单位				储位号码
商品名称			箱	整托盘	单件	
规格型号		数量				
商品编码						
生产厂家						
拣货时间：　年　月　日至　年　月　日				拣货人：		
核查时间：　年　月　日至　年　月　日				核查人：		

序号	订单编号	客户名称	包装单位			数量	出货货位	备注
			箱	整托盘	单件			

(二)送货单

物品交货配送时,通常附上送货单据给客户清点签收。因为送货单主要是给客户签收、确认的出货资料,其正确性及明确性很重要。要确保送货单上的资料与实际送货资料相符,除了出货前清点外,出货单据的打印时间及对于一些订单异动情形,如缺货品项或缺货数量等也需打印注明。(送货单格式见表 6-12)

表 6-12 送货单

送货单号码: 送货时间:
送货单位: 收货单位:
收货时间: 收货人:(签字)

序号	品名	规格及型号	数量	重量	单价	总价
合计						

(三)缺货资料

库存分配后,对于缺货的商品或缺货的订单资料,系统应该提供查询报表打印功能,以便工作人员处理。库存缺货商品,应提供依商品类别或供应商类别查询的缺货商品资料,以提醒采购人员紧急采购;缺货订单应提供依客户类别或业务员类别查询的缺货订单资料,以便业务员处理。

◆【知识拓展 6.2】异常订单的处理

掌握订单的状态变化及详细记录各阶段档案资料后,对于订单变动的处理则能更顺手,只要了解此订单异常时所处的状态,再针对其对应的档案加以修正处理。异常订单往往有以下几种情况。

(一)客户取消订单

客户取消订单,常造成许多损失,因此在商流处理上需与客户就此问题加以协商。就订单系统内部来看,应该要能够做到如何处理此笔取消交易的订单,此订单目前进行到那个作业状态,在系统那个档案里。如果此订单处于已分配未出库状态,则应从已分配未出库销售资料里找出此笔订单,将其删除,并恢复相关品项的库存资料(可分配量、已分配量)。如果此订单处于已拣货状态,则应从已拣货未出库销售资料里找出此笔订单,将其删除,并恢复相关品项的库存资料(可分配量、已分配量),且将已拣取的商品予以回库上架。

(二)客户增订

客户在出货前,若临时打电话来增订某商品项目,则需要涉及以下问题,包括是否答应,是否来得及答应,如果答应要如何将此增订项目加入原订单。此时,应先查询客户的订单目前状态，看其是否未出货，是否来得及再去拣货。若接受其增订，则应追加此笔增订资料。若客户订单处于已分配状态，则应修改已分配未出库销售资料文件里的这笔订单资料，且更改商品库存档案资料（可分配量、已分配量）。另外，配送中心应该对每类客户甚至每一个具体客户设定截止订货时间，减少这种情况的发生。

（三）拣货时发生缺货

拣货时发现仓库缺货，则应从已拣货未出库销售资料里找出此笔缺货订单资料，加以修改。如果此时出货单据已打印，也应重新打印。

（四）配送前发生缺货

配送前装车清点发生缺货，则应从已拣货未出库销售资料里找出此笔缺货订单资料，加以修改。若此时出货单据已打印，也应重新打印。

（五）送货时客户拒收

配送人员送货时，若客户对送货品项、数目有异议予以拒收，或是发生少送或多送等情况，回库时应从在途销售资料里找出此客户的订单资料加以修改，以反映实际出货资料。

任务三 完善订单

【任务描述】

本项任务主要是掌握如何对处理好的订单进行完善，内容包括跟踪控制订单和完善订单处理的流程。

一、跟踪控制订单

（一）订单处理状态

订单进入配送中心后，其状态随着作业流程的进行，相应地发生变动。一般可分为下面6种状态：

1. 已输入及已确认订单

订单上的订货资料已经输入系统，而且所有需要确认的条件都已经核查处理完毕，则此订货资料即为配送中心已接受的客户的出货资料，其中要包括物品项目、数量、单价、交易配送条件等，配送中心要以此资料作为出货依据，并尽可能按照约定的条件完成出货。

2. 已分配订单

经过输入确认的订单资料，即可进行库存的分配，以确认订单是否能如数出货，以及发生缺货时应如何处理。经过库存分配的已输入及已确认订单，即转为已分配订单。

3. 已拣货订单

经过库存分配，生成出货指示资料的订单，即可进行实际的物流拣货作业，而已打印拣货单进行拣货作业的已分配订单，就转为已拣货订单。

4. 已出货订单

已拣货订单经过分类、装车、出货后，变成已出货订单。

5. 已收款订单

已出货订单经由客户确认签收后，即为实际的出货资料，该资料为应收账款的依据。根据这些资料的记录，制作取款发票向客户收取货款。取得账款的出货订单，即转为已收款订单。

6. 已结账订单

已收款订单经由内部确认结账后，即转为已结账订单。

上述几种订单状态为配送中心一般订单的基本处理状态，配送中心可针对本身作业特性、作业需求加以延伸补充。

要掌握订单状态，可以针对每种状态设计相对的档案，但较有效的做法是在订单数据文件（预计销售资料文件）中增设一个状态记录字段，每当订单改变其状态时，同步更改状态区位的状态记录。

(二)相关档案设计

1. 预计销售资料及不合格资料

客户的原始订单资料或电子订货接收的电子订货资料进入订单处理系统经过确认核实后，将正确的订单资料记录为预计销售资料文件；而不合格的订单资料记录为不合格资料文件。

2. 已分配未出库的销售资料及缺货资料、转录资料、补送资料

预计销售资料经过库存分配后，转为已分配未出库销售资料。而分配后缺货的物品资料记录为缺货资料文件；缺货的订单若要合并到下一张订单则记录为合并订单文件，若有库存予以补送时则记录为补送订单文件。

3. 已拣货未出库销售资料

已分配未出库销售资料经过打印拣货单后转为已拣货未出库销售资料，如果拣货后发现缺货的物品资料记录为缺货资料文件；缺货的订单若要合并到下一张订单则记录为合并订单文件，若有库存时予以补送则记录为补送订单文件。

4. 在途销售资料

已拣货未出库资料，出货配送后即转为在途销售资料。

5. 销售资料

在途销售资料，经过回库确认修改后即转为销售资料，此为实际的销售资料，为应收账款系统的收款资料来源。

6. 历史销售资料

销售资料，经过结账后即为历史销售资料。

(三)订单状态资料的查询打印

当订单的状态及相关档案记录完毕后，就可以随时查询并打印订单的状况资料，包括以下5个方面：

(1)订单状态明细表。

(2)未出货订单明细表。

(3)缺货订单明细表。

(4)未取款订单。

(5)未结账订单。

(四)总结订单处理过程

对订单处理过程中问题及关键因素进行总结,便于下一次处理订单更加快捷和准确。

二、完善订单处理流程

总结订单处理过程的目的是为了完善订单处理过程,使企业的订单处理过程更合理,提高客户搜寻产品信息的便利性、减少订货提前期、增强送货的准确性,使客户获得更多的价值,增强客户的满意度,使企业对业务流程进行优化,提高客户服务水平的同时,降低配送总成本,提高竞争力。

(一)完善订单处理过程

完善订单处理过程的步骤如下:

1.调查公司当前的订单处理系统、绘制流程图。

2.调查现有订单处理流程各环节的时间耗用。

3.绘制订单配送过程的网络结构图。

4.利用流程改善原则完善订单处理过程。

【同步训练6.3】请描述完善订单处理的流程。

(二)改善订单处理流程

改善订单处理流程,可以采用并行处理订单、交叉处理订单、分批处理订单、删除不增值工序、减少等待时间等方法。

(三)改善订单处理流程的原则

1.要让客户产生信赖感

订单处理工作是一笔业务的开端,因此,订单处理人员要认识到每一次订单的处理将会影响到下一次的订单,要通过订单处理和客户建立良好的关系,并使客户对企业产生信任感。

2.缩短订货周期

订货周期是指客户从发出订单到收到货物所需的全部时间,订货周期的长短取决于订单传递的时间、订单处理的时间和货物的运输时间。这几方面的安排都是订单处理的内容。尽量缩短订货周期,将大大减少客户的时间成本,提高客户所获得的让渡价值,提高客户的满意度。

3.提供紧急订货

在以客户需求为导向的市场机制下,强调为客户服务,在紧要时提供紧急服务,能够大大地提高客户对企业的满意度。

4.减少缺货现象

如果工业原料和各种零件一旦缺货,会影响到客户的整个生产安排,因此,要提高客户的满意度,就要尽量减少缺货。同时,缺货的出现是客户转向其他供货源的主要原因,因此,要保持客户连续订货的关键因素之一便是减少缺货。

5.不忽略小客户

小客户的订货量虽然少，但对小客户得当的服务将有可能为以后带来大批量或持续的订购。因此，要在成本允许的范围内，尽量做出让小批量客户满意的安排。

6.提供合适的包装

针对不同客户的需求，在订单处理时做出有利于客户的包装，如零售货物包装要适于摆在货架上，长途运输的货物要以牢固包装为主，合适的包装也会提高客户的满意度。

7.要随时能提供订单处理的情况

物流部门要使客户能够及时了解配货发运的进程，以便预计何时到货，便于安排使用或销售。这方面的信息是巩固与客户关系的重要手段，也有利于企业本身的工作检查。在暂时缺货的情况下，物流部门应主动及时地告知客户有关情况，以减少客户的焦虑和不满意。

（四）订单处理流程改善实例

某公司组织结构图如图 6-1 所示，其连锁公司现有的订货流程如图 6-2 所示，连锁公司订货处理流程中订货工序与时间耗用如图 6-3 所示。其中 A-Q 为订货工序，图中的数字为相应工序耗用的时间，以小时为单位。工序如下：

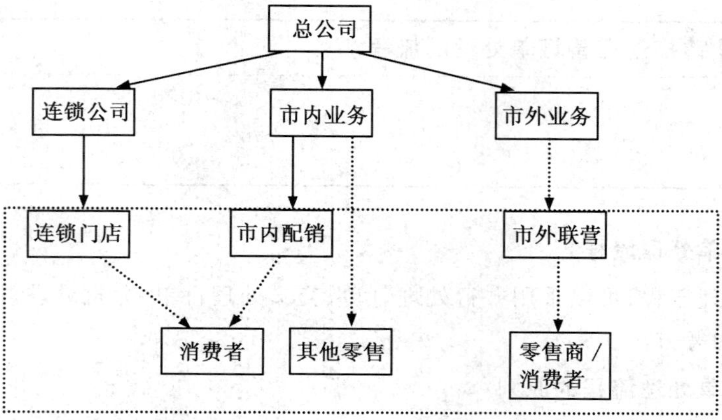

图 6-1 公司组织结构图

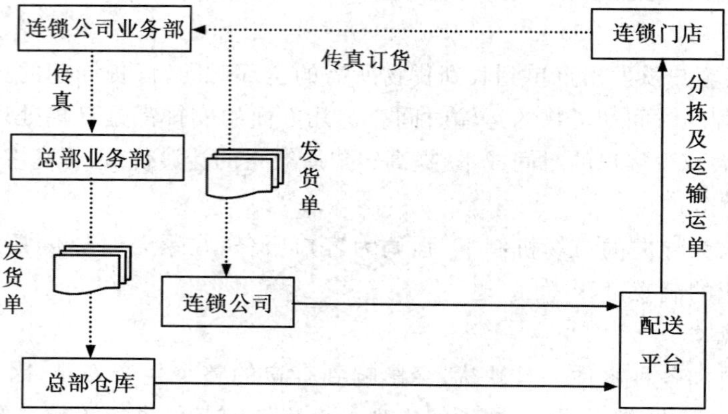

图 6-2 连锁公司现行订货流程

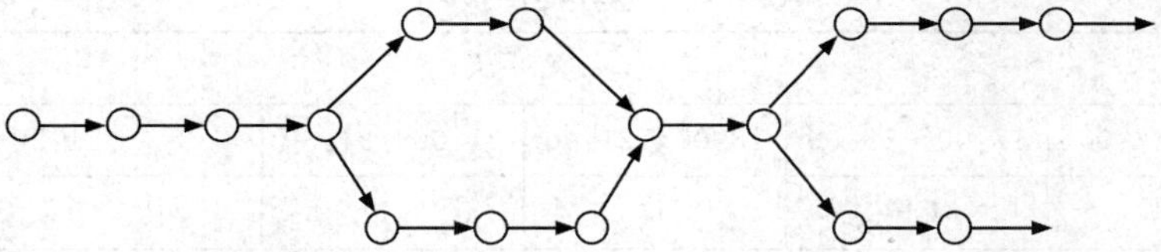

图 6-3 连锁公司订货工序与时间耗用图

1.第一批订货的连锁店向连锁公司传送订货单。
2.第二批订货的连锁店向连锁公司传送订货单。
3.连锁公司开内配单(单上所列商品为连锁公司仓库提供)并向总公司传送订货信息。
4.总公司开外配单(单上所列商品由总公司仓库提供)。
5.内配单由专人送至连锁公司仓库。
6.连锁公司仓库人员整理内配单。
7.外配单由专人送至总公司仓库。
8.总部仓库人员整理外配单。
9.连锁公司仓库发货且细配。
10.总公司仓库发货且细配。
11.复验第一批连锁店配货结果。
12.第一批运输。
13.复验第二批连锁店配货结果。
14.第二批运输。
15.第一批运输的连锁店商品上架。
16.第一批运输的连锁店填写要货单。
17.第二批运输的连锁店商品上架。
18.第二批运输的连锁店填写要货单。

改进前其订货处理流程过程的时间安排表如表 6-13 所示。

表 6-13 连锁公司现行订货处理时间表

日期	第一天		第二天			
时间	8:00～20:00	20:00～23:00	7:30～9:00	9:00～12:00	8:30～11:30	11:30～13:00
活动	AB	C	EF	I	D	GH
日期	上接第二天		第三天			
时间	13:00～16:00	16:00～18:00	8:00～11:00	11:00～14:00	11:00～15:00	14:00～18:00
活动	J	KM	L	N	OP	QR

对连锁公司订货工序进行并行和交叉处理后,减少等待时间。改进后的订货处理过程其时间耗用如表 6-14 所示。

表 6-14　改进后时间耗用表

日期	第一天				
时间	8:00～17:00	17:00～18:00	18:00～21:00	21:00～21:30	21:30～23:30
活动	AB	CF	D	G	H

日期	第二天					
时间	7:30～8:00	8:00～13:00	13:00～16:00	16:00～19:00	16:00～19:00	19:00～22:00
活动	E	IJK	LM	N	OP	QR

【项目回顾】

通过本项目的学习，我们分析了订单的格式和内容，订单处理的流程以及订单的完善工作。重点掌握订单的处理过程：接受订单-订单确认-设定订单号码-建立客户档案-存货查询及依订单分配存货-计算拣取的标准时间-依订单排定出货时程及拣货顺序-分配后存货不足的处理-订单资料输出。这是订单处理的核心部分。

同时本项目进行了适当的知识拓展，包括异常订单的处理方式，订单处理员的职责等内容，这部分内容能够让我们更好地完成有关的工作任务。

课后训练

一、理论训练

（一）不定项选择题

1. 以下属于传统订货方式的是（　　）。

A. 厂商补货　　　　B. 电话口头订货

C. 传真订货　　　　D. 订货簿或货架标签配合手持终端机及扫描器

2. 确认订单的内容包括以下哪几项（　　）。

A. 订单的数量、日期、价格　　　　B. 客户信用度

C. 确认订单形态　　　　D. 加工包装

3. 订单形态包括（　　）。

A. 一般交易订单　　　　B. 现销式交易订单

C. 间接交易订单　　　　D. 合约式交易订单

4. 与客户当场直接交易、直接给货的交易订单属于以下哪种交易形态的订单（　　）。

A. 一般交易订单　　　　B. 现销式交易订单

C. 间接交易订单　　　　D. 合约式交易订单

5. 客户档案建立的内容包括（　　）。

A. 客户姓名、代号、等级形态（产业交易性质）

B. 客户信用额度

C. 客户销售付款及折扣率的条件

D. 开发或负责此客户的业务员

E. 客户配送区域

6. 当订单存货足够时，可以按一定的原则进行分配，将整个订单时间划分为几个配送时段，把订单按接单先后顺序分为几个批次处理，是按以下哪个原则进行分配的(　　)。

A. 按接单时序　　B. 按配送区域路径

C. 按流通加工要求　　D. 按车辆要求

7. 以下属于存货不足的订单处理方式的是(　　)。

A. 重新调整　　B. 补送

C. 删除不足额订单　　D. 延迟交货　　E. 取消订单

8. 如果客户允许不足额的订货等待有货时再予以补送，且公司政策也允许，则采用以下哪种处理方式(　　)。

A. 重新调整　　B. 补送

C. 删除不足额订单　　D. 延迟交货　　E. 取消订单

9. 如果客户希望所有订单一起配送到达，且不允许过期交货，而公司也无法重新调整时，则采用以下哪种处理方法(　　)。

A. 重新调整　　B. 补送

C. 删除不足额订单　　D. 延迟交货　　E. 取消订单

(二)判断题

1. 订单内容一般分两部分，分别是表头内容和商品资料。(　　)

2. 客户向配送中心订货，但由供应商直接配送给客户的交易订单属于一般交易订单。(　　)

3. 客户因促销、降价等市场因素而先行订购某数量商品，以后视需要再要求出货的交易属于寄库式订单。(　　)

4. 缺货补货订单、延迟交货订单、紧急订单、远期订单等属于具有特殊优先权订单。(　　)

5. 在存货不足的情况下，不允许采取取消订单的方式。(　　)

6. 完全按客户随时提出的时间、数量、品种以及要求配送的方式，临时组织配送和配送方式是定量定时配送。(　　)

7. 在存货不足的情况下，如果客户不允许过期交货，而公司也不愿失去此客户订单时，则采取重新调整分配订单的方式。(　　)

8. 在存货不足分配的问题上，为了不忽视小客户，不应该采取大客户倚靠的原则。(　　)

9. 改善订单处理流程，可以采用并行处理订单、交叉处理订单、分批处理订单、删除不增值工序、减少等待时间等方法。(　　)

10. 订单处理工作是一笔业务的开端，订单处理人员应通过正确合理的订单处理让客户对企业产生信赖感。(　　)

(三)简答题

1. 配送中心订单处理的过程是怎样的？

2. 应确认的订单内容包括哪些？

3. 电子订货方式通常有哪几种？

二、案例讨论:订单处理各有各的道

联华生鲜食品加工配送中心是我国国内目前设备最先进、规模最大的生鲜食品加工配送中心,总投资6 000万元,建筑面积35 000 m^2,年生产能力20 000 t,其中肉制品15 000 t,生鲜盆菜、调理半成品3 000 t,西式熟食制品2 000 t,产品结构分为15大类约1 200种生鲜食品;在生产加工的同时配送中心还从事水果、冷冻品以及南北货物的配送任务。连锁经营的利润源重点在物流,物流系统好坏的评判标准主要有两点:物流服务水平和物流成本。

1. 订单管理

门店的要货订单通过联华数据通讯平台,实时的传输到生鲜配送中心,在订单上制定各商品的数量和相应的到货日期。生鲜配送中心接受到门店的要货数据后,立即生成门店要货订单,按不同的商品物流类型进行不同的处理:

(1)储存型的商品:系统计算当前的有效库存,比对门店的要货需求以及日均配货量和相应的供应商送货周期自动生成各储存型商品的建议补货订单,采购人员根据此订单再根据实际的情况作一些修改即可形成正式的供应商订单。

(2)中转型商品:此种商品没有库存,直进直出,系统根据门店的需求汇总按到货日期直接生成供应商的订单。

(3)直送型商品:根据到货日期,分配各门店直送经营的供应商,直接生成供应商直送订单,并通过EDI系统直接发送到供应商。

(4)加工型商品:系统按日期汇总门店要货,根据各产成品/半成品的BOM表计算物料耗用,比对当前有效的库存,系统生成加工原料的建议订单,生产计划员根据实际需求做调整,发送采购部生成供应商原料订单。

各种不同的订单在生成完成/手工创建后,通过系统中的供应商服务系统自动发送给各供应商,时间间隔在10 min内。

2. 物流计划

在得到门店的订单并汇总后,物流计划部根据第二天的收货、配送和生产任务制订物流计划。

(1)线路计划:根据各线路上门店的订货数量和品种,做线路的调整,保证运输效率。

(2)批次计划:根据总量和车辆人员情况设定加工和配送的批次,实现循环使用资源,提高效率;在批次计划中,将各线路分别分配到各批次中。

(3)生产计划:根据批次计划,制定生产计划,将量大的商品分批投料加工,设定各线路的加工顺序,保证和配送运输协调。

(4)配货计划:根据批次计划,结合场地及物流设备的情况,做配货的安排。

3. 物流运作

(1)储存型物流运作。商品进货时先要接受订单的品种和数量的预检,预检通过方可验货,验货时需进行不同要求的品质检验,终端系统检验商品条码和记录数量。在商品进货数量上,定量的商品的进货数量不允许大于订单的数量,不定量的商品提供一个超值范围。对于需要重量计量的进货,系统和电子秤系统连接,自动去皮取值。

拣货采用播种方式,根据汇总取货,汇总单标识从各个仓位取货的数量,取货数量为本批配货的总量，取货完成后系统预扣库存，被取商品从仓库拉到待发区。在待发区配货分配人员根据各路线各门店配货数量对各门店进行播种配货，并检查总量是否正确，如不正确向上校核，如果商品的数量不足或其他原因造成门店的实配量小于应配量，配货人员通过手持终端调整实发数量，配货检验无误后使用手持终端确认配货数据。

在配货时，冷藏和常温商品被分置在不同的待发区。

(2)中转型物流运作。供应商送货将储存型物流先预检，预检通过后方可进行验货配货；供应商把中转商品卸货到中转配货区，中转商品配货员使用中转配货系统按商品先路线再门店的顺序分配商品，数量根据系统配货指令的指定执行，贴物流标签。将配完的商品采用播种的方式放到指定的路线门店位置上，配货完成统计单个商品的总数量/总重量，根据配货的总数量生成进货单。

中转商品以发定进，没有库存，多余的部分由供应商带回，如果不足在门店间进行调剂。

(3)加工型物流运作。生鲜的加工按原料和成品的对应关系可分为两种类型：组合和分割。系统按计划内容计算出标准领料清单，指导生产人员从仓库领取原料。加工车间人员根据加工批次加工，协调不同量商品间的加工关系，满足配送要求。

4. 配送运作

商品分捡完成后，都堆放在待发库区，按正常的配送计划，这些商品在晚上送到各门店，门店第二天早上将新鲜的商品上架。在装车时按计划依先路线再门店的顺序进行，同时抽样检查准确性。在货物装车的同时，系统能够自动算出包装物(笼车、周转箱)的各门店使用清单，装货人员也据此来核对差异。在发车之前，系统根据各车的配载情况出各运输的车辆随车商品清单，各门店的交接签收单和发货单。

商品到门店后，由于数量的高度准确性，在门店验货时只要清点总的包装数量，退回上次配送带来得包装物，完成交接手续即可，一般一个门店的配送商品交接只需要 5 min。

(资料来源：http://www.dzsw.org)

结合以上案例，讨论以下问题：

1. 用流程图说明联华生鲜食品加工配送中心对储存型、中转型、加工型、直送型商品的订单处理流程。

2. 谈谈如何实现物流服务质量与物流成本之间的平衡。

三、实战训练：食堂物资的订单处理

1. 实训技能点

订单处理。

2. 实训任务

某农产品配送中心，主要业务是为学校五个食堂进行所需物资的配送活动。目前主要配送商品有米、面、油、蔬菜、肉类、鸡蛋、土豆、西红柿和副食调料。配送形式主要以日配为主。

假设目前配送中心有大米 300 袋，白面 250 袋，色拉油 60 桶，火腿肠 50 箱，土豆 100 kg，西红柿 50 kg，鸡蛋 30 kg，粉丝 20 kg。2010 年 3 月 20 日下午食堂商户下达订单 10 份，其中大米、白面的规格是每袋 25 kg，色拉油是每桶 5 kg，火腿肠是每箱 100 根。具体订货情况如表 6-15 所示。

表 6-15 各客户订单一览表

序号	客户名称	商品种类	数量	价格	送货时间	客户位置
1	A	白面	30 袋	2.6 元/kg	3 月 21 日下午 5:00 前	第一食堂
		鸡蛋	17 kg	6.1 元/kg		
		西红柿	22 kg	4.3 元/kg		
		火腿肠	5 箱	1 元/根		
		白菜	20 kg	1.2 元/kg		
		猪肉	15 kg	17 元/kg		
2	B	白面	30 袋	2.6 元/kg	3 月 21 日下午 5:00 前	第一食堂
		粉丝	15 kg	6.2 元/kg		
		土豆	60 kg	5 元/kg		
		色拉油	5 桶	6 元/kg		
		猪肉	25 kg	17 元/kg		
3	C	大米	30 袋	2.4 元/kg	3 月 21 日下午 4:30 前	第一食堂
		白面	20 袋	2.6 元/kg		
		色拉油	10 桶	6 元/kg		
		粉丝	16 kg	6.2 元/kg		
		鸡肉	20 kg	10 元/kg		
		猪肉	25 kg	17 元/kg		
		西红柿	20 kg	4.3 元/kg		
		鸡蛋	13 kg	6.1 元/kg		
4	D	大米	30 袋	2.4 元/kg	3 月 21 日下午 4:40 前	第二食堂
		白面	20 袋	2.6 元/kg		
		色拉油	6 桶	6 元/kg		
		白菜	20 kg	1.2 元/kg		
		猪肉	15 kg	17 元/kg		
		鸡肉	20 kg	10 元/kg		
		火腿肠	2 箱	1 元/根		

续表 6-15

序号	客户名称	商品种类	数量	价格	送货时间	客户位置
5	E	猪肉	20 kg	17 元/kg	3 月 21 日下午 4:45 前	第二食堂
		白面	20 袋	2.6 元/kg		
		色拉油	10 桶	6 元/kg		
		火腿肠	10 箱	1 元/根		
		鸡肉	20 kg	10 元/kg		
		粉丝	13 kg	6.2 元/kg		
		西红柿	26 kg	4.3 元/kg		
		鸡蛋	9.5 kg	6.1 元/kg		
6	F	大米	30 袋	2.4 元/kg	3 月 21 日下午 4:30 前	第三食堂
		白面	10 袋	2.6 元/kg		
		色拉油	9 桶	6 元/kg		
		白菜	22 kg	1.2 元/kg		
		猪肉	30 kg	17 元/kg		
		鸡肉	28 kg	10 元/kg		
		火腿肠	3 箱	1 元/根		
7	G	大米	30 袋	2.4 元/kg	3 月 21 日下午 5:00 前	第三食堂
		白面	10 袋	2.6 元/kg		
		色拉油	14 桶	6 元/kg		
		白菜	25 kg	1.2 元/kg		
		猪肉	31 kg	17 元/kg		
		鸡肉	19 kg	10 元/kg		
		西红柿	26 kg	4.3 元/kg		
8	H	大米	30 袋	2.4 元/kg	3 月 21 日下午 4:45 前	第四食堂
		猪肉	35 kg	17 元/kg		
		色拉油	5 桶	6 元/kg		
		白菜	30 kg	1.2 元/kg		
		西红柿	40 kg	4.3 元/kg		
		鸡蛋	15.5 kg	6.1 元/kg		

续表 6-15

序号	客户名称	商品种类	数量	价格	送货时间	客户位置
9	I	大米	10 袋	2.4 元/kg	3 月 21 日下午 4:50 前	第四食堂
		猪肉	41 kg	17 元/kg		
		白菜	36 kg	1.2 元/kg		
		土豆	30 kg	5 元/kg		
		粉丝	12 kg	6.2 元/kg		
		火腿肠	4 箱	1 元/根		
10	J	大米	30 袋	2.4 元/kg	3 月 21 日下午 5:00 前	第五食堂
		白面	10 袋	2.6 元/kg		
		色拉油	3 桶	6 元/kg		
		白菜	32 kg	1.2 元/kg		
		猪肉	45 kg	17 元/kg		
		鸡蛋	22 kg	6.1 元/kg		
		土豆	25 kg	5 元/kg		
		西红柿	40 kg	4.3 元/kg		
		鸡蛋	11.5 kg	6.1 元/kg		

请对以上订单进行处理，并编制拣货单和送货单。

项目七　拣货和补货作业

通过本项目的学习，我们将能完成以下学习目标：

【知识目标】

1. 明确拣货在配送作业中的作要性。

2. 掌握拣货的工作流程，包括形成拣货资料，选取拣货方法，运用拣货策略，选取拣货路径，选择行走和搬运方式和拣取。

3. 掌握拣货作业每一工作环节的工作要点。

4. 掌握补货作业。

【能力目标】

1. 能结合实际工作完成拣货作业。

2. 能结合实际工作完成补货作业。

3. 能利用合理的拣货和补货策略提高工作效率。

【背景资料】

王力和张蕾在昌荣配送中心工作了几个月后，轮岗到拣货员的岗位。6 月 16 日他们接到了三个客户的订单，客户的需求商品种类、数量如表 7-1、表 7-2、表 7-3 所示。王力和张蕾要针对客户的订单完成拣货任务并根据拣货的情况和安全库存标准进行补货。其中，订单所需商品的储存位置如图 7-1 所示。昌荣物流有限公司的主要商品最优安全库存标准（表 7-4）、主要商品拣货区安全库存标准（表 7-5）、拣货区现有存货情况（表 7-6）。

表 7-1　客户 1 订单

序号	品名	数量	规格	单位
1	露斯香皂	50	130 g	块
2	佳洁士牙膏	60	120 g	支
3	雕牌洗衣粉	30	1 500 g	袋

表 7-2　客户 2 订单

序号	品名	数量	规格	单位
1	力士香皂	60	130 g	块
2	中华牙膏	20	120 g	支
3	奥妙洗衣粉	25	1 000 g	袋

表 7-3　客户 3 订单

序号	品名	数量	规格	单位
1	力士香皂	60	130 g	块
2	两面针牙膏	80	120 g	支
3	雕牌洗衣粉	70	1 500 g	袋

表 7-4　昌荣物流有限公司主要商品最优安全库存标准表

项次	品名	安全库存设定标准
1	王老吉	40 箱,30 袋/箱
2	康师傅方便面	80 箱,24 袋/箱
3	德芙巧克力	20 箱,20 块/箱
4	薯片	50 箱,20 袋/箱
5	妙脆角	35 箱,20 袋/箱
6	统一饼干	35 箱,10 袋/箱
7	雕牌洗洁精	25 箱,10 瓶/箱
8	佳洁士牙膏	20 箱,10 支/箱
9	雕牌洗衣粉	30 箱,10 袋/箱
10	奥妙洗衣粉	30 箱,20 袋/箱
11	力士香皂	20 箱,20 块/箱
12	飘柔洗发水	10 箱,10 瓶/箱
13	奥妙洗洁精	25 箱,10 瓶/箱
14	金龙鱼色拉油	50 箱,8 桶/箱
15	蒙牛牛奶	50 箱,24 瓶/箱
16	光明牛奶	30 箱,24 瓶/箱
17	伊利牛奶	50 箱,24 瓶/箱
18	两面针牙膏	20 箱,20 支/箱
19	大宝润肤露	20 箱,20 瓶/箱
20	中华牙膏	20 箱,20 支/箱
21	露斯香皂	10 箱,20 支/箱

表 7-5　昌荣物流有限公司主要商品拣货区安全库存量标准表

项次	品名	拣货区安全库存设定标准
1	王老吉	20 箱,30 袋/箱
2	康师傅方便面	30 箱,24 袋/箱
3	德芙巧克力	10 箱,20 块/箱
4	薯片	20 箱,20 袋/箱
5	妙脆角	20 箱,20 袋/箱
6	统一饼干	30 箱,10 袋/箱

续表 7-5

项次	品名	拣货区安全库存设定标准
7	雕牌洗洁精	10 箱,10 瓶/箱
8	佳洁士牙膏	5 箱,10 支/箱
9	雕牌洗衣粉	6 箱,10 袋/箱
10	奥妙洗衣粉	10 箱,20 袋/箱
11	力士香皂	6 箱,20 块/箱
12	飘柔洗发水	5 箱,10 瓶/箱
13	奥妙洗洁精	10 箱,10 瓶/箱
14	金龙鱼色拉油	6 箱,8 桶/箱
15	蒙牛牛奶	10 箱,24 瓶/箱
16	光明牛奶	10 箱,24 瓶/箱
17	伊利牛奶	10 箱,24 瓶/箱
18	两面针牙膏	8 箱,20 支/箱
19	大宝润肤露	7 箱,20 瓶/箱
20	中华牙膏	5 箱,20 支/箱
21	露斯香皂	5 箱,20 支/箱

表 7-6 昌荣物流有限公司主要商品拣货区现有存货情况表

项次	品名	数量
1	王老吉	20 箱,30 袋/箱
2	康师傅方便面	20 箱,24 袋/箱
3	德芙巧克力	10 箱,20 块/箱
4	薯片	16 箱,20 袋/箱
5	妙脆角	20 箱,20 袋/箱
6	统一饼干	30 箱,10 袋/箱
7	雕牌洗洁精	8 箱,10 瓶/箱
8	佳洁士牙膏	5 箱,10 支/箱
9	雕牌洗衣粉	6 箱,10 袋/箱
10	奥妙洗衣粉	10 箱,20 袋/箱
11	力士香皂	6 箱,20 块/箱
12	飘柔洗发水	5 箱,10 瓶/箱
13	奥妙洗洁精	10 箱,10 瓶/箱
14	金龙鱼色拉油	4 箱,8 桶/箱
15	蒙牛牛奶	6 箱,24 瓶/箱
16	光明牛奶	10 箱,24 瓶/箱
17	伊利牛奶	10 箱,24 瓶/箱
18	两面针牙膏	8 箱,20 支/箱
19	大宝润肤露	7 箱,20 瓶/箱
20	中华牙膏	5 箱,20 支/箱
21	露斯香皂	2 箱,20 支/箱

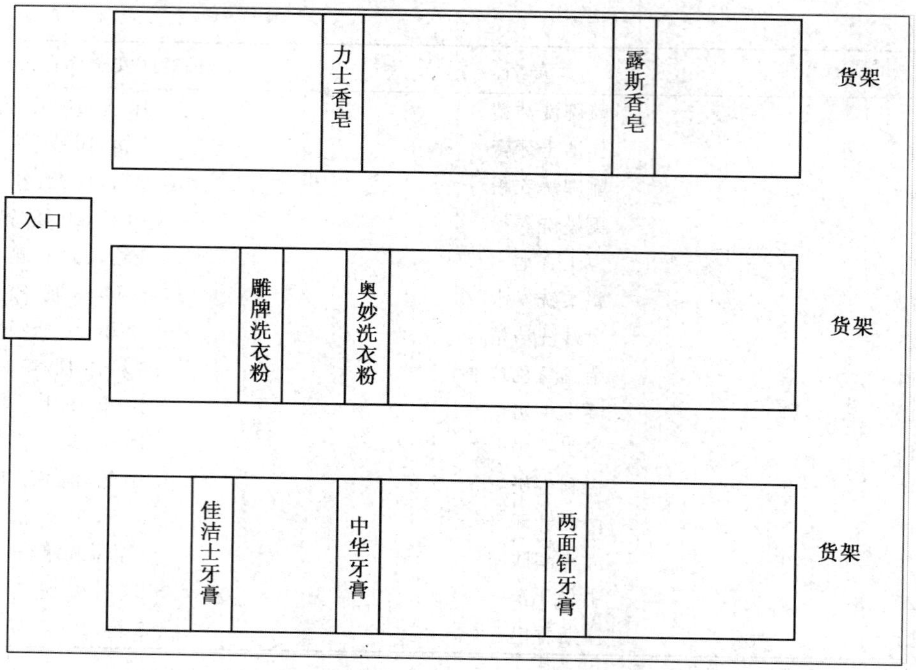

图 7-1 拣选商品储存位置示意图

任务一 形成拣货资料

【任务描述】

拣货作业是配送作业的中心环节，有人称之为物流配送的“心脏”，拣货也是配送不同于一般送货形式的重要标志，拣货作业的目的是迅速、准确地集中顾客所订购的商品。本项任务是拣货作业的第一环节，即形成拣货资料，在这一环节中，重点要掌握拣货信息的传递方式。

一、拣货信息传递方式

拣货信息是拣货作业的原动力，主要目的在于指示如何拣货，其资料产生于客户的订单。拣货信息处理是拣货作业中的重要环节，在拣货作业开始前，对顾客订单进行整理分析，根据订单情况确定分拣信息传送方式，为拣货提供作业指示。常见的拣货信息传送方式有以下3种。

(一)传票

传票即利用客户的订单或以公司的交货单作为拣货指示凭证。利用客户的订单进行拣货，拣货员一面看着订货单品名，一面寻找客户订单的品名，这种方式通常没有按照货位编号再加以重新排序，拣货员需来回多趟才可拣好一张订单。

以传票方式分拣的优点是无须利用计算机等设备处理分拣信息。使用传票直接拣货的缺点是非常明显的，表现在以下几个方面：

(1)传票容易在拣货过程中受污损,或因存货不足、缺货等原因将注释直接写在传票上,导致作业过程中发生错误或无法判别确认。

(2)传票上未标示产品的货位,必须依靠拣货人员的记忆在货架中寻找存货位置,更不能引导拣货人员缩短拣货路径,也无法运用分拣策略提高分拣效率。

(3)使用传票拣货一般适用于订购品项数少或少量订单的情况,当拣选的货物品种多、数量大的时候,这种方式传递信息会严重影响拣货效率,难以满足对客户服务的要求。

(二)拣货单

拣货单拣货是目前较常见的一种方式,将原始的客户订单输入计算机后,对信息进行处理,生成拣货单,再以拣货单为依据进行拣货。拣货单的品名按照储位编号重新编号,让拣货员来回一趟就可拣足一张订单。由于拣货单上印有储位编号,拣货员依据储位编号进行拣货,即使是不认识货物的新手也可以进行拣货。

1.拣货单拣货的优点

(1)避免传票在分拣过程中受到污损,在检验过程中使用传票进行查对,可以修正拣货作业中发生的错误。

(2)拣货单上有货物的储位编号,同时可以按储位编号安排拣货路径,便于引导拣货人员按最短路径拣货。

(3)可充分配合分区、分批、订单分割等拣货策略,提高拣货效率。

2.拣货单拣货的缺点

(1)拣货单处理打印等工作需要耗费较多的人力和时间。

(2)为确保拣货的正确无误,按拣货单拣货后仍需要经过货物检验过程,比较耗时间。

(三)拣货标签

在标签拣货方式中,拣货标签取代了拣货单。拣货标签的数量与拣货量相等,在拣货的同时将标签贴在物品上以便确认数量。其基本做法是,接单后经过计算机处理,依据货位的拣货顺序排列打印拣货标签,标签数量与订购数量一致,拣货人员根据拣货标签上的顺序拣货。拣货时将货物贴上标签后放入拣货容器内,标签贴完则表示该项货物也拣选完毕。

1.拣货标签的优点

利用标签拣货方式,其主要优点是:

(1)结合拣取与贴标签的动作,可以缩短作业时间。

(2)打印标签时,如果将条形码一起打印出来,能够区分提供产品的供应商。

(3)提高了拣货的正确性,一边拣货,一边贴标签,如果拣取未完成而标签已经贴完,或者是拣取完毕而标签尚有剩余,都表明拣取过程可能有错误发生。

(4)便于对拣货人员进行量化考核。

2.拣货标签的缺点

采用标签拣货方式的缺点有以下两个方面:

(1)当拣货数量大时,需要耗用大量的标签。

(2)若标签同时要作为价格标签时,要有售卖点的价格及标签形式,而价格标签必须贴在单品上,这一点较难实现。

3.拣货标签的适用性

采用标签拣货方式主要适用于整箱拣货和单品拣货上,这二者的拣货标签有所不同(表

7-7和表7-8)。整箱拣货的标签除了拣货单的内容外，还有客户地址和配送路线，因此可以直接当作出货标签。而单品分拣后大部分要装入纸箱或塑料箱内，所以必须增加出货标签(表7-9)，将客户地址和配送路线的资料在出货单上打印出来。

表7-7 整箱拣货标签

货位号码：0111
数量：6箱
品号：01234567
品名：王老吉
订单号码：A0101
客户名称：A公司
客户地址：浙江省杭州市西湖区湖滨路17号
配送路线：10号线
订单箱数一箱号：6/1

表7-8 单品拣货标签

货位号码：0811
数量：6件
品号：01234567
品名：两面针牙膏
订单号码：B0101
客户名称：B公司

表7-9 出货标签

订单号码：B0101
客户名称：B公司
客户地址：浙江省杭州市解放路130号
配送路线：3号线

二、形成拣货资料

通过对客户订单信息的处理就形成了拣货资料，拣货资料可以直接是顾客的传票，也可以是经过处理后形成的拣货单或是拣货标签。但从发展趋势来看，利用电子订货系统直接将订单信息通过计算机快速地转换成拣货单或电子信号将是主要的拣货资料形成方式。

【同步训练7.1】描述拣货单和拣货标签的区别。

任务二　选择拣货作业方法

【任务描述】

选择拣货作业方法是拣货作业的第二个环节。本项任务主要是能够根据客户订单的特点选择不同的拣货作业方法。在选取拣货方法时，需要从多个方面来明确。例如，送中心和在确定每次分拣的订单数量时，要考虑是对单一订单分拣还是对多个订单进行批量分拣。在人员分配上，是采用一人分拣还是数人分拣。在货物分拣单位确定上是以托盘、整箱还是单品为单位进行分拣。

一、按作业方法确定拣货方法

按一次处理订单数量的多少的拣货方法主要有按单分拣、批量分拣和整合按单分拣。

(一)按单分拣法

摘果式拣选作业又称作“拣取式”、“人到货前式”拣取作业，因为这种操作方法就像在果园中摘取果子那样挑选货物，因而又被形象地称之为摘果式。按单分拣法的基本操流程是：针对每一份订单，分拣人员按照订单所列商品及数量，将商品从储存区域或分拣区域拣取出来，然后集中在一起的拣货方式。储物货位相对固定，而拣选人员或工具相对运动。一般是一次只为一个客户进行配货作业，在搬运车容积许可而且配送商品不太复杂的情况下，也可以同时为两个以上的客户配货。

1. 按单分拣的特点

按单分拣方法具有以下一些特点。

(1)可按照客户要求的时间确定配货的先后顺序。

(2)按单拣选作业方法简单，接到订单可立即拣货，作业前置时间短。

(3)作业人员责任明确。

(4)各用户的拣选不互相牵制，可以根据用户的要求调整拣选的先后次序，集中力量优先完成某一用户的配货任务。

(5)拣选完一个货单，一个用户的货物便配齐，可以不再落地，直接装车送货。

(6)对机械化、自动化没有严格要求。

(7)用户数量不受工艺限制，可以在很大范围内波动。

(8)商品品项较多时，拣货行走路径加长，拣取效率较低。

2. 按单分拣适用性

这种方法主要适用于以下几种情况：

(1)储存的商品不易移动。

(2)每一个客户需要的商品品种较多，而每种商品的数量较小。

(3)按单拣选适合订单大小差异较大，订单数量变化频繁，商品差异较大的情况，如：化妆品、家具、电器、百货、高级服饰等。

(4)不能建立相对稳定的用户分货货位的情况。

(5)用户之间共同需求差异较大的情况。

(6)用户配送时间要求不一的情况。

(二)批量分货法

播种式拣选作业又称为“分货式”，播种式类似于田野中的播种操作，一次取出所需的种子，在地上巡回地播撒，所以形象地被称之为播种式。批量分拣作业方法的基本流程是：将多张订单集合成一批，先将需要配送数量较多的同种商品从储存货位取出，集中搬运到发货区，然后组配机械在各个客户的发货位间移动，并依次将各个客户需要的该类商品按照要求的数量分出来。这样。每巡回一次，就将某一种商品分到若干个需要该类商品的客户发货位上。如此反复，直到将每个客户需要的各种商品都配齐，就完成了一次配货作业任务。用户货位固定，分货人员和工具相对运动。

与按单分拣选作业方式相比，批量分拣作业方式可以提高配货速度，节约配货的劳动消耗，提高作业效率。尤其是当需要配送的客户数量很多时，采用播种式作业能够取得更好的效果。

1. 批量分拣的特点

批量分拣作业的特点表现在以下几个方面：

(1)批量拣取可以缩短拣取商品时的行走时间，增加单位时间的拣货量。

(2)由于需要订单累计到一定数量时，才做一次性的处理，因此，会有停滞时间产生。

(3)这种工艺计划性较强，若干用户的需求集中后才开始分货，直到最后一种共同需要的货物分放完毕。

2. 批量分拣的适用性

针对以上的特点，批量分拣作业的应用范围有以下几种情况：

(1)客户需要的商品种类较少、每种商品的需求量不大。

(2)批量拣取适合订单变化较小，订单数量稳定的配送中心和外形较规则、固定的商品出货。

(3)需进行流通加工的商品也适合批量拣取，再批量进行加工，然后分类配送，有利于提高拣货及加工效率。

(4)用户稳定，且用户数量较多的情况。

(5)各用户需求具有很强的共同性，差异较小，在需求数量上有一定的差异，但需求的种类差异很小。

(6)所有货物分放完毕后，需要对每个用户的货物进行统计，因此适用于用户需求种类有限，易于统计和不至于分货时间太长的情况。

(7)用户配送时间要求没有严格限制或轻重缓急的情况。

在按单分拣法和批量分拣法的选择上，我们可以参考表 7-10。

表 7-10 分拣方法选定对照表

		货品重复订购频率		
		高	中	低
出货品项数	多	D+P	D	D
	中	P	P	P
	少	P	P	P+D

注：D 表示按单分拣，P 表示批量分拣。

(三)整合按单分拣

这种分拣方式主要应用在一天中每一订单只有一种品项的情况,为了提高输配送的效率,将某一地区的订单整合成一张拣货单,做一次分拣整合,集中捆包出库。这也属于按单分拣的一种变形形式。

【同步训练 7.2】列举按单分拣与按批分拣的优劣势。

二、按作业程序分类确定分拣方法

(一)单一分拣法(一人分拣法)

一个人配货,按照一张订货单据要求的货物进行分拣的方法。

(二)分程传递法

数人分拣,首先确定各人所分组担任的货物的种类和货架的范围,每人仅对分拣单中自己所承担的货物品种进行拣货,然后转交下一分拣人继续,直至分拣完。

(三)区间分拣法

和分程传递方法相似。一个人或数个人分拣,首先决定各人所分担的货物种类和货架范围,从拣货单中拣出本区间范围内的货物,最后由一人负责将各区间分拣的货物汇总起来。

(四)分类分拣法

将各种各样的形状、外形尺寸、重量的货物进行分类,在配送中心内进行保管,然后按每一个产品类进行分拣,最后汇总在一处的分拣方法。

◆【知识拓展 7.1】蚂蚁拣货法

以一群蚂蚁搬一堆面包屑的行动来解释 Bucket brigade system(蚂蚁拣货法)。它们通常在面包屑堆和目的地之间排成一条直线,运输工作开始后,第一只蚂蚁驮着一粒面包屑向第二只爬去,而同时第二只也向第一只爬,二只相向而行,直到互相碰头。这时,第一只蚂蚁把背上的面包悄悄放下后马上转身去搬运下一粒,而第二只蚂蚁则举起地上的那粒面包屑向后转,爬向第三只蚂蚁,同时第三只也向第二只爬去接货,二者仍是相向而行,直到碰头交货……这样循环往复,每只蚂蚁都不闲着,共同提高团队工作的效率。

在这个系统中,找到下一个伙伴传递工作才是关键点,而不是像分区拣货法那样以区域为限制。所以虽然面包屑有大有小,蚂蚁爬行的速度也有快有慢,但因为没有区域的限制,爬得快的蚂蚁可以多作一点贡献来帮助爬得慢的兄弟,这样的团队合作法像一根无形的指挥棒,不断的调整着各个蚂蚁所分配到的工作量,共同造就一个完美平衡的工作系统。

把拣货员看作蚂蚁,把装货物的小车以及随着小车走的订单当成面包屑,这个系统也能在配送中心得到有效的应用。因为仓库的整个拣货工作也是拿着订单、推着拣货小车、沿着拣货路线、经过所有拣货区的过程。当小车经过了所有的货架，一张订单的拣货工作也就完成了。所以可以依照这个思路对现有的拣货系统进行改良，取消各个工人的工作区域限制，沿着拣货路线，靠近起点（办公室）的称为上游，靠近终点（装货区）的则称之为下游。当每个拣货员从上游那里接过订单和拣货车，就沿着拣货路线进行拣货，直到遇到回来拿订单的下游拣货员，便把订单和拣货车移交给他，自己则往回走，直到遇到上游拣货员，又开始一个新的循环，每个拣货员都在上游和下游的同伴之间作往复运动，而非在固定区域之间，交接点可能每次都是在不同的地方。

（资料来源：http://www.alibado.com/course/2011 年 3 月 16 日）

三、按分拣作业的手段确定分拣方法

（一）人工分拣

人工分拣基本上是靠人力搬运，把所需的货物分门别类地送到指定的地点，也可利用最简单的器具和手推车等。这种分拣方式劳动强度大，分拣效率最低，但投入的成本也最低。

（二）机械分拣

以机械为主要输送工具，由人工进行拣选。这种分拣方式用得最多的是输送机，有链条式输送机、传送带、辊道输送机等，有的也叫"输送机分拣"。这种方法是用在设置在地面上的输送机械送货物，在各分拣位置配备的作业人员看到标签、色标、编号等分拣的标志，便进行拣选（把货物取出），再放到手边的简易传送带或场地上。也有用"箱式托盘分拣"的方式，即在箱式托盘中装入分拣的货物，用叉车等机械移动箱式托盘，用人力把货物放到分拣的位置，或再利用箱式托盘进行分配。使用较多的是在托盘下面装车轮的滚轮箱式托盘，这种分拣方式投资不多，可以减轻劳动强度，提高分拣效率。

（三）自动分拣

这种分拣方式是指分拣的动作由机械负责，电子信息输入后自动完成分拣作业，无须由人工介入。最主要的自动分拣是自动分拣系统。

自动分拣机是自动分拣系统的一个主要设备。它本身需要建设短则 40～50 m，长则 150～200 m 的机械传输线，还有配套的机电一体化控制系统、计算机网络及通信系统等，这一系统不仅占地面积大，而且还要建 3～4 层楼高的立体仓库和各种自动化的搬运设施（如叉车）与之相匹配，这项巨额的先期投入通常需要花 10～20 年才能收回。

1. 自动分拣系统的作业过程

自动分拣系统的作业过程可以简单描述如下：配送中心每天接收成百上千家供应商或货主通过各种运输工具送来的成千上万种商品，在最短的时间内将这些商品卸下并按商品品种、货主、储位或发送地点进行快速准确的分类，将这些商品运送到指定地点（如指定的货架、加工区域、出货站台等），同时，当供应商或货主通知配送中心按配送指示发货时，自动分拣系统在最短的时间内从庞大的高层货架存储系统中准确找到要出库的商品所在位置，并按所需数量出库，将从不同储位上取出的不同数量的商品按配送地点的不同运送到不同的理货区域或配送站台集中，以便装车配送。

2.自动分拣系统的特点

(1)能连续、大批量地分拣货物。由于采用大生产中使用的流水线自动作业方式,自动分拣系统不受气候、时间、人的体力等的限制,可以连续运行,同时由于自动分拣系统单位时间分拣件数多,因此自动分拣系统的分拣能力是人工分拣系统可以连续运行100个小时以上,每小时可分拣7 000件包装商品,如用人工则每小时只能分拣150件左右,同时分拣人员也不能在这种劳动强度下连续工作8 h。

(2)分拣误差率极低。自动分拣系统的分拣误差率大小主要取决于所输入分拣信息的准确性大小,这又取决于分拣信息的输入机制,如果采用人工键盘或语音识别方式输入,则误差率在3%以上,如采用条形码扫描输入,除非条形码的印刷本身有差错,否则不会出错。因此,目前自动分拣系统主要采用条形码技术来识别货物。

(3)分拣作业基本实现无人化。国外建立自动分拣系统的目的之一就是为了减少人员的使用,减轻工人的劳动强度,提高人员的使用效率,因此自动分拣系统能最大限度地减少人员的使用,基本做到无人化。

(4)投入大。自动分拣系统的一次性投入极大。

(5)对商品外包装要求高。自动分拣机只适于分拣底部平坦且具有刚性包装规则的商品。袋装商品、包装底部柔软且凹凸不平、包装容易变形、易破损、超长、超薄、超重、超高、不能倾覆的商品不能使用普通的自动分拣机进行分拣。因此,为了使大部分商品都能用机械进行自动分拣。

◆【知识拓展7.2】自动分拣系统的构成

自动分拣系统一般由控制装置、分类装置、输送装置及分拣道口组成。

控制装置的作用是识别、接收和处理分拣信号,根据分拣信号的要求指示分类装置、按商品品种、按商品送达地点或按货主的类别对商品进行自动分类。

分类装置的作用是根据控制装置发出的分拣指示,当具有相同分拣信号的商品经过该装置时,该装置工作,使改变在输送装置上的运行方向进入其他输送机或进入分拣道口。

输送装置的主要组成部分是传送带或输送机,其主要作用是使待分拣商品贯通过控制装置、分类装置和输送装置的两侧,一般要连接若干分拣道口,使分好类的商品滑下主输送机(或主传送带)以便进行后续作业。

分拣道口是已分拣商品脱离主输送机(或主传送带)进入集货区域的通道,一般由钢带、皮带、滚筒等组成滑道,使商品从主输送装置滑向集货站台,在那里由工作人员将该道口的所有商品集中后或是入库储存,或是组配装车并进行配送作业。

以上四部分装置通过计算机网络联结在一起,配合人工控制及相应的人工处理环节构成一个完整的自动分拣系统。(资料来源:编者整理)

(四)电子标签辅助分拣法

电子标签拣选系统,是以一连串装于货架格位上的电子显示装置(电子标签)取代拣货单,指示应拣取的物品及数量,分拣员只需到指示灯亮的货架位置并依据指示的数量拣货(图7-2)。

图 7-2 电子标签辅助分拣

电子标签拣选的优点主要有以下两个方面：

(1)提高效率。减少了拣货人员目视寻找的时间，消除搜索产品所浪费的时间。

(2)减少出错率。拣货人员可以在数秒内精确地拣选快速移动的高频率货物。

电子标签可以用于按单拣货，也可以用于批量拣货。比较适合于品项不多的物品，常被用于 ABC 分类的 A 类和 B 类物品。

任务三 运用拣货策略

【任务描述】

运用拣货策略是拣货作业的第三个环节，拣货策略的优劣是影响拣货效率的重要因素，因而在决定拣货作业方式时，要结合有效的拣货策略。拣货策略可以分为 4 种，分别是：分区、订单分割、订单分批、分类。本项任务要求我们能够根据实际业务灵活地运用拣货策略，结合拣货方法，实现更高效率地拣货。

一、分区策略

分区策略就是将拣货作业区按一定的标准进行划分，以便于拣货工作人员进行拣货。主要的分区标准有以下 4 种：

(一)按货物的特性分区

按货物的特性分区就是根据货物原有的性质，将性质相似的货物存放在同一区域，此种分区往往与商品储存分区相一致。

(二)按拣货单位分区

按拣货单位分区就是将运用相同拣货单位的货物放在同一区间，如托盘拣货区、箱拣货区、单件拣货区、具有特殊性的冷冻品拣货区等，这种分区标准一般与储存单位分区是一一对应的。其目的在于使拣货单位与储存单位相一致，便于分拣与搬运单元化。如配送中心可以划分为三个配货区域，托盘拣货区、箱拣货区、单件拣货区。

(三)按拣货方式分区

在拣货单位分区中，依拣货方法及设备的不同，又可分为若干个分区。分区的原则一般是按销售量和出货量进行 ABC 分类，按出货量及拣取次数的多少，分别做 A、B、C 群组划分。再根据各群组的特点，决定合适的拣货设备和拣货方式。这种方式可以实现作业的一致化，所以可以减少不必要的重复行走所消耗的时间和精力。

(四)按工作分区

在相同的拣货方式下，将拣货作业场地细分成不同的分区，由一个或一组固定的拣货员负责拣货区域内的货物。这一策略的优点是由于拣货人员只在固定的区域内负责拣货工作，因此减少了拣货员所需记忆的存货位置，缩短了拣货员的拣货时间。同时也可配合订单分割策略，运用多组拣货员在更短时间内共同完成订单的提取，这种策略的运用要注意各区域拣货员的工作平衡，合理计算工作分区数，一般而言，工作分区数＝总拣货能力需求/单一工作分区拣货能力。

分区策略主要是做好分区工作，在设计分区之前，对储存分区进行考察、规划，才能使系统整体的配合更加完善。

【同步训练 7.3】采用分区策略时分区的标准有哪些？

二、订单分割策略

订单分割策略是指将一份订单切分为若干个子订单，交由不同的拣选区域同时进行拣货作业，以加速完成拣货作业，将订单按拣选区域进行分解的过程叫订单分割。一般运用于商品种类多的订单。

订单分割一般与分拣策略配合使用，对于采用分区分拣的配送中心，其订单处理过程的第一步就是要按区域进行订单的分割，各个拣选区根据分割后的子订单进行分拣作业，拣选区完成后，再进行订单的汇总。

三、订单分批策略

订单分批是指把多张订单集合成一批，依商品类别将数目相加后再进行拣货，之后按客户订单作分类处理。这种策略与分拣方法中的批量分拣相关。根据分批方式不同又有以下 4 种方式：

(一)总合计量分批

将进行拣货作业前所有累积订单中的货品依品项类别合计总量，再根据这一总量进行拣货。此种方式适合固定点的周期性配送，例如可以在中午前集中所有的订单，在下午做好合计处理，隔日一早做好拣取和分类工作。

(二)时窗分批

当按订单发货时间非常紧迫时，可启用短暂时窗，例如 5～10 min，再将此一时窗中完成的订单做成一批，进行拣货。此种方式会因为分区工作量和时窗分批拣货量不平衡而产生等待时间。时窗分批方式较适合密集频繁的订单，且较能应对紧急插单的需求。

(三)定量分批

订单分批按先进先出的基本原则,当累计订单数到达设定的固定量后,再开始进行拣货作业。这种方式的订单形态与时窗分批相似,但这种分批方式更注重维持较稳定的作业效率,在处理速度上慢于时窗分批方式。

(四)智慧型分批

将订单输入计算机汇总后并经计算处理后,将拣货路径相近的订单分成一批同时处理,可大量缩短拣货行走搬运距离。采用这种分批方式的配送中心通常将前一天的订单汇总后,经过计算机处理,在当日产生拣货单据,处理速度较快。

四、分类策略

若采用分批拣货策略,拣货完成后还要进行分类,即将集中批量拣出的商品按订单要求分至各用户项下,因此需要运用分类策略提高效率,常用的分类策略有以下两种:

(一)拣货时分类

在拣取时将货物按订单分类,这种分类方式常与固定订单量分批方式或智慧型分批方式配合,因此须使用计算机辅助台车作为拣货设备,以加快拣货速度,同时避免错误发生。这种方式适合于少量多样的情况,且由于拣选台车不可能太大,所以每批次的客户订单量不宜过大。

(二)拣取后集中分类

即分批按合计总量拣取后,再进行集中分类。其具体做法一般有两种:一种是以人工作业为主,将货物总量搬运至空地上,再按各客户订单进行分类;另一种是利用分类输送系统进行集中分类,这是较自动化的作业方式,可以节省人力。

任务四 选取拣货路径

【任务描述】

本项任务主要是能够选择合理的拣货路径,以缩短拣货路线,提高拣货效率。

一、拣货单位

拣货因货物品种不同而有不同的形式。通常拣货单位可分成托盘、箱和单件 3 种形式。一般来说,托盘是体积、重量最大的拣货单位,其次为箱,最小的是单件。

拣取单位通常由订单分析出来的结果而确定,如果订货的最小单位是箱,则不需要以单件为拣货单位。一种货物可能需要两种以上的拣货单位,因此配送中心在设置拣货单位时应针对货物的具体情况而定。如果是一些特殊的货物,拣货时则需要以特定的包装形式和包装单位为标准,如桶装液体、散装货物、冷冻食品等。

拣货单位还需要与库存单位结合起来考虑,表 7-11 概括了拣货的 7 种模式。

表 7-11 拣货模式

模式	储存单位	拣货单位	组合
1	栈板	栈板	P－P
2	栈板	栈板＋箱	P－P＋C
3	栈板	箱	P－C
4	箱	箱	C－C
5	箱	箱＋单品	C－C＋B
6	箱	单品	C－B
7	单品	单品	B－B

注：P＝托盘(Pallet) C＝箱子(Case) B＝单品(散装 Bulk)。

二、拣货路径的选择

不同层次的单品要采用不同的拣货路径，通常有两种类型的路径可供选择。

(一)无顺序的拣货路径

无顺序的拣货路径就是由拣货人员自行决定在配送中心内各通道拣货顺序的方式。由于拣货员完成一批订单可能要在同一条路径上行走两次，增加行走里程和手的拣货动作，会使拣货员产生疲劳，另外拣货员要花大量时间来寻找商品所在的位置。因此，这种拣货路径效率较低。

(二)顺序拣货路径

顺序拣货路径是指按产品所在货位号的大小从储存区域的入口到出品顺序来确定拣货路径，这是一种最为常用的拣货路径，按这种拣货路径，拣货人员从通道的一端向另一端行进时，下一个要拣出的产品的货位离上一个最近，这样走完全程就能一次性地把所有的商品拣出。按这种拣货路径拣货的优点是缩短拣货员的拣货时间和拣货里程，减少疲劳和拣货误差，从而提高拣货效率。

无论采用哪一种拣货路径，都要考虑如何准确、快速、低成本地将货物拣出，同时还要考虑操作方便、缩短行走路径等问题。

【同步训练 7.4】描述顺序拣货路径的工作过程。

任务五 选择行走和搬运方式

【任务描述】

拣取货物时，拣货作业人员或机器必须直接接触并拿取货物，因此形成拣货过程中的行走与货物的搬运。我国国家标准《物流术语》(GB/T 18354—2006)对搬运(Handling Carrying)

的定义是：在同一场所内，对物品进行水平移动为主的作业。本项任务主要目的是能够明确不同的行走和搬运方式。

一、人至物方式

这种方式是指拣货员通过步行或搭乘拣货车辆到达货物储存位置。这种方式的特点是货物采取的是静态的储存方式，如托盘货架、轻型货架等，而主要移动的一方为拣货员。

二、物至人方式

与人至物方式相反，这种方式移动的是货物，拣货员在固定的位置内作业，无须去寻找货物的住储存位置。该方式的特点是货物采用动态的储存方式，如负载自动仓储系统，旋转自动仓储系统等。

◆**【知识拓展 7.3】单元负载自动仓储系统**

单元负载自动仓储，高度可达 40 m，储位量可达 10 万余个栈板，适用大型的仓储。一般使用最普通的高度为 6～15 m 为主，储位数在 100～1 000 个。因此制造商一般以高度 6～15 m 为单位，将自动仓储的料架及储存机标准化，并根据需要设计不同高度的自动仓储。随着技术的不断发展，负载自动仓储的存取时间越来越快，平均速度可达 70 秒/栈。

（资料来源：http://www.chnmc.com/newchnmc/books/wlccsbsc/chapter1.htm）

三、无人拣取方式

这种方式拣取的动作由自动的机械完成，电子信息输入后自动完成分拣作业，无须人手介入。

【同步训练 7.5】描述三种行走和搬运方式。

任务六　拣取作业

【任务描述】

本项任务是掌握拣取作业的动作，包括拣取和确认。

一、拣取与确认

当货品出现在拣取者面前时，一般采取的两个动作为拣取与确认。拣取是抓取物品的动作，确认则是确定所拣取的物品、数量是否与指示拣货的信息相同。在实际的作业中多采用读取品名与拣货单据对比的确认方式，较先进的作业方法是利用无线传输终端机读取条码后，再由电脑进行确认。

二、拣取方式的选择

通常对小体积、小批量、搬运重量在人力范围内且出货频率不是特别高的货品，采取手工式拣取。对体积大、重量大的货物，利用升降叉车等搬运机械辅助作业。对于出货频率很高的货品则采用自动分拣系统进行拣货。

【同步训练 7.6】对于出货频率很高的货品适合采取哪种拣取方式？

任务七 补货作业

【任务描述】

本项任务是在拣货后，能及时准确地进行补货，使拣货区保证有货可拣，并及时满足客户的需求。补货的过程分别包括了补货数量确定、补货时机确定、补货方式确定等内容。

一、补货数量的确定

补货作业是指在配送作业的流程中，当拣货区存货降至设定标准以下时，从储存区把货物运到拣货区的工作。

补货作业要对客户的订货情况进行归类整理，弄清楚客户订购的品种及每一个品种的订购量。检查拣货区现有的存货量，对照公司设定的安全库存量及客户的订货量，确定每种商品需要补货的数量。

二、确定补货时机

确定好补货数量后，就要确定补货时机，常用的补货时机通常有 3 种。

(一)定时补货

定时补货的做法是：将每天划分为数个时段，补货工作人员于时段内检查拣货区货架上的货品存货量，若存货量低于安全库存量则立即补货。定时补货比较适合分批拣货时时间固定，且处理紧急时间也固定的情况。

(二)随机补货

随机补货是指定专门人员，随时巡视拣货区的货品存量，有不足时立即补货。随机补货较适合每批次拣取量不大，紧急插单多，一日内作业量不易事先掌握的情况。

(三)批次补货

批次补货是在每天或每一批次拣取前，经由电脑计算的货品总拣取量，再相对查看拣货区的货品量，在拣取前一次性补足，以满足全天的拣货量。批次补货比较适合于一日内作业量变化不大，紧急插单不多，或是每批次拣取量大的情况。

【同步训练 7.7】紧急插件多的订单适合采取哪种补货方式？

三、确定补货方式

(一)整箱补货

以整箱货为单位，由货架保管区补货到流动货架的动管区。保管区为料架储放区，动管拣货区为两面开放式的流动拣货区。拣货员拣货后把货物放入输送机并运到发货区，当动管区的存货低于设定标准时，则进行补货作业(图 7-3)。这种方式比较适合于体积小且少量多样出货的货品。

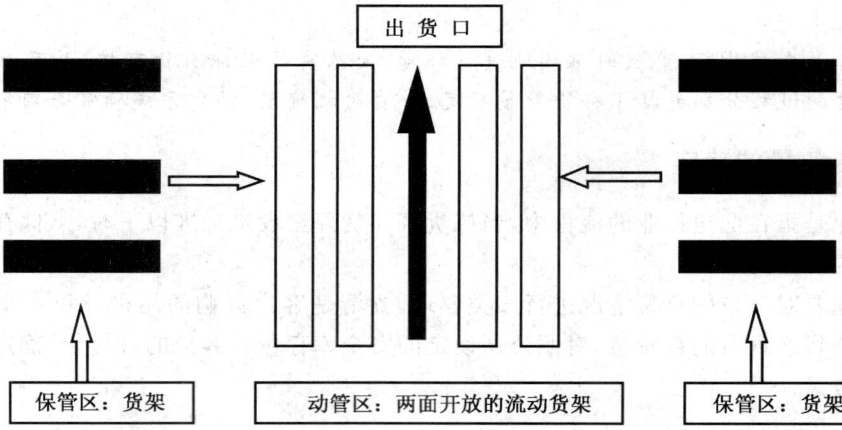

图 7-3　整箱补货示意图

(二)托盘补货

托盘补货方式是把托盘由地板堆放保管区运到地板堆放动管区，拣货时把托盘上的货箱置于中央输送机上，送到发货区。当存货量低于设定标准时，立即补货，使用堆垛机把托盘由保管区运到拣货动管区，也可把托盘运到货架动管区进行补货(图 7-4)。这种补货方式适合于体积大或出货量大的物品。

(三)货架上层至下层的补货方式

货架上层至下层的补货方式是将同一货架上的中下层作为动管区，上层作为保管区，进货时将动管区放不下的多余货箱放到上层保管区。当动管区的存货低于设定标准时，利用堆垛

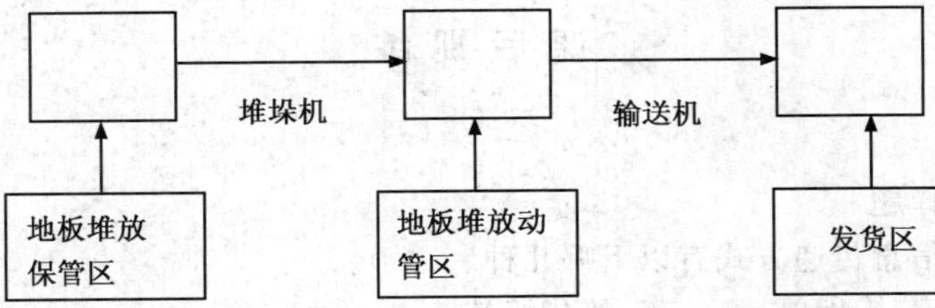

图 7-4 托盘补货示意图

机将上层保管区的货物移至中下层动管区(图 7-5)。这种补货方式适合于体积不大、存货量不高,且多为中小量出货的货物。

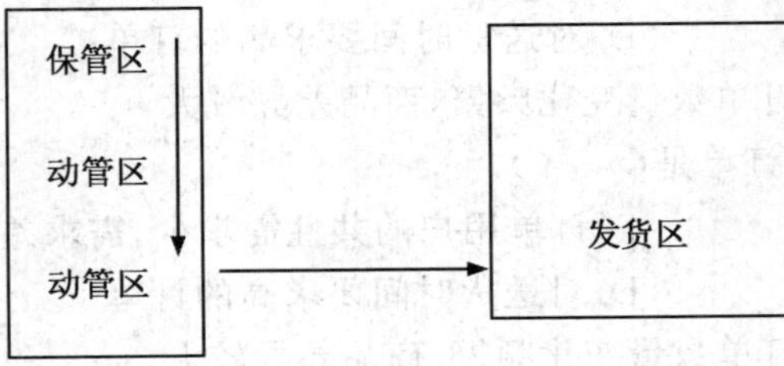

图 7-5 货架上层至下层补货方式示意图

(四)其他补货作业

1. 直接补货

以上介绍的补货方式都是补货人员先到补货区将货物取出,然后将货物移到拣货区,再由拣货人员在拣货区将货物拣走。直接补货方式与此不同,它是补货人员直接在进货时将货物放到拣货区,货物不再进入保管区的拣货方式。对于一些周转快的货物可以采用此种补货方式。

2. 自动补货

自动补货是指由自动仓库将货物送至旋转货架上进行补货。

3. 复合式补货

在这种补货方式中,动管区的货物采取相同种类相邻放置方式,而保管区采取两处两阶段补货。第一保管区为高层货架仓库,第二保管区为动管区的临时保管处。进行第一阶段补货时先由第一保管区的高层货架把货物运至第二保管区,动管区内的其中一个托盘拣取完毕后,即将空托盘移出,后面托盘依次往前推出,第二保管区再将补货托盘移进动管区。

值得注意的是,当保管区的存货水平低于配送中心指定的订购点时,则需要向供应商发出采购的指令。

【项目回顾】

通过本项目的学习,我们知道了拣货的流程是:形成拣货资料-选择拣货方法-运用拣货策略-选择拣货路径-选择行走和搬运方式-拣货作业,我们知道了每一步的具体做法。在拣货作业完成后,我们要根据拣货区安全库存标准或公司的安全库存标准进行及时的补货。只要掌握了拣货的流程及每一环节的具体做法,我们就可以快速而准确地完成拣货任务了。

课后训练

一、理论训练

(一)不定项选择题

1. 常见的拣货信息传递方式有以下哪几种(　　)。

A. 传票　　B. 拣货单　　C. 拣货标签　　D. 订单

2. 以下可以直接当作出货标签的是(　　)。

A. 整箱的拣货标签　　B. 单件的拣货标签　　C. 传票　　D. 拣货单

3. 以下适合按单分拣的订单是(　　)。

A. 订单批量大品种少　　B. 订单用户的共性需求少,需求差异大

C. 小批量多品种的订单　　D. 对送货时间要求高的订单

E. 订单大小差异较大,订单数量变化频繁,商品差异较大

4. 以下适合按批分拣的订单是(　　)。

A. 订单批量大品种少　　B. 订单用户的共性需求少,需求差异大

C. 小批量多品种的订单　　D. 对送货时间要求高的订单

E. 订单大小差异较大,订单数量变化频繁,商品差异较大

5. 订单由数人完成,各人仅对自己所承担的货物品种进行拣货,然后转交下一分拣人员继续,这种分拣属于以下哪种分拣法(　　)。

A. 单一分拣法　　B. 分程传递法　　C. 区间分拣法　　D. 分类分拣法

6. 订单由数人完成,各人只分拣自己所承担的货种种类,然后将各区间分拣的货物进行汇总,这种分拣属于以下哪种分拣法(　　)。

A. 单一分拣法　　B. 分程传递法　　C. 区间分拣法　　D. 分类分拣法

7. 开启5分钟为一个固定时窗,将这一时窗的订单做成一批进行拣货。这种拣货策略是以下哪种拣货策略(　　)。

A. 分区策略　　B. 订单分割策略　　C. 订单分批策略　　D. 分类策略

8. 将拣货作业按拣货单位如托盘拣货区、箱装拣货区、单件拣货区进行分区,并在此基础上进行分拣作业,这种拣货策略是以下哪种拣货策略(　　)。

A. 分区策略　　B. 订单分割策略　　C. 订单分批策略　　D. 分类策略

9. 将订单切分成若干个子订单,交由不同的拣货区域同时进行,这种拣货策略是以下哪种拣货策略(　　)。

A. 分区策略　　B. 订单分割策略　　C. 订单分批策略　　D. 分类策略

10. 每一个时段点由作业人员检查动管区货架上的商品存量,若低于设定标准马上补货,这种补货属于哪种补货时机(　　)。

A. 批次补货　　B. 随机补货　　C. 定时补货　　D. 定量补货

(二)判断题

1. 当用户之间共同需求差异较大时适合采取按批分拣。(　　)

2. 当用户对订单时间要求高时适合采取按批分拣。(　　)

3. 对于固定点的周期性配送可以采用总合计量分批的订单分批策略进行拣选。(　　)

4. 对于密集频繁的订单适合采用时窗分批的方式进行拣选。(　　)

5. 在配送中心最小的拣货单位是箱。( )

6. 随机补货较适合每批次拣取量不大,紧急插单不多,一日内作业量不易事先掌握的情况。( )

7. 批次补货比较适合于一日内作业量变化不大,紧急插单不多,或是每批次拣取量大的情况。( )

8. 定时补货比较适合分批拣货时时间回定,且处理紧急时间也回定的情况。( )

9. 整箱补货适合于体积小且少量多样出货的货品。( )

10. 托盘补货适合于体积不大、存货量不高,且多为中小量出货的货物。( )

(三)简答题

1. 说明拣货信息传递的几种方式。

2. 分析拣货作业的方法。

3. 分析拣货策略的运用。

4. 说明拣货路径的选取。

5. 说明拣货行走和搬运的方式。

6. 说明补货作业的过程。

二、案例讨论:主管的拣货困境

黄豪终于松了一口气。自从接到董事长赵志伟传达的噩耗,得知公司只有三个月的机会扭亏为盈,否则就要被出售,嘉农网络超市所有的人头上都像悬着一把剑,随时都有落下的危险。而黄豪的压力尤其大,经过初步的分析,使公司现金流不畅的罪魁祸首正是存货,而且出现在自己负责管理的仓库环节。虽然同事们没说什么,还齐心协力地帮自己想办法解决问题,可黄豪心里不好受呀,仿佛自己成了把公司推向倒闭边缘的刽子手。好在经过公司同事的共同努力,又听取了不少专家意见,最终确定以 ABC 存货管理法为解决方案,解决了存货有的过高有的不足的问题。现在仓库里所有的商品根据不同的销售特性分了类,每类设定了安全库存线,一旦出现缺货就马上通知供应商补货,而长期存放的冷门商品数量也得到了有效控制,并通知销售部经常进行促销处理,仓库的管理有序多了。财务经理沈亦云前两天来仓库时几乎是破天荒的头一次微笑着对黄豪说话,肯定了他对公司现金流的贡献,让黄豪受宠若惊之余又觉踌躇满志。销售部正在利用即将到来的五一节搞促销,黄豪叫人拿来了库存报表,集合了仓库的管理人员一起研究应对方案,这次可不能给公司拖后腿了,他一边看报表一边想。

"呯"的一声,门被用力地推开了,从门口冲进来一个人,黄豪定睛一看,是办公室的小刘,自己的助手。"黄经理,不好了,总经理又接了销售部不少投诉,说我们的送货不及时,总经理现在正往仓库赶来呢……"咯噔一下,黄豪好不容易放下的心又跳到了嗓子眼。

3 个月扭亏为盈的期限如今过去了差不多 1/3,嘉农网络超市在实行了新的存货管理方法后,经过半个多月的观察和核算,运营成本被大大降低了,而且缺货现象也大幅减少。从财务部的报表上看,公司的现金流有明显盘活的迹象,财务总监沈亦云曾对黄豪说,如果销售部再努力一把,加快现金流通速度,到时公司就有足够的发展基金了。黄豪稍感欣慰,他认为这意味着仓库的问题终于解决了。照这样下去,或许公司真的能在 3 个月内创造扭亏为盈的奇迹也说不定,黄豪和总经理扬波、董事长赵志伟以及公司其他同仁一样,心里都慢慢的升起了一丝希望,干劲也更足了。

初战告捷,扬波不失时机地召开了庆功会,大家都备受鼓舞,各个部门纷纷献计献策,才两天工夫，总经理室的办公桌上就堆满了建议书，光是研究这些方案，就忙得扬波不亦乐乎，时不时的就拉上黄豪、沈亦云商量讨论，董事长赵志伟有时也过来参加。大家的心思都一样，只要能挽救嘉农，挽救这份来之不易的共同事业，再忙也甘之如饴。在众多的方案中，最受青睐的要数销售总监吴进发起促销战役的提议。他在报告中分析道："由于时近五一长假，此时组织促销活动可谓一占天时；另外，公司开业至今已经积累了大量关于本地顾客的消费习惯和偏好的数据，有的放矢，可谓二占地利；再有，现在嘉农的员工干劲十足，可谓三占人和。如此，天时地利人和毕集，胜算十足。"吴进的报告不但数据分析得有理有据，计划得更是周密详尽，真不愧是嘉农里搞营销的第一骁将。黄豪看了一下自己的仓库报表，解决了存货管理的难题，经过这一段时间的运作，仓库可谓弹药充足，如今正是大展拳脚拓展销售的好时机。如果这个促销战役能告捷的话，可以大大提高嘉农的销售额，甚至从而扭亏为盈也未可知。销售部"买一送一，回馈顾客"的促销活动很快就开始了，网上订货量一时大增，吴进整天笑得合不拢嘴。黄豪不敢掉以轻心，每天盘点存货，时不时开仓库员工的动员会，组织他们加班加点配合销售部的活动。尽管工人们对密集的加班已有微词，但此时黄豪已管不了那么多了，也许现在就是决定公司生死存亡的一刻，怎么也不能出纰漏。对于工人们的不满，黄豪也只能请沈亦云多拨加班工资。好在沈亦云如今还不算太难讲话。销售部的投诉没想到这么快就出了新的问题，黄豪想着就有些头大。总经理扬波很快就出现在仓库里，黄豪不禁有些惭愧，不管出了什么问题，让总经理老往自己这边跑可不是好事。他一声不响地把扬波领进自己的办公室，并吩咐小刘倒茶。扬波坐下后松了松领带，开了一天的会让他疲惫不堪。但救急如救火，杨波一接到吴进的电话，马不停蹄的就赶到配送中心来了。"老黄，怎么回事，销售部这两天老往我这打电话。客户抱怨不能准时地收到所订的货物，已经怨声载道了，不少其他的客户闻讯也取消了部分订单。你知道在市场上流传着这样的言论对于公司的信誉来说并不是一个好现象。"扬波说完长叹了一口气，略显无奈地看着黄豪。"销售部那边催得紧呀，这样吧，你马上去查一查不能准时发货的原因，尽可能的在三天内解决，不能再拖了，再发生这样的事情对公司的打击肯定是无法估计的。"扬波又接着鼓励了黄豪几句，拍拍他的肩膀就走了，公司还有一大堆事情等着他处理。

面对这突如其来的问题，总经理的压力黄豪可以理解，但三天，三天真的能解决这个问题吗？他心里莫名的烦躁起来。作为本市最著名的网络超市的仓库主管，黄豪掌管着公司上百种货物的仓储以及配送业务。由于该部门的重要性，黄豪一直都是直接向公司的最高执行长官——总经理扬波汇报情况的。在黄豪的组织架构下，仓库的管理人员又根据功能的不同分成这样几个小组：收货组、存货管理组、发货组。收货组主要负责接收并且检验从不同供应商那里发来的货品是否数量正确，质量合格；存货管理组的主要职责是负责所有在库商品的保质期监督，以及及时把仓库各种货物的消耗情况汇报给黄豪，以便通知公司的采购部门及时补充必要的存货；而发货组的任务是处理客户的订单，并且组织人力到仓库进行相应的拣货及配货工作，然后送交运输部门进行运送。扬波走后，黄豪又仔细检查了一遍公司的存货，一切正常，并没有预想中的发生缺货导致不能准时发货的现象。那究竟是什么原因呢？仓库到底发生了什么事情呢？为了弄清楚情况，黄豪马上召集仓库各个小组的负责人开会，讨论问题的原因以及解决方案。收货组长表示收货方面一切正常，所有订购的货品都按时送到公司的仓库并且收缴入库；存货管理组长则表示在库商品情况良好，过期损坏指数均在控制水平线内，并且库存商品足够应付每天的订单数量，没有缺货现象；最后发言的发货组长认为发货情况总体正常，只是由于每张订单所订购商品的品种和数量不同，所以有些时候订单处理很快，有些时候则会有一些延迟，工人比较吃紧。黄豪凭着多年的仓库管理经验，感觉可能这就是问题的关键所在。为了进一步了解情况，黄豪和发货组长一起来到了仓库的拣货区。

仓库的发现：走出黄豪的办公室，就到了拣货区。拣货区在仓库的东端，紧靠着装货口，所有的订单都会在拣货区完成分拣、配货，然后由装货区发送。黄豪走进拣货区的时候，十多个工人正推着小货车，在这里穿梭往返。黄豪仔细的打量了一遍拣货区，食品区、饮料区、日用品区、电器区和礼品区的货物都有条不紊的堆放着，虽是有多有少，可多的少的都不至于太离谱，每个区有固定的员工负责该区商品的分拣。这种方法就是公司上个季度新推行的分区拣货法。经过试验，比起以前的单人拣货法，效率确实是有不少的改进。所谓单人拣货法，就是一张订单上所有商品的分拣都由一名拣货员完成，不管商品的种类数量多少，这个拣货员会依次经过整个拣货区的各个区域进行拣货。黄豪接手以前，这里用的就是单人拣货法。而分区拣货法，就是把整个拣货区分成几个区，每张订单都从食品区开始，而食品区的拣货员只负责分拣订单上所有的食品项目。当他完成所有食品的分拣后，就把订单交到食品区和饮料区之间的交接点，而饮料区的拣货员则会从交接点这里取得订单，继续进行订单上饮料的拣货。以此类推，订单依次经过日用品区、电器区和礼品区，最后到达装货区的时候，所有的商品的分拣也就完成了。相比较而言，由于分区拣货法中拣货员所负责的范围较小，更容易熟悉自己分区内商品的分布，因此效率会比单人拣货法高。另外，按照订单的次序进行拣货对后面的配送非常重要。送货队通常会根据不同的客户地址有一个先后排序，为了避免重复搬运和移动，送货队对货物在车内存放的位置很有讲究。后送达的货物，因为要后取出，所以会先装车，尽量安排在车的靠里面的位置；而反之，先送达的客户的货物要尽量靠近车门，方便提取，所以要后装车。所以当送货队有了客户排程之后，拣货部会按照送货的逆序来排列订单，再发放给拣货工人依次分拣。这样就能保证分拣完的货物按照需要的顺序送到装车处，不用再花时间、人力进行调整排序，这也是分区拣货法的优点之一。想到这里，黄豪禁不住佩服当时自己想出的这个好法子。黄豪最先到达食品区，眼前的景象让他颇觉满意，三个拣货员聚集在一排货架前，正麻利地配着货。让他不解的是，拣货小车前进的速度却慢得像蜗牛爬。发货组长见状，苦着脸说："今天订单里的食品需求量很大，我们的人手不够，瞧！还有那么多订单积压在那里呢。"黄豪一扭头，果然看见食品区前面的小桌上堆积着厚厚的订单。

走过两排货架，就是饮料区，这里却是另一番光景。三个拣货员正闲坐着聊天，拣货车里空空如也，交接点上一张订单也没有。黄豪探了探头，发货组长立马凑上来解释："这三个是饮料组的，负责饮料的拣货，今天的订单上饮料的需求不多，所以他们暂时比较空闲。"黄豪觉得很奇怪，不是说人手不够吗？既然他们暂时空闲，为什么不多调些人手去食品组，少安排些人在饮料组？黄豪向发货组长说明了自己的建议。本以为这个问题可以这样轻松解决，可是发货组长仍然苦着一张脸，"黄经理呀，每张订单包括的类目都是不确定的，现在您看到的这些订单大多是食品多，饮料少，所以出现了食品组忙得焦头乱额，而饮料组却闲得优哉游哉的情况。可有的时候情况是完全相反的，饮料多而食品少，我总不能老把人调来调去吧？"发货组长叹了口气，既然开了口，索性就说清楚吧，也得让上头知道自己的难处。"因为我们无法预测下一张订单究竟是哪个组的商品比较多，所以人手很难调配。其实不光是食品区和饮料区，其他分区也存在同样的情况。由于每张订单上所包括各类商品的比例不一样，造成不同分区的工作量分配变化很大。我们很难根据时刻变化的工作量来在各个分区之间进行调度。因为为每个拣货区的人员配备制定预算的时候考虑了这一因素，特意比计算所得多加了一点富余，前一阵子订单量不多的时候，问题还不是太严重。但是最近我们搞促销，每天订单数量增加很多，这个问题顿时就变得棘手了。虽然各组拣货员们开足马力，加班加点，但还是不能保证每张订单都能按时发出。”

“今天还有几张订单要完成啊?”想起食品区前面那厚厚的一叠订货单，黄豪也不禁有点焦急。

“今天从一大早开始忙，到现在也只出了150多张订单。黄经理，拣货员们已经很努力了。可是由于正在搞促销，订单比平时多了一倍有余，估计今天还有三、四十张要赶。现在已经快临近下班时间了，天天安排大伙加班也不是个办法，工人们已经开始抱怨了。要是常此以往，我真不知道该如何应付了!”发货组长说了半天，却归结于无法解决。黄豪一时语塞，当时为嘉农的仓库设计这个分区拣货法，完全是以自己以前公司的做法为蓝本考虑的，没想到嘉农的订单上的各类商品需求变化这么大，自己真是疏忽了。看来现在没法及时配货怪不得工人们，也怪不得发货组长调动不力，全是自己当初在设计这个方案时考虑不周呀。这么一想，黄豪心烦加自责，不知道该怎么办才好。

“经理，我们……”发货组长在旁边怯生生的叫道，把黄豪从沉思中惊醒过来。不管多么困难，问题总是要解决的。他转过身来，很认真的看着眼前的工人和发货组长，“这次促销活动对我们公司很重要，如果因为不能及时出货而导致嘉农原本不错的声誉受损，那么我们在限期内扭亏为盈的目标就不可能实现了。目前只能先辛苦你们了，哪怕是加班加点，也得保证今天的订单全部完成。”他用力的拍拍发货组长的肩膀，“辛苦你了。”“可是……”发货组长嗫嚅着，似乎还想说些什么。黄豪早已对他要说的话心知肚明，“你放心，我知道这不是长久之计，我会尽快解决这个问题的，大家集思广益，合众人之力，肯定会有好办法。”

黄豪总算是知道问题出在哪里了，面对管理层的压力，属下的抱怨，黄豪的内心变得烦躁不安。三天的时间一过，如果自己再拿不出好的解决办法，只怕公司不炒鱿鱼自己也没心思再待下去了。放弃这份与这群伙伴共同创下的事业，这个是黄豪想都不敢想的结果。

前两天，黄豪曾和一个在软件公司工作的老朋友联系过。那个朋友正好提起过他们公司在开发一套仓库管理系统，也许用计算机软件控制可能可以提高效率，解决仓库现在的情况。可是现在还只是处于开发阶段，三天内肯定是用不上了。或者，增加人手？这个似乎是最简单易行的方法。但是现在公司的预算十分紧凑，如果财务部发现仓库时不时会有闲置的工人，怎么也不会同意再增加人手的。继续加班加点，顶过这段促销高峰时期？工人们会愿意吗？而且即使愿意也会给公司增加一大笔加班费用，到时候又怎么向财务交代呢？一个又一个的问号闪过黄豪的脑海，让他百思不得其解。黄豪现在只希望有奇迹出现，能够拯救他棘手的工作。（来源：http://www.alibado.com/course/detail-imageTextPlay-37717-1.htm 作者：王嘉豪）

结合以上案例，讨论以下问题：

1. 描述案例中提到的单人拣货法和分区拣货法的操作过程。

2. 针对案例中的拣货问题，提出相应的解决策略。

三、实战训练：针对超市的拣货与补货

1. 实训技能点

拣货作业；补货作业。

2. 实训任务

某配送中心主要为其本地的一些中小超市进行日用品和食品的配送业务。2011 年 7 月 1 日下午 4:00 前分别收到了 4 个客户的订单，客户订货情况如表 7-12 所示，配送中心拣货区安全最优库存量如表 7-13 所示，配送中心拣货区现有库存量如表 7-14 所示。

表 7-12 客户订货情况表

客户名称	商品种类	规格	单位	数量
A	蒙牛牛奶	250 mL×25	箱	5 箱
	光明牛奶	250 mL×25	箱	3 箱
	伊利牛奶	250 mL×25	箱	5 箱
	雕牌洗衣粉	1 500 g×10	箱	5 箱
	金龙鱼色拉油	1 000 mL×10	箱	2 箱
	葵花色拉油	1 000 mL×10	箱	4 箱
	雕牌洗洁精	1.5 kg×5	箱	6 箱
	中华牙膏	130 g×20	箱	3 箱
	佳洁士牙膏	130 g×20	箱	4 箱
B	蒙牛牛奶	250 mL×25	箱	10 箱
	光明牛奶	250 mL×25	箱	5 箱
	伊利牛奶	250 mL×25	箱	4 箱
	雕牌洗衣粉	1 500 g×10	箱	5 箱
	金龙鱼色拉油	1 000 mL×10	箱	5 箱
	葵花色拉油	1 000 mL×10	箱	3 箱
	雕牌洗洁精	1.5 kg×5	箱	4 箱
	中华牙膏	130 g×20	箱	5 箱
C	蒙牛牛奶	250 mL×25	箱	6 箱
	光明牛奶	250 mL×25	箱	3 箱
	伊利牛奶	250 mL×25	箱	2 箱
	雕牌洗衣粉	1 500 g×10	箱	2 箱
	金龙鱼色拉油	1 000 mL×10	箱	4 箱
	葵花色拉油	1 000 mL×10	箱	5 箱
	雕牌洗洁精	1.5 kg×5	箱	1 箱
	中华牙膏	130 g×20	箱	2 箱
	佳洁士牙膏	130 g×20	箱	3 箱

续表 7-12

客户名称	商品种类	规格	单位	数量
D	力士香皂	100 g×10	箱	1 箱
	蒙牛牛奶	250 mL×25	箱	3 箱
	光明牛奶	250 mL×25	箱	3 箱
	伊利牛奶	250 mL×25	箱	2 箱
	雕牌洗衣粉	1 500 g×10	箱	2 箱
	金龙鱼色拉油	1 000 mL×10	箱	3 箱
	葵花色拉油	1 000 mL×10	箱	2 箱
	雕牌洗洁精	1.5 kg×5	箱	4 箱
	中华牙膏	130 g×20	箱	3 箱
	佳洁士牙膏	130 g×20	箱	3 箱

表 7-13　配送中心拣货区安全库存量标准表

项次	品名	规格	单位	拣货区安全库存设定标准
1	蒙牛牛奶	250 mL×25	箱	8 箱
2	光明牛奶	250 mL×25	箱	15 箱
3	伊利牛奶	250 mL×25	箱	10 箱
4	雕牌洗衣粉	1 500 g×10	箱	1 箱
5	金龙鱼色拉油	1 000 mL×10	箱	3 箱
6	葵花色拉油	1 000 mL×10	箱	5 箱
7	雕牌洗洁精	1.5 kg×5	箱	6 箱
8	中华牙膏	130 g×20	箱	3 箱
9	佳洁士牙膏	130 g×20	箱	2 箱
10	张裕干红葡萄酒	560 mL×6	箱	5 箱
11	德芙巧克力	220 g×6	箱	6 箱
13	飘柔洗发水	400 mL×12	箱	5 箱
14	六神沐浴露	355 mL×12	箱	6 箱
15	六神花露水	255 mL×12	箱	6 箱
16	力士香皂	105 g×24	箱	3 箱
17	清爽漱口水	250 mL×12	箱	2 箱

表 7-14　配送中心拣货区现有存货情况表

项次	品名	规格	单位	拣货区安全库存设定标准
1	蒙牛牛奶	250 mL×25	箱	10 箱
2	光明牛奶	250 mL×25	箱	20 箱
3	伊利牛奶	250 mL×25	箱	10 箱
4	雕牌洗衣粉	1 500 g×10	箱	3 箱
5	金龙鱼色拉油	1 000 mL×10	箱	5 箱
6	葵花色拉油	1 000 mL×10	箱	5 箱
7	雕牌洗洁精	1.5 kg×5	箱	6 箱
8	中华牙膏	130 g×20	箱	6 箱
9	佳洁士牙膏	130 g×20	箱	3 箱
10	张裕干红葡萄酒	560 mL×6	箱	5 箱
11	德芙巧克力	220 g×6	箱	6 箱
13	飘柔洗发水	400 mL×12	箱	5 箱
14	六神沐浴露	355 mL×12	箱	6 箱
15	六神花露水	255 mL×12	箱	6 箱
16	力士香皂	105 g×24	箱	6 箱
17	清爽漱口水	250 mL×12	箱	2 箱

根据以上资料，完成两个实训任务。

(1)选择一种拣货方法，完成对以上 4 份订单的拣货作业。

(2)计算需要补货的品种和数量，确定补货时机，用托盘补货整箱补货进行补货作业，可以在实训室里将实训室划分为两个区域，货品用空箱子表示。补货操作结束后，撰写一份实训报告，包括补货的品种、数量，补货时机选择及选择的理由，采用的补货方式等内容。

项目八　送货和退货作业

通过本项目的学习，我们将能完成以下学习目标：

【知识目标】

1. 明确送货作业包含的工作内容。
2. 明确车辆调度、车辆配载、运送等作业的原则。
3. 掌握送货作业中的配货作业、车辆调度、车辆配载、运送作业。
4. 掌握退货作业。

【能力目标】

1. 能进行简单的车辆调度。
2. 能结合实际业务进行车辆配载。
3. 能进行配送路线优化。
4. 能按流程处理好退货作业。

【背景资料】

王力和张蕾在昌荣物流有限公司熟悉了拣货员的工作岗位后，又轮岗到负责配货、送货和退货的工作岗位。这一日，他们接到工任务，首先要求对前面工作人员已分拣好的货物进行配货，其次接到七个客户的出货订单，要求完成有关的送货作业。

任务一　配货作业

【任务描述】

配货作业是送货作业的第一个环节，它是指把拣取完成的货品经过配货检查后，装入容器并做好标示，再运到配货准备区，待装车后发送。本项任务的目的是掌握配货过程中的分货、配货检查、包装等工作要领。

一、分货

分货就是把拣货完毕的商品按用户或配送路线进行分类的工作。分货一般有 3 种方式。

(一)人工分货

人工分拣是指所有分货作业过程全部由人根据订单或拣货单自行完成，而不借助任何电脑或自动化的辅助设备。人工分拣效率较低，适用于品种单一、规模较小的情形。

(二)自动分货机分货

自动分货机分货是指利用计算机和自动分辨系统完成分货工作,这种方式不仅快速省力,而且准确,尤其适用于多品种业务繁忙的配送中。自动分货机的工作步骤如下:

(1)将有关货物及分类信息通过信息输入装置输入自动控制系统。

(2)自动识别装置对输入的货物信息进行识别。

(3)自动分货机根据识别结果将货物分类后送至不同的分类系统。

(三)旋转架分类

指利用旋转货架完成分货工作,其步骤如下:

(1)将旋转货架的每一格当成相应客户的出货箱。

(2)作业人员在计算机中输入各客户的代号。

(3)旋转货架自动将货架转至作业人员面前。

这种方式属于半自动化操作,比较人工分货既提高了工作效率,又节省了成本。

二、配货检查

拣取的货物经过分类、集中后,需要根据客户、车次对象等拣选货品作业产品号码及数量的核对,以及产品状态及品质的检验,以保证发运前货物的品种正确、数量无误、质量及配货状态正确。配货检查属于确认拣货作业是否产生错误的处理作业。

目前,配货检查常用的方法有以下 4 种:

1. 人工检查

出货检查最简单的方法就是人工检查,也就是将货品一个个点数并逐一核对出货单,再进而查验货品品质及状态。就货品的品质及状态检验而言,纯人工方式很难将问题一一找出,即使是多次检查,耗费了许多时间,错误很可能依然存在。

2. 商品条形码检查法

导入条形码,让条形码跟着货物。利用条形码扫描器读取移动着的货物条形码,计算机自行统计扫描信息,并与出货单进行对比,从而检查货物数量和编号是否有误。这种检查方法相对于人工检查,效率高,出错率低。

3. 声音输入检查法

当物流人员发声读出货物名称、代码和数量后,计算机接受声音并自动判别,转换成资料信息后,与出货单进行对比,从面判断是否有误。这种方法效率高,但要求作业人员发音准,且每次发音字数有限,否则会造成计算机识别困难,进而可能产生错误。

4. 重量计算检查法

利用计算机计算出货单上的所有货物的总重量,再将计算结果与称出的货物的实际重量进行核对的。利用装有检查系统的拣货台车拣货,在拣取过程中就能利用此法来对拣货商品作检查,拣货人员每拣取一样货品,台车上的计重器就会自动显示其重量并做查对。由于这种方法在拣货时就可以完成,因此可以省去事后检查工作,而且效率及正确性都比较高。

三、包装打捆

(一)包装的含义

包装就是对配送货物进行重新包装、打捆、印刷标识等作业,是货物流通加工作业的一种。

这种包装可以起到保护货物、降低货损、提高运输效率、指导装卸搬运作业及便于收货人识别等作用。

我国国家标准《物流术语》(GB/T 18354—2006)对包装(packaging)的定义是:为在流通过程中保护产品、方便储运、促进销售,按一定技术方法而采用的容器、材料及辅助物等的总体名称,也指为了达到上述目的而采用容器、材料和辅助物的过程中施加一定技术方法等的操作活动。物流术语对销售包装(sales package)的定义是:直接接触商品并随商品进入零售店和消费者直接见面的包装。对运输包装(transport package)的定义是:以满足运输、仓储要求为主要目的包装。

配送作业中的包装主要是指运输包装,其主要作用是保护货物并将多个零散包装物品放入大小合适的箱子中,以实现整箱集中装卸、成组化搬运等,同时减少搬运次数,降低货损,提高配送效率。

(二)包装作业工作流程

1.明确包装材料要求

在正式包装之前,包装工作人员必须要明确包装的具体要求,包括对包装材料,包装技术等要求。

包装材料包括对包装材料的类别、规格及型号等方面的规定。在配送中用到的包装材料如表 8-1 所示。

表 8-1　包装材料一览表

材料名称	具体内容
纸质包装	包括牛皮纸、玻璃纸、植物羊皮纸、沥青纸、板纸和瓦楞纸等
木材包装	包括各种箱、桶、托盘等
塑料包装	主要用于包装的塑料种类有聚乙烯、聚丙烯、聚苯乙烯、聚氯乙烯、钙塑材料等
金属材料包装	应用较多的包括镀锡薄板、涂料铁、铝合金等金属材料
复合材料	纸基复合材料、塑料基复合材料、金属基复合材料

2.明确包装技术要求

在配送作业中,常用的包装技术有以下 6 种:

(1)防震包装技法。防震包装技法又称缓冲包装技法,是指使包装物品免受外界的冲击力、振动力等作用,从而防止损失的包装技术和方法。产品在流通过程中发生破损的主要原因是受运输中的振动、冲击以及在装卸搬运作业过程中的跌落等外力作用,不同物品承受外力作用的程度是不同的,但是如果超过一定的程度都会发生破损。为保护产品,使外力不完全作用在产品上,必须采用某些防震的包装技法,使外力对产品的作用尽可能达到最小。

防震包装技法一般分为全面防震、部分防震和悬浮式防震 3 类方法。全面防震是指产品或内包装的整个表面都用缓冲材料衬垫的包装方法,如压缩包装法、浮动包装法、裹包包装法、模盒包装法以及就地发泡包装法等;部分防震是指仅在产品或内装物的拐角或局部地方使用缓冲材料衬垫,这种技法对整体性好的产品或有内包装容器的产品特别适用;悬浮式防震是指先将产品置于纸盒中,产品与纸盒间各面均用柔软的泡沫塑料衬垫妥当,盒外用帆布包装缝或装入胶合板箱,然后用弹簧吊在外包装箱内,使其悬浮吊起。这样通过弹簧和泡沫塑料同时起缓冲作用。

(2)防潮包装技法。防潮包装技法就是采用防潮材料对产品进行包装,以隔绝外部空气相对温度变化对产品的影响,使得包装内的相对湿度符合产品的要求,从而保护产品的质量。所以,防潮包装技法要达到的目标是保持产品质量,采取的基本措施是以包装来隔绝外部空气潮气变化的影响。

实施防潮包装是用低透湿度或透湿度为零的材料将被包装物与外界潮湿大气相隔绝,所以凡是能阻止或延缓外界潮湿空气透入的材料均可用来做防潮阻隔层材料,如金属、塑料、陶瓷以及经防潮处理的棉、麻、木材等。现代防潮包装中,应用最为广泛的材料为聚乙烯、聚丙烯、聚氯乙烯、聚苯乙烯、聚酯等。

主要防潮包装技法有刚性容器密封包装、加干燥剂密封包装、不加干燥剂密封包装、多层密封包装、复合薄膜真空包装、复合薄膜充气包装和热收缩薄膜包装等。

在具体进行防潮包装时,应注意以下几个方面:产品在包装前必须是清洗干净,并进行干燥处理;产品有尖突部可能损伤防潮隔层时,应预先采取包扎等保护措施;防潮阻隔性材料必须无针孔、砂眼、气泡以及破裂等现象;为防止在运输途中因震动和冲击使内装物发生移动、摩擦等而损伤防潮阻隔层材料,应使用缓冲衬垫材料予以支撑和固定,应尽量将其放在防潮阻隔层的外部;应尽量缩小内装物的体积和防潮包装的面积,尽可能使包装表面积对体积的比率达到最小;应尽量做到连续操作,一次完成包装;包装场所应清洁干燥,温度、适度适宜;防潮包装的封口,须具有良好的密封性。

(3)防锈包装技法。防锈包装技法是运输储存金属制品与零部件时,为了防止其生锈而降低价值或性能所采用的包装技术和方法。防锈包装技法的主要保护对象是机电设备、金属制品等容易生锈的物品。

常见的防锈包装技法有防锈油防锈蚀包装技术和气相防锈包装技术。

大气锈蚀是空气中的氧、水蒸气及其他有害气体等作用于金属表明引起电化学作用的结果,如果使金属表面与引起大气锈蚀的各种因素隔绝,就可以达到防止金属大气锈蚀的目的,防锈油包装技术就是根据这一原理将金属涂封防止锈蚀的。用防锈油封装金属制品时,要求油层要有一定的厚度,油层的连续性好,涂层完整,且不同的防锈油要采用不同的方法进行涂覆。

气相防锈包装技法就是用气相缓蚀剂(挥发性缓蚀剂),在密封包装容器中对金属制品进行防锈处理的技术。气相缓蚀剂是一种能减慢或完全停止金属在侵蚀性介质中的破坏过程的物质,它在常温下具有挥发性,在密封包装容器中,可在很短的时间内挥发或升华出缓蚀气体并充满整个包装容器,同时吸附在金属制品的表面上,从而起到抑制大气对金属锈蚀的作用。

防锈包装技法还要按清洗、干燥、防锈处理和包装等步骤逐步进行。清洗是尽可能消除后期生锈原因的不可少的一步,根据需要又可细分为脱脂和除锈两个阶段;干燥是指消除清洗后残存的水和溶剂的工作,干燥应进行得迅速可靠,否则将使清洗工作变得毫无意义;防锈处理是指清洗、干燥后,选用适当防锈剂对金属制品进行处理的阶段,这是最根本、最重要的工作,在缺少适当的防锈剂或防锈剂应用得不理想时,应代以密封防锈处理;最后是包装阶段,这一阶段除要达到保存防锈处理效果、保护制品不受物理性损失、防止防锈剂对其他物品污染之外,还要达到便于储运和提高商品价值的目的。

◆【知识拓展 8.1】轴承的包装

轴承在包装前，需在表面清理后用黄油涂覆，然后用防水蜡纸进行裹包后，放入内包装中。在采用容器包装时，还可采用在容器内或周围放入适量吸潮剂的做法，以吸收包装内部残存的或由外部进入的水汽，使相对湿度下降，破坏电解液的形成，而达到防锈的目的。（资料来源：编者整理）

(4)防霉包装技法。防霉包装是在流通与储存过程中，为防止内装物长霉影响质量而采取一定防护措施的包装。如对内装物进行防潮包装，降低包装容器内的相对湿度，对内装物和包装材料进行防霉处理等。防霉包装能使包装及其内装物处于霉菌被抑制的特定条件下，保持其质量完好和延长保存期限。

霉变是由于霉菌寄生和繁衍滋生的结果。包装及其内装物在生产、包装、运输和储存的过程中，由于受到环境污染而带有微生物。当外界环境提供了生活条件(营养、温度、湿度、氧气等)微生物就会生长繁殖，引起营养物质的分解而发生霉变现象。

霉菌危害最严重的典型材料是非金属有机物，如棉、麻、木、竹、纸张和塑料、涂料、橡胶、油漆、黏合剂等，由于这些有机物含有丰富的，能被霉菌直接吸收的营养物，从而导致霉菌滋生发育。霉腐过程一般为受潮、发热、霉变和腐烂 4 个环节。

防霉技术的运用可根据产品和包装的性能和要求的不同，而采取不同的防霉途径和措施，可从使用的材料、产品和包装 3 个方面着手分别加以解决。从材料方面来说，要通过对材料长霉筛选，要选用耐霉材料，必要时要对材料采用改进分子结构或配方组成的办法使其达到防霉的要求；从产品方面来说，要对产品通过结构设计、制造工艺、表面隔离以及采用添加防霉剂处理的办法达到防霉的要求；从包装方面来说，要根据霉菌的生理特性，控制霉菌的生长条件，对包装结构、工艺过程通过改进来达到防霉的目的。

企业在进行防霉包装设计时，除了上述的几种方法外，还可采用耐霉材料来防霉、改变产品结构达到表面隔离而防霉或通过包装结构和工艺来防霉以及控制包装储运环境等来防霉。

(5)防虫包装技法。防虫包装技法就是在包装中放入有一定毒性和嗅味的药物，利用该药物在包装中挥发气体杀灭和驱除各种害虫。常用的驱虫剂有苯、对位二氯化苯、樟脑等。也可采用真空包装、充气包装、脱氧包装等。

(6)危险品包装技法。对于危险品包装技术，国内外相关法律法规有具体规定。如《国际海运危险货物规则》就对海运危险货物的包装及标志有专门的要求。

3. 领取包装材料

包装工作人员在明确了包装材料要求和技术要求后，需要到有关部门领取包装材料及用品，包括包装纸、包装袋和包装机等。领取包装材料时一般要完成以下工作：

(1)填写领料单和材料请购单。领取包装材料时，应按事先制定的材料消耗定额如实填写领料单，按公司规定的权限报相关人员审批后，将领料单提交给包装材料仓库管理员。

若所需的材料库存不足，则需要及时填写材料请购单，按公司规定权限报相关人员审批后，提交给采购部门进行采购。

(2)到指定仓库领料。包装材料仓库管理员接到领料单后，快速核实材料的库存是否满足需求、检查领料单的审批手续是否齐全，按规定发料。

包装人员在接到仓库管理的领料通知后，按时到仓库领料，并把材料按类别完整地运回包装作业区。

4. 开展包装作业

在开展包装作业时一般按以下3个步骤进行。

(1)实施包装。包装人员在领取包装材料和包装用具后，即可开展具体的包装作业，将货物装进包装容器，按照统一规定的标准完成拼装、分装、换装、包扎、打捆以及加固等作业。

(2)填写包装清单。包装完毕后，包装人员应认真填写包装清单，将其连同包装的货物一起放进相应的包装容器内。

(3)进行封装。将包装件、包装清单放入包装容器后，使用专业工具或封装设备将包庄容器封起来，确保货物在配送过程中的安全性。

◆【知识拓展8.2】包装合理化的实现

包装时就尽量做到合理化，包装合理化一般体现在以下5个方面：

1. 包装的轻薄化

由于包装只是起保护作用，没有增加产品使用价值的作用，因此，在强度、寿命、成本相同的条件下，更轻、薄、短、小的包装，可以节约材料，提高装卸搬运和运输的效率。而且轻薄短小的包装一般价格比较便宜，如果是一次性包装也可以减少废弃包装材料的数量。

2. 包装的单纯化

为了提高包装作业的效率，包装材料及规格应力求单纯化，包装形状和种类也应单纯化。包装材料品种少易于管理和减少浪费；包装形状和规格单一有利于提高作业的效果，实现机械化。

3. 包装要符合集装单元化和标准化的要求

集装单元化和标准化是包装过程中必须考虑的问题。因为只有包装规格尺寸一致，才能实行模块化包装；包装实现了单元化和标准化，才能批量化作业；有了批量化装卸搬运、保管和运输，才能提高效率，节约费用，物流才能实现机械化和自动化。包装单元化和标准化是现代化物流的重要标志，也是单元化物流的基础。

4. 包装的机械化与自动化

为了提高作业效率和包装现代化水平，各种包装机械的开发和应用是很重要的。由于被包装物品种极其繁多，包装材料和包装方法各不相同，因而出现了各式各样的包装机械。其中有高度自动化的，也有半自动化和手动的。一个相当庞大的包装机械产业为各种产品提供着包装技术装备。

5. 包装绿色化

包装绿色化包括减少对环境的污染和对包装材料的浪费等方面。因此，在包装过程中尽量选用对环境少污染的材料，加大包装材料的再利用程度，减少过度包装。(资料来源：编者整理)

5. 贴标签

为了便于作业人员快速辨认、识别货物，同时为了便于对货物在途跟踪、运输、交接、装卸搬运、核查清点等作业。封装完毕后，需要在外包装容器上贴上有文字或图像说明的标签，包括包装标记和包装标志。

(1)张贴物流包装标记。物流包装标记是根据货物本身的特性，按有关规定文字、图形、表格等标明的标记，主要包括货物名称、数量、质量、规格尺寸、出厂时间、进出口公司名称、货物类别等。根据内容不同，物流包装标记可分为 4 类(表 8-2)。

表 8-2　物流包装标记的类型

名称	项目及作用
一般描述性标记	包括货物的名称、规格、型号、计量单位、数量、重量、出厂日期、地址等，对于时效性较强的货物还要写明成分、保质期等。 主要用来说明货物实体的基本情况。
收发货地点和单位标记	用来表明货物起运、到达地点和收发货单位等的文字记号，在铁路运输中经常被采用。 这种标记主要有 3 个作用：加强保密性，有利于物流中货物的安全；减少签订合同和运输过程中翻译工作；运输中导向作用，可以减少错发、错运等事故的发生。
牌号标记	用来说明货物名称的标记，一般不提供有关货物的其他信息。 一般印制在包装的显著位置。
等级标记	用来说明货物质量等级的记号，常用“一等品”、“优质产品”等字样。

(2)张贴货物包装标志。货物包装标志是指用来表明货物性质、物流活动安全及理货、装卸、搬运、分运等作业需要的文字和图像记号。其作用在于方便作业人员辨识货物，并进行正确操作，以保证人员及货物的安全。

货物包装标志主要包括运输标志、指示性标志、警告性标志(又称危险货物包装标志)，它们包括的具体内容见表 8-3。

表 8-3　货物包装标志

标志分类	具体内容
运输标志	目的港、目的地。 收货人或发货人的代号：多用简单的几何图形如三角形、圆形等，图形内外刷上字母表示发货人和收货人名称的代号。 件号、批号：对每件包装编排顺序号，由顺序号和总件号组成，通常写成 x/y 形式(前面的 x 代表该批货物的第 x 件，后面的 y 代表本批货物的总件数)
指示性标志	包括“禁用手摸”、“必须竖放”、“小心摔坏”、“由此吊起”、“小心轻放”、“防热”、“防冻”等。
警告性标志	凡在运输包装内装有爆炸品、易燃物品、有毒、物品腐蚀物品、氧化剂和放射性物资等危险货物时，都必须在包装上标明各种危险品的相应标志。

◆【知识拓展 8.3】指示性标志部分图例

6.包装检验

包装检验是指根据订单及包装的作业标准对货物的内外包装进行检验，主要包括以下内容。

(1)选择检验方式。检验方式包括一般抽检和当场检验两种方式，在检验前应根据货物的性质及有关规定选择好检验方式。

(2)核对包装标志、标记和号码等。检验时应核对包装上的包装标志、标记和号码是否与订单及相关运输要求一致。

(3)检查包装的完好性和安全性。检查包装物等是否有破损，检查货物内外包装是否牢固、完整、安全等。

(4)出具包装检验报告。根据检验结果出具检验报告。

【同步训练8.1】配送作业的包装主要是指哪种包装?

任务二 车辆调度

【任务描述】

本项任务主要是明确车辆调度的原则，并能按照车辆调度的程序完成车辆的调度。

一、车辆调度的原则

(一)按制度调度

坚持按制度办事，按车辆使用的范围和对象派车。

(二)科学合理调度

所谓科学性，就是要掌握单位车辆使用的特点和规律。调度合理就是要按照现有车的行驶方向，选择最佳行车路线，不跑弯路和绕道行驶;在一条线路上重复派车;在一般情况下，车辆不能一次派完，要留备用车辆，以应急需。

(三)灵活机动

所谓灵活机动，就是对于制度没有明确规定而确定需要用车的、紧急的，要从实际出发，灵活机动，恰当处理，不能误时误事。

二、车辆调度的程序

(一)车辆安排

车辆安排要解决的问题是安排什么类型、吨位的配送车辆进行最后的送货。

(二)配送线路

明确了每辆车负责配送的具体客户后,如何以最快的速度完成对这些货物的配送,即如何选择配送距离短、配送时间短、配送成本低的线路,还需根据客户的具体位置、沿途的交通情况等做出优先选择和判断。

(三)调度配送人员及车辆

货物配好以后,调度人员应根据事先制订的配送计划分配配送任务,进行配送调度作业。

(四)出车

送货人员必须完全根据物流人员的送货作业指示(出车调派单)执行出车送货作业任务。当送货人员接到出车指示后,将车辆开到指定的装货地点,与仓库管理员、出货人员在出货区清点、交接货物。

【同步训练 8.2】请描述车辆调度的程序。

◆【知识拓展 8.4】车辆调度员的岗位职责

一般调度部门设置计划调度员、值班调度员、综合调度员和调度长岗位。

1. 计划调度员责任

(1)编制、审核车辆平衡方案和车辆运行作业计划,并在工作中贯彻执行,检查总结。

(2)掌握运输计划及重点物资完成情况及时,进行分析研究,提出措施和意见。

2. 值班调度员责任

(1)正确执行车辆运行计划,发布调度命令,及时处理日常生产中发生的问题,保证上下级调度机构之间的联系。

(2)随时了解运输计划和重点任务完成进度,听取各方面反映,做好调度记录,发现有关情况及时向领导指示、汇报。

(3)随时掌握车况、货况、路况,加强与有关单位的联系,保证单位内外协作。

(4)签发行车路单,详细交代任务和注意事项。

(5)做好车辆动态登记工作,收集行车路单及有关业务单据。

3. 综合调度员责任

(1)及时统计运力及其分布、增减情况和运行效率指标。

(2)统计安全运输情况。

(3)统计运输生产计划和重点运输完成进度。

(4)统计车辆运行作业计划的完成情况及保养对号率。

(5)及时绘制有关资料的汇总和保管。

4. 调度长责任

全面领导和安排工作,在调度工作中正确地贯彻执行有关政策法令,充分地发挥全组人员的积极性,确保运输任务的完成。

(资料来源:http://baike.baidu.com/view/1267623.htm? fr=ala0_1)

任务三 车辆配载

【任务描述】

配载在指在确定好车辆的基础上，对货物进行合理配装，以达到最大限度地利用车辆的空间和载重量。本项任务是在明确影响车辆配载的因素和车辆配载的原则后，提高车辆的满足率。

一、分析影响车辆配载因素

影响车辆配载因素主要包括以下几个方面：

(一)货物本身的特性

在物流行业中，一般按货物的密度将货物分为轻泡货和重泡货。我国现行规定：凡每立方米货物的重量大于 1 t 的为重泡货；小于 1 t 的为轻泡货。因此，在配载时要充分考虑货物的特性，从而充分利用好车辆容积。由于货物本身的特征，有些货物不能拼装在一起，如理化性质抵触或串味的情况下，则应尽量选派核定吨位与所配送的货物数量接近的车辆进行运输。

(二)货物包装情况

配载时要充分考虑货物的包装尺寸和车辆的尺寸，尽量让车辆尺寸和货物包装尺寸成倍数关系。

(三)相关法规规定

货物的运输要遵守相关的法律规定。如在有关危险品运输的规定中提到：危险货物不得与普通货物混装。运输剧毒、爆炸、强腐蚀性的危险货物的非罐式专用车辆，核定载质量不得超过 10 t。

◆【知识拓展 8.5】有关危险品运输的规定

《道路危险货物运输管理规定》

第二十三条　禁止使用报废的、擅自改装的、检测不合格的、车辆技术等级达不到一级的和其他不符合国家规定的车辆从事道路危险货物运输。

除铰接列车、具有特殊装置的大型物件运输专用车辆外，严禁使用货车列车从事危险货物运输；倾卸式车辆只能运输散装硫磺、萘饼、粗蒽、煤焦沥青等危险货物。禁止使用移动罐体(罐式集装箱除外)从事危险货物运输。

第二十九条　不得使用罐式专用车辆或者运输有毒、腐蚀、放射性危险货物的专用车辆运输普通货物。其他专用车辆可以从事食品、生活用品、药品、医疗器具以外的普通货物运输活动，但应当对专用车辆进行消除危险处理，确保不对普通货物造成污染、损害。危险货物不得与普通货物混装。

第四十四条　在危险货物装卸、保管、贮存过程中，应当根据危险货物的性质和保管要求，轻装轻卸，分区存放，堆码整齐，防止混杂、撒漏、破损，不得与普通货物混合存放。

(资料来源：《道路危险货物运输管理规定》)

二、遵循车辆装载的原则

(一)轻重搭配,重不压轻的原则

车辆配载时,要做到轻重货物搭配,同时,应将重货放置于底部,避免重货压坏轻货,并保证货物的重心下移,从而保证运输的安全性。

(二)大小搭配的原则

货物包装有大有小,在装载时,合理进行大小搭配,以充分利用车辆空间。

(三)货物性质搭配原则

拼装在一起的货物,要充分考虑其化学和物理性质,其化学物理性质相抵触的不能拼装在一起。如食品不能和有异味的货品放在一起。

(四)一次积载原则

如果货物是到达同一地点的,又适合配装在一起的,应尽可能考虑将这些货物一次积载完毕。

(五)安全性原则

在装载时,要注意安全性,如货与货之间,货与车辆之间应留有空隙并适当衬垫,防止货损;装货完毕,应在门端处采取适当的稳固措施,以防开门卸货时,货物倾倒造成货损。

(六)"后送先装"原则

拼装时,一般将后送的货物先装在里面,先送的货物后装在外面,以便于卸货。

三、车辆配载的方法

(一)车辆配载的要点

一般来说,车辆装载在遵循以上原则的前提下,尽可能提高满载率,主要做到以下几点。

1. 研究各类车厢的装载标准,根据不同货物和不同包装体积的要求,合理安排装载顺序,努力提高装载技术和操作水平,力求装足车辆核定吨位。

2. 根据客户所需要的货物品种和数量,调派适宜的车型承运,这就要求配送中心根据经营商品的特性,配备合适的车型结构。

3. 凡是可以拼装运输的,尽可能拼装运输,但要做好不同客户货物的标记,防止差错。

(二)车辆配载的计算方法

在配载中,对于重质货物来讲,基本上都能较容易实现100%的满载率。如果将重质货物和轻质货物混装,则可以达到容积和载重量都得到充分利用,但往往有一定的难度,常用的计算方法如下。

设车辆可用容积为V,核定载重量为W,现要装载单位质量体积为R_a和R_b两种货物,如何配载才能使车辆的载重量和车辆的容积得到充分利用。

设:两种货物的配装重量分别为W_a和W_b,可以得出以下式子:

$$W_a+W_b=W$$

$$W_aR_a+W_bR_b=V$$

由以上两个式子可以得出：

$$W_a=\frac{V-WR_b}{R_a-R_b}$$

$$W_b=\frac{V-WR_a}{R_b-R_a}$$

例：某建材配送中心需要为某一客户运送水泥和玻璃两种货物，已知水泥的单位质量体积为 0.9 m^3/t，玻璃的单位质量体积为 1.6 m^3/t。假设使用的车辆的载重量为 12 t，容积为 16 m^3，如何装载才能使车辆的载重能力和车辆的容积都得到充分利用。

设水泥的装载量为 W_a，玻璃的装载量为 W_b

已知 $V=16\ m^3$　　$W=12\ t$　　$R_a=0.9\ m^3/t$　　$R_b=1.6\ m^3/t$

$$W_a=\frac{V-WR_b}{R_a-R_b}=\frac{16-12\times1.6}{0.9-1.6}=0.46\ t$$

$$W_b=\frac{V-WR_a}{R_b-R_a}=\frac{16-12\times0.9}{1.6-0.9}=7.43\ t$$

由上可知，该车辆装载 0.46 t 和水泥和 7.43 t 的玻璃时车辆能满载。

需要注意的是：该种方法的前提是车辆的容积系数介于所要配载的货物容重比之间。如果所需装载的货物的质量体积都大于或都小于车辆的容积系数，则只能是满足容积或载重量。当存在多种货物配载时，可以将货物比重与车辆容积系数相近的货物先配载，剩下两种最重的和最轻的货物进行搭配配载。

四、货物装卸作业

装卸是配送中心工作量最繁重的作业之一，合理的装卸搬运可以节约人力物力和财力。

（一）装卸作业的类型

1. 单件货物装卸搬运

指对货物进行单件、逐件装卸搬运的方式。目前，对长大笨重的货物，或集装会增加危险的货物等，仍采用这种传统的作业方式。

2. 散装货物装卸搬运

指对煤炭、粮食、化肥、水泥等货物进行装卸搬运的方式，一般从装点直到卸点，中间不再落地，这种集装卸与搬运于一体的方式，这种作业常采用重力法、倾翻法、机械法、气力法等方法。

3. 集装货物装卸搬运

指先将散装货物集中，化零为整，再进行装卸搬运的作业方法。有集装箱作业法、托盘作业法、货捆作业法、滑板作业法、网装作业法及挂车作业法等。这种方式可以提高效率，减少损失，便于达到储存、装卸搬运、运输一体化，实现物流作业机械化、标准化。

（二）装卸作业合理化的实现

1. 防止和消除无效作业

在装卸过程中，尽量减少装卸的次数，提高装卸货物的纯度等。

2.提高物品的装卸搬运活性

货物平时存放的状态是各种各样的,可以是散放在地上,也可以是装箱存放在地上,或放在托盘上等。由于货物存放的状态不同,货物的装卸搬运难易程度也不一样。人们把货物从静止状态转变为装卸搬运运动状态的难易程度称之为装卸搬运活性。如果很容易转变为下一步的装卸搬运而不需过多装卸搬运前的准备工作,则活性就高。反之,则低。

3.充分利用重力和消除重力影响,进行少消耗的装卸搬运

装卸搬运使物体发生垂直和水平位移,必须通过做功才能完成。由于我国目前装卸搬运机械化水平还不高,一些装卸搬运作业尚需人工完成,劳动强度大,因此在有条件的情况下,可利用货物的重量,进行有一定落差的装卸搬运。例如,可将设有动力的小型运输带斜放在货车上,依靠货物本身重量进行装卸搬运,使货物在倾斜的输送带上移动,这样就能减轻劳动强度和能量的消耗。

在装卸搬运时,尽量消除或削弱重力的影响,也会获得减轻体力劳动及其他劳动消耗的可能性。例如,利用重力式移动货架就是利用重力进行省力化装卸的方式之一。这种重力式货架,因每层均有一定的倾斜度,利用货箱或托盘,可自己沿着倾斜的货架层板滑到输送机械上。为了尽可能减少物品滑道的阻力,通常将货架表面处理得十分光滑,或者在货架层上装上滚轮。

4.合理利用装卸搬运机械设备

现阶段,装卸搬运机械设备大多在物品超重、搬运量大、人力难以操作等的情况下使用。今后的发展方向是即使在人可以操作的场合,为了提高安全和效率,也应将人力操作转由机械设备来实现。为了提高设备的安全和效率,应加强对操作人员的技术训练和考核。必须对操作人员进行技术训练和考核,使他们会使用、保养设备,会排除故障,并且要熟悉设备的性能。

5.保持物流的均衡顺畅

货物的处理量波动大时会使搬运作业变得困难,但是搬运作业受运输等其他环节的制约,其节奏不能完全自主决定,必须综合各方面的因素妥善安排,使物流量尽量均衡,避免忙闲不均的现象。

6.合理选择装卸搬运方式,不断改善作业方法

在装卸搬运过程中,必须根据货物的种类、性质、形状、重量来合理确定装卸搬运方式,合理分解装卸搬运活动,并采用现代化管理方法和手段,改善作业方法,实现装卸搬运的高效化和合理化。

7.推进集装单元化

将货物集中一定数量,使之形成一个单元,从而利用机械进行装卸进而形成输送、保管的集装单元化,是提高装卸搬运效率的有效方式。

【同步训练 8.3】请描述车辆配载中的“后送先装”原则。

任务四 运送作业

【任务描述】

本项任务主要是掌握运送作业的相关内容，包括配送路线的确定，送达服务与交割等作业。在配送路线确定中能理解节约里程法的原理，并能利用节约里程法寻找合适的配送路线，以提高运送作业的效率。

一、确定配送路线

(一)配送路线优化的目标

为了使配送的成本达到最低，需要对配送路线进行优化，这条配送路线要最短，同时又要满足客户对配送时间的要求。因此，配送路线优化首先要明确配送目标。

1. 以效益最高为目标，计算时以利润数值最大为目标。
2. 以成本最低为目标，实际上也是选择了以效益为目标。
3. 以路程最短为目标。
4. 以吨公里(tkm)最小为目标。
5. 以准确性最高为目标，它是配送中心重要的服务指标。

(二)确定配送路线的约束条件

1. 满足所有收货人对货物品种、规格、数量的要求。
2. 满足收货人对货物发到时间范围的要求。
3. 在允许通行的时间范围进行配送。
4. 各配送路线的货物量不得超过车辆容积和载重量的限制。
5. 在配送中心现有运力允许的范围内。

【同步训练 8.4】请列举配送中心在确定配送路线时 3 种以上的目标。

(三)配送路线优化的方法

1. 节约里程法的原理

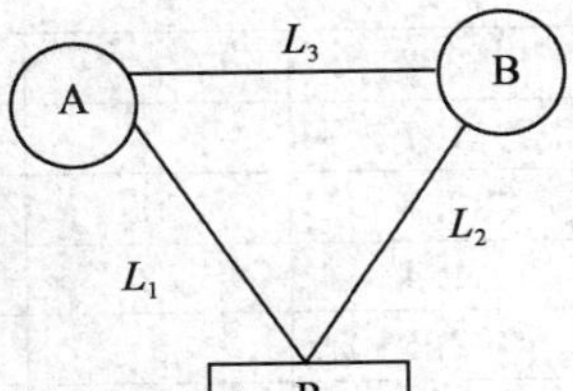

图 8-1 VSP 法原理图

里程节约法又称车辆运行计划法(Vehicles Scheduling Program，VSP)，它的基本原理是三角形的一边之长必定小于另外两边之和(图 8-1)。假设配送中心 P 向 A 和 B 两点送货，配送中心到 A 的距离为 L_1，配送中心到 B 的距离为 L_2，而 A 和 B 之间的距离为 L_3，如果配送中心分别将货物配送到 A 和 B，则配送的路线

距离为 $L_1+L_1+L_2+L_2$。而如果配送中心将货物配送到A,然后到B,最后回到配送中心,则配送的路线距离为 $L_1+L_2+L_3$。显然,$L_1+L_1+L_2+L_2>L_1+L_2+L_3$,节约的里程为 $L_1+L_2-L_3$。

2. 节约里程法的计算步骤

例如:设配送中心A向7个用户(分别用 $P_1, P_2, \cdots, P_j$ 表示)配送货物,其配送路线网络、配送中心与用户的距离以及用户之间的距离如图8-2与表8-4所示,图中括号内的数字表示客户的需求量(单位:t),线路上的数字表示两结点之间的距离(单位:km),现配送中心有2台4 t卡车和2台6 t卡车两种车辆可供使用。用节约里程法制定最优的配送方案。

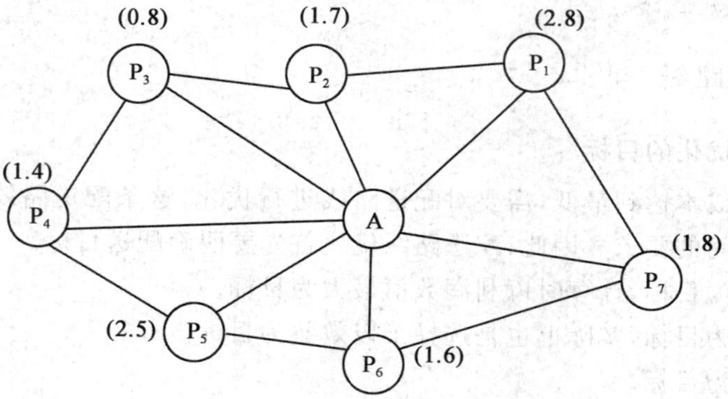

图 8-2 配送网络图

表 8-4 运输里程表

需要量	A							
2.8	8	P_1						
1.7	4	5	P_2					
0.8	11	9	4	P_3				
1.4	12	16	11	7	P_4			
2.5	5	13	9	13	10	P_5		
1.6	15	22	18	22	19	9	P_6	
1.8	19	27	23	30	30	20	11	P_7

(1)根据运输里程表,按节约里程公式,求出相应的节约里程数,如表8-5所示。

表 8-5 节约里程数表

需要量	P_0							
2.8	8	P_1						
1.7	4	5(7)	P_2					
0.8	11	9(10)	4(11)	P_3				
1.4	12	16(4)	11(5)	7(16)	P_4			
2.5	5	13(0)	9(0)	13(3)	10(7)	P_5		
1.6	15	22(1)	18(1)	22(4)	19(8)	9(11)	P_6	
1.8	19	27(0)	23(0)	30(0)	30(1)	20(4)	11(23)	P_7

(2)按节约里程数大小的顺序排序,如表 8-6 所示。

表 8-6 节约里程排序表

序号	路线	节约里程	序号	路线	节约里程
1	P_6P_7	23	9	P_2P_4	5
2	P_3P_4	16	10	P_3P_6	4
3	P_2P_3	11	11	P_1P_4	4
4	P_5P_6	11	12	P_5P_7	4
5	P_1P_3	10	13	P_3P_5	3
6	P_4P_6	8	14	P_1P_6	1
7	P_4P_5	7	15	P_2P_6	1
8	P_1P_2	7	16	P_4P_7	1

(3)按节约里程数大小,组成配送路线图,如图 8-3 所示。

配送路线有以下 3 条:

①P_5—P_6—P_7 组成共同配送,节约里程(11+23)=34 km,配送重量(2.5+1.6+1.8)=5.9 t,使用一辆 6 t 车;②P_4—P_3—P_2 组成共同配送,节约里程 16+11=27 km,配送重量(1.4+0.8+1.7)=3.9 t,使用一辆 4 t 车;③P_1 单独送货,配送重量为 2.8 t,使用一台 4 t 车配送。

优化后的配送线路,共节约里程为 ΔS=34+27=61 km。

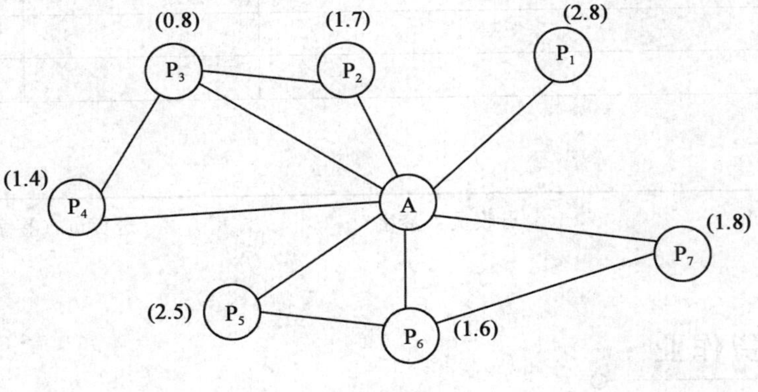

图 8-3 配送路线图

二、运送

根据确定的最优路线,在规定的时间内及时准确地将货物运送到客户手中。在运送过程中要加强对运送车辆的管理。

三、送达服务与交割

当货物送达订货地点后,送货人员应协助收货单位将货物卸下车,放到指定位置,并与收货人员一起清点货物,做好送货完成确认工作,完成送货回单的签收工作(送货回单如表 8-7 所示)。一般情况下,如果收货方有退货、调货的要求,则应随车带回,并完成相关单证手续。

配送部门的车辆按指定的计划到达客户完成配送工作后,即通知财务部门进行费用结算。

表 8-7 送货回单

送货单号:

送货单位: 收货单位: 送货时间: 收货时间:

送货

序号	品名	规格	数量	重量

收货

序号	品名	应送数	送达数	点收数

验收情况:

验收员:(签字) 点收员:(签字) 送货员:(签字)

任务五 退货作业

【任务描述】

退货作业是配送中心的重要工作任务之一,退货作业处理是否妥当一方面直接影响配送中心的工作效益,另一方面还影响着与客户的关系。本项任务主要是要明确商品退货管理的原则,掌握常见的退货处理方式,能够结合实际业务按退货流程完成退货作业。

一、商品退货管理原则

当配送中心将商品配送到客户后,客户会因为种种原因而要求退货,如货物包装损坏、商品损坏、商品保质期快到期或已到期、送交的商品与要求的商品不符等。如何确定商品是否可以退换,要遵循一定的原则,正确处理好退换货问题才能提高客户的满意度。

(一)责任原则

商品发生退货问题，首先要明确产生问题的责任人，是配送中心送货时的问题还是客户的问题，同时还要明确产生问题的产品是否由自己送出，从而做出最佳的解决方案。

(二)凭证原则

配送中心要事先明确客户在发出退货申请时应以何种凭证作为退换商品的证明。

(三)条件原则

配送中心应当事先决定接受何种程度的退货，或者在何种情况下接受退货，并且规定相应的时间作为退换期限。如规定"仅不良品或商品损伤的情况下接受退货"、"销售额的15%以内退货"、"发出货品7天内按受退货"等。值得注意的是，在制定条件时，不能与相关的法律法规相冲突。

(四)费用原则

商品退换要消耗大量的人力、物力和财力。配送中心实施退换货物时，除由配送中心自身原因导致的商品退换外，通常需要对要求进行商品退换的客户中收取一定的费用。

(五)计价原则

退货的计价原则和购物价格不同。配送中心应将退货的作价方法进行说明，通常是按客户购进价与现行价的最低价进行结算。

二、常见的退货处理方式

根据退货产生的不同原因，采取相应的处理方式。常见的退货处理方式如表8-8所示。

表8-8 常见退货处理方式

退货原因	处理办法	具体细则
按订单发货时发生错误	无条件重新发货	1.及时与发货人联系，要求重新发货，并将错发货物调回，其间的费用由配送中心及相关责任人承担。 2.核查产生问题的原因，并采取相应的措施，如在常出错的环节增加控制点等。
运输途中货物受到损坏	给予相应的赔偿	1.依据损坏程度，确定相应的赔偿金额，由配送中心及承运人承担相应的责任。 2.重新研究包装材料、包装方式及装卸情况，找出问题的原因并加以改善。
客户订货有误	收取相关费用并重新发货	1.按客户新订单重新发货。 2.退货所有费用由客户承担。
货物本身的缺陷	无条件重新发货	1.收回退货并集中到配送中心退货处理区进行处理。 2.重新发货。

三、退货商品的处理流程

规范退货工作，制定一套符合企业标准作业的退货作业流程对于配送中心是十分重要的。

（一）接受退货

配送中心的销售部门接到客户的货物信息后，要尽快将退货信息通知质量管理部门和市场部门，并主动会同质量管理部门人员确认退货的原因。若客户退货原因明显为配送中心的责任，如属于货号不符、包装损坏、产品品质不良等原因，应迅速整理好相关的退货资料并及时帮助客户处理退货。若退回货物责任在客户，则销售人员应会同质量管理部门人员向客户说明判定责任的依据及处理方式，如果客户接受，则请客户取消退货请求。如果客户坚持要退货，则应以尽量减少公司利益，不损及客户关系的前提下加以处理。

配送中心接受客户退货时，销售部门要主动告知客户有关销货退回的受理相关资料，并主动协助客户将货品退回销售部门。若该批退货商品经销售部门与客户协商需补货时，销售人员要将补货订单及时传递给采购或库存部门，迅速拟定补交货计划。如果客户的生产、经销需求比较迫切时，销售部门要依据客户的书面需求或电话记录并经主管同意后，由相关部门安排进行商品更换，不得私下换货。

（二）重新入库

由系统生成销货退回单，上面详细记载着商品的信息，如货品编号、货品名称、货主编号、货主名称等信息。经销售人员核对后，确认退货基本信息无误的情况下，由库存部门将退货的商品重新入库。

（三）重新检验

质量管理部门按照新品入库的标准对退回商品重新检验。对于合格品，则进入储存或分拣环节；若属于问题产品（如运输不当、包装不当、分拣出错），则贴上拒收标签，单独存放，这些由配送中心负责；若属于产品质量问题则退回给供应商，当然对于问题商品除向供应商退回外可以采取降低等级，或报废处理。

（四）退款估算

退货给配送中心带来了诸多的不便，如打乱了购销计划，增加了作业量等。另外由于销货和退货的时间不同，同一货物价格可能出现差异，同质不同价，同款不同价的问题时有发生，故配送中心的财务部门在退货时进行商品的估价，将退货商品的数量、销货时的商品单价及退货时的商品单价信息输入企业的信息系统，并依据销货退回单办理扣款业务。

（五）追踪处理

商品退货时，客户常常会抱怨。质量管理部门应追踪销货退回时的处理情况及成效，并将追查结果予以记录，并及时通知客户。与此同时，质量管理部门应冷静地接受客户的抱怨，并抓住抱怨的重点，分析原因，找出解决的方案。在问题解决后，还要对客户加强后续服务，提高客户的满意度，从而与客户维持良好的关系。最后，质量管理部门还应对客户抱怨以及销货退回情况进行登记存档，作为今后配送工作改善的参考。

【项目回顾】

通过本项目的学习，我们明确了送货作业包括配货作业、车辆调度、车辆配载、送达作业等任务，明确了在完成这些任务时应遵循的原则，掌握了车辆配载、配送路线优化的方法。通过对退货作业的学习，明确了退货作业对配送中心的重要性，明确了退货管理应该遵循的原则，掌握了退货作业的流程。本项目的学习可以帮助我们在送货和退货工作环节上做得更好。

课后训练

一、理论训练

（一）不定项选择题

1. 以下属于配货检查的方法有（　　）。

A. 人工检查　　B. 商品条形码检查法

C. 声音输入检查法　　D. 重量计算检查法

2. 以下属于物流包装标志的有（　　）。

A. 一般描述性标记　　B. 等级标记

C. 牌号标记　　D. 收发货地点和单位标记

E. 指示性标记

3. 在外包装上注明目的港、目的地，收货人或发货人的代号，件号、批号等内容的属于哪一种货物包装标志（　　）。

A. 指示性标志　　B. 警告性标志

C. 运输标志　　D. 收发货地点和单位标记

4. 重泡货是指每立方米货物的重量大于几吨的货物（　　）。

A. 1 t　　B. 2 t　　C. 3 t　　D. 4 t

5. 以下属于配送路线确定时的约束条件的是（　　）。

A. 满足所有收货人对货物品种、规格、数量的要求

B. 满足收货人对货物发到时间范围的要求

C. 在允许通行的时间范围进行配送

D. 各配送路线的货物量不得超过车辆容积和载重量的限制

E. 在配送中心现有运力允许的范围内

6. 由于货物本身有缺陷，客户要求退货时应采取以下哪种处理方式（　　）。

A. 无条件重新发货　　B. 给予相应的赔偿

C. 不授受退货　　D. 收取相关费用并重新发货

7. 货物在运输途中受到损坏，客户要求退货时应采取以下哪种处理方式（　　）。

A. 无条件重新发货　　B. 给予相应的赔偿

C. 不授受退货　　D. 收取相关费用并重新发货

8. 在合同中规定“仅不良品或商品损伤的情况下接受退货”，这种做法遵循了哪一条退货原则（　　）。

A. 条件原则　　B. 费用原则　　C. 计价原则　　D. 凭证原则

9. 客户退回配送中心的属于商品质量问题的商品可以采取以下哪几种处理方式（　　）。

A. 退回供应商　　B. 降低等级处理　　C. 报废处理　　D. 交给总部处理

10. 由于运输途中货物受损要求退货产生的费用由哪些主体承担(　　)。

A. 供应商　　B. 配送中心　　C. 客户　　D. 承运人

(二)判断题

1. "禁用手摸"、"必须竖放"、"小心摔坏"等属于警告性标志。(　　)

2. 牌号标记用来说明货物名称的标记,一般不提供有关货物的其他信息。(　　)

3. 有时为了提高满载率,可以考虑将危险货物与普遍货物进行混载。(　　)

4. 运输危险品时,货物必须有警告性标志。(　　)

5. 用来说明货物名称的标记,一般不提供有关货物的其他信息的是物流包装标志中的牌号标志。(　　)

6. 配送中心在确定配送路线时,任何时候都应该以效益最高为目标。(　　)

7. 节约里程法的原理是三角形的一边之长必定小于另外两边之和。(　　)

8. 为了提高客户的满意度,配送中心在处理退货时应无条件接受退货。(　　)

9. 当退货时价格与购进价不一样,配送中心通常是按客户购进价与现行价的最低价进行结算。(　　)

10. 如果退货的原因是客户订货有误,则配送中心不给予退货。(　　)

(三)简答题

1. 描述包装打捆的工作流程。

2. 简述车辆装载应遵循的原则。

3. 简述商品退货管理应遵循的原则。

4. 简述商品退货处理的流程。

二、案例讨论:客户为什么退货

近一段时间,这家企业的退货率急剧增高,而且集中来自几家大客户。业务员为了维系客户关系,与客户承诺凡是产品有任何质量问题,可以接受客户退货,公司返工后再重新发给客户。退货的主要原因是印刷偏差,并超出双方在合同中确认的产品标准和差错率。

公司质量控制(QC)职能在质量部,大约有50人。在日常生产中,QC跟班负责在线质量检查。所以,当退货发生的时候,质量部经理常常受到总经理的指责,认为是在线QC没有尽到自己的职责。生产部认为质量部是制订产品质量标准的部门,而且QC因在日常生产中负责产品质量,她们有更多的经验。所以,当退货发生时,由QC负责将不合格品挑拣出来会更有经验。

但质量部经理发现,退货导致QC常常加班,士气低落,有些QC人员已经提出转到生产部门或其他部门。为此,他与生产部经理商量,是否可以让生产部人员分担退货挑拣工作,或者由生产部人员负责在线质量检查。生产部经理与生产线主管开会,所有主管都反对接手在线QC工作,而以"我们不了解产品标准和客户要求"为借口,推卸对退货挑选的工作。

问题越来越多,质量部经理压力越来越大,退货造成的客户抱怨,已经影响到客户关系。业务部门在香港,每个业务员各自管理自己的客户,业务员的收入来自业务提成,客户的流失会大大影响业务员的收入。所以,总经理最近常常听到业务员、质量经理和生产经理相互之间的抱怨,但仍然没有找到有效的解决方法。

(资料来源:http://madong910310.blog.163.com/blog/static/31774055201022784245937/)

结合以上案例，讨论以下问题：

1. 请从上述的信息中，分析客户退货可能的原因。

2. 提出解决该企业问题的方案。

三、实战训练：配送路线的优化

1. 实训技能点

配送路线的优化

2. 实训任务

假设昌荣配送中心向 5 个客户配送货物，配送中心的配送路线网络、配送中心与客户的距离以及客户之间的距离如图 8-4 和与表 8-9 所示，图中括号内的数字表示客户的需求量（单位：t），线路上的数字表示两结点之间的距离（单位：km），现在配送中心可供使用的两种车辆是 3 台 2 t 卡车和 2 台 4 t 卡车。

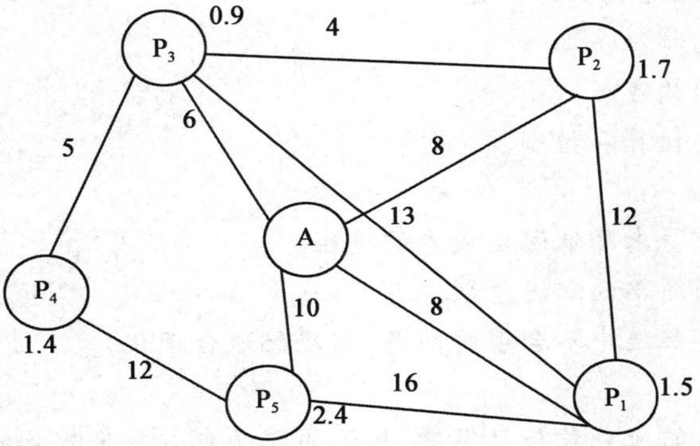

图 8-4　配送网络图

表 8-9　配送中心运输里程表

需要量	A					
1.5	8	P_1				
1.7	8	12	P_2			
0.9	6	13	4	P_3		
1.4	7	15	9	5	P_4	
2.4	10	16	18	16	12	P_5

请根据以上资料完成以下两个任务。

(1)用节约里程法制订最优的配送方案。

(2)假定卡车行驶的平均速度为 50 km/h，比较优化后的方案比单独向各客户分分别配送可节约多少时间？

项目九　配送成本管理

通过本项目的学习，我们将能完成以下学习目标：

【知识目标】

1. 明确物流成本、配送成本的含义。
2. 明确配送成本的特征。
3. 掌握配送成本的构成。
4. 掌握配送成本的核算和控制。

【能力目标】

1. 能结合实际工作寻求降低配送成本的途径。
2. 能结合企业编制简单的配送计划。
3. 能结合企业改善配送中不合理的问题，实现配送合理化。

【背景资料】

昌荣物流有限公司的业务量与日俱增，旗下的配送中心每日货物的周转量也越来越大，但配送中心经理发现利润额提高并不多。而此时，王力经过自身的刻苦努力，表现突出，已被提升为经理助理。并对配送中心配送量增加而利润却没有相应增加的这一现象，经理找到王力与他一同探讨这个问题。并提出了以下的问题。

1. 配送成本主要包括哪几块？
2. 常常听到的物流冰山理论在配送中心中表现在哪里？
3. 如何降低配送成本？

任务一　配送成本核算

【任务描述】

本项任务要求我们明确物流成本、配送成本的含义及配送成本的特征；明确降低配送成本的重要性；掌握配送成本的构成；在实际工作中形成降低配送成本的意识。

一、配送成本的含义

(一)物流成本的含义

物流成本就是完成各种物流活动所需的费用。具体是指产品在实物运动过程中，如包装、装卸、搬运、运输、储存、流通加工、物流信息等各个环节所支出的人力、财力、物力的总和。

我国国家标准《物流术语》(GB/T 18354—2006)对物流成本管理、物流总成本分析和物流作业成本法进行明确定义。物流成本管理(logistics cost control)是对物流活动发生的相关费用进行的计划、协调与控制。物流总成本分析(total cost analysis)是判别物流各环节中系统变量之间的关系,在特定的客户服务水平下使物流总成本最小化的物流管理方法。物流作业成本法(logistics activity-based costing)以特定物流活动成本为核算对象,通过成本动因来确认和计算作业量,进而以作业量为基础分配间接费用的物流成本管理方法。

(二)配送成本的含义

配送成本是指在配送活动的备货、储存、分拣及配货、配装、送货、送达服务及配送加工等环节所发生的各项费用的总和,是配送过程中所消耗的各种活劳动和物化劳动的货币表现 。

(三)配送成本的特征

1. 配送成本的隐蔽性

配送成本具有隐蔽性的特征,如同物流成本冰山理论指出的一样(图 9-1),整个冰山可以视同为该企业的整个物流成本部分,而露在水面之上的部分是委托的物流费用,要想直接从企业的财会业务中完整地提取出企业发生的配送成本难以办到。

◆【知识拓展 9.1】物流成本冰山理论

物流成本冰山理论由日本早稻田大学的西泽修教授提出,是指当人们读财务报表时,只注意到企业公布的财务统计数据中的物流费用,而这只能反映物流成本的一部分,因此有相当数量的物流费用是不可见的。

物流成本正如浮在水面上的冰山,人们所能看见的向外支付的物流费用好比冰山的一角,而大量的是人们所看不到的沉在水下的企业内部消耗的物流费用,当水下的物流内耗越深反而露出水面的冰山就越小,将各种问题掩盖起来。这种现象只有大力削减库存,才能将问题暴露并使之得到解决。这就是物流成本的冰山理论。

因此,航行在市场之流上的企业巨轮如果看不到海面下的物流成本的庞大躯体的话,那么最终很可能会得到与“泰坦尼克号”同样的厄运。而一旦物流所发挥的巨大作用被企业开发出来,它给企业所带来的丰厚利润则是相当可观的。(资料来源:http://wiki.mbalib.com/wiki/)

通常的财务会计不是完全不能掌握配送成本,通过“销售费用”、“管理费用”科目可以看出部分配送费用情况。但这些科目反映的费用仅仅只是全部配送成本的一部分,即企业对外支付的配送费用,并且这一部分费用往往是混同在其他有关费用中而并不是单独设立“配送费用”科目进行独立核算。

具体来讲,在商业企业中,配送所发生的费用是计算在销售费用中的;同样,备货时支付的费用最终也会归入销售费用;而配送中发生的人工费用与其他部门的人工费用一起分别列入管理费用和销售费用;与配送有关的利息和企业内的其他利息一起计入营业外费用。这样企业支出的有关配送费用实际上就隐藏在了各种财务会计科目中,管理人员很难意识到配送管理的重要性之所在。

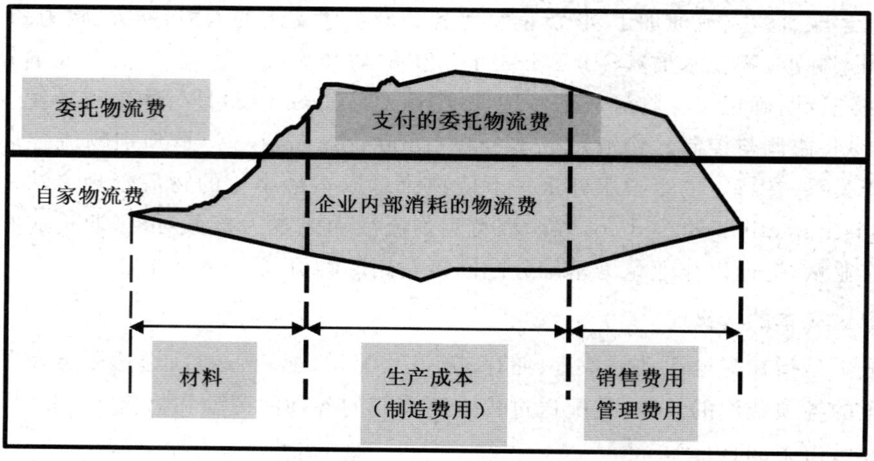

图 9-1 物流成本冰山示意图

2. 配送成本削减具有乘数效应

配送成本的降低可以引起销售额成倍增长。例如，假定销售额为 1 000 元，配送成本为 100 元。如果配送成本降低 10%，就可以得到 10 元的利润，假如这个企业的销售利润率为 2%，则创造 10 元的利润，需要增加 500 元的销售额。即降低 10%的配送成本所起的作用相当于销售额增加 50%。可见，这种配送成本削减的乘数效应是非常明显的，配送成本的下降会产生极大的效益。

【同步训练 9.1】配送成本降低的乘数是多少？

假定销售额为 10 000 元，配送成本为 100 元。如果配送成本降低 10%，就可以得到 100 元的利润，假如这个企业的销售利润率为 2%，则创造 100 元的利润，需要增加多少的销售额？降低 10%的配送成本所起的作用相当于增加了百分之多少的销售额？乘数是多少？

3. 配送成本的“二律背反”特点

就如同物流成本的“效益背反”一样，由于配送中心是一比较综合的物流系统，“效益背反”的现象也比较明显。一种活动的高成本，会因另一种物流活动成本的降低或效益的提高而抵消的相互作用关系。譬如，尽量减少库存据点以及库存，必然引起库存补充频繁，从而增加运输次数，同时，仓库的减少，会导致配送距离变长，运输费用进一步增大。此时一方成本降低，另一方成本增大，产生成本二律背反状态。如果运输费的增加超过保管费的降低部分，总的成本反而会增加，这样减少库存据点以及库存变得毫无意义。例如，简化包装，可降低包装作业强度，进而降低包装成本。但与此同时却导致仓库里货物堆放不能过高，降低了保管效率，而且，由于包装简化，在装卸和运输过程中容易出现包装破损，导致搬运效率降低，破坏率增加。

二、配送成本的构成

（一）配送运输费用

配送运输费用主要包括以下方面：

1. 车辆费用

车辆费用指从事配送运输生产而发生的各项费用。具体包括驾驶员及助手等工资及福利费、燃料、轮胎、修理费、折旧费、养路费、车船使用税等项目。

2. 营运间接费用

这是指营运过程中发生的不能直接计入各成本计算对象的站、队经费。包括站、队人员的工资及福利费、办公费、水电费、折旧费等内容，但不包括管理费用。

(二)分拣费用

1. 分拣人工费用

指从事分拣工作的作业人员及有关人员工资、奖金、补贴等费用的总和。

2. 分拣设备费用

这是指分拣机械设备的折旧费用及修理费用。

(三)配装费用

1. 配装材料费用

常见的配装材料有木材、纸、自然纤维和合成纤维、塑料等。这些包装材料功能不同，成本相差很大。

2. 配装辅助费用

除上述费用外，还有一些辅助性费用，如包装标记、标志的印刷，拴挂物费用等的支出。

3. 配装人工费用

这是指从事包装工作的工人及有关人员的工资、奖金、补贴等费用总和即配装人工费用。

(四)流通加工费用

1. 流通加工设备费用

流通加工设备因流通加工形式不同而不同，购置这些设备所支出的费用，以流通加工费用的形式转移到被加工产品中去。

2. 流通加工材料费用

这是指在流通加工过程中，投入到加工过程中的一些材料消耗所需要的费用，即流通加工材料费用。

3. 在流通加工过程中从事加工活动的管理人员、工人及有关人员工资、奖金等费用的总和。

实际应用中，应该根据配送的具体流程归集成本，不同的配送模式，其成本构成差异较大。相同的配送模式下，由于配送物品的性质不同，其成本构成差异也很大。

三、配送成本的核算

配送成本费用的计算由于涉及多环节的成本计算，对每个环节应当计算各成本计算对象的总成本。总成本是指成本计算期内成本计算对象的成本总额，即各个成本项目金额总和。配送成本费用总额是由各个环节的成本组成。其计算公式如下：

配送成本＝配送运输成本＋分拣成本＋配装成本＋流通加工成本

需要指出的是，在进行配送成本费用核算时要避免配送成本费用重复交叉。

(一)配送运输成本的核算

配送运输成本核算是指将配送车辆在配送生产过程中所发生的费用,按照规定的配送对象和成本项目,计入到配送对象的运输成本项目中。

1.配送运输成本具体项目

(1)工资及职工福利费。根据“工资结算汇总表”和“职工福利费计算表”中各车型分配的金额计入成本。

“工资结算汇总表”是进行工资结算和分配的原始依据。它是根据“工资结算单”按人员类别(工资用途)汇总编制的。“工资结算单”应当依据职工工作卡片、考勤记录、工作量记录等工资计算的原始记录编制。

“职工福利费计算表”是依据“工资结算汇总表”确定的各类人员工资总额,按照规定的提取比例计算后编制的。

(2)燃料。根据“燃料发出凭证汇总表”中各车型耗用的燃料金额计入成本。配送车辆在本企业以外的油库加油,其领发数量不作为企业购入和发出处理的,应在发生时按照配送车辆领用数量和金额计入成本。

(3)轮胎。轮胎外胎采用一次摊销法的,根据“轮胎发出凭证汇总表”中各车型领用的金额计入成本;采用按行驶胎公里提取法的,根据“轮胎摊提费计算表”中各车型应负担的摊提额计入成本。发生轮胎翻新费时,根据付款凭证直接计入各车型成本或通过待摊费用分期摊销。内胎、垫带根据“材料发出凭证汇总表”中各车型成本领用金额计入成本。

(4)修理费。辅助生产部门对配送车辆进行保养和修理的费用,根据“辅助营运费用分配表”中分配各车型的金额计入成本。

(5)折旧费。根据“固定资产折旧计算表”中按照车辆种类提取的折旧金额计入各分类成本。

(6)养路费及运输管理费。配送车辆应缴纳的养路费和运输管理费,应在月末计算成本时,编制“配送营运车辆应缴纳养路费及管理费计算表”,据此计入配送成本。

(7)车船使用税、行车事故损失和其他费用。如果是通过银行转账、应付票据、现金支付的,根据付款凭证等直接计入有关的车辆成本;如果是在企业仓库内领用的材料物资,根据“材料发出凭证汇总表”、“低值易耗品发出凭证汇总表”中各车型领用的金额计入成本。

(8)营运间接费用。根据“营运间接费用分配表”计入有关配送车辆成本。

2.编制配送运输成本计算表

物流配送企业月末应编制配送运输成本计算表(表 9-1),以反映配送总成本和单位成本。配送运输总成本是指成本计算期内成本计算对象的成本总额,即各个成本项目金额总和。单位成本是指成本计算期内各成本计算对象完成单位周转量的成本额。各成本计算对象计算的成本降低额,是指用该配送成本的上年度实际单位成本乘以本期实际周转量计算的总成本,减去本期实际总成本的差额。它是反映该配送运输成本由于成本降低所产生的节约金额的一项指标。

按各成本计算对象计算的成本降低率,是指该配送运输成本的降低额与上年度实际单位成本乘以本期实际周转量计算的总成本比较的百分比。它是反映该配送运输成本降低幅度的一项指标。

各成本计算对象的降低额和降低率的计算公式如下:

成本降低额＝上年度实际单位成本×本期实际周转量－本期实际总成本

成本降低率＝成本降低额/(上年度实际单位成本×本期实际周转量)×100%

表 9-1 配送运输成本计算表

编制单位： 年 月份 (单位:元)

项目	计算依据	配送车量合计	配送营运车辆					
			华菱	沃尔沃				
一、车辆费用								
工资								
职工福利								
燃料								
轮胎								
修理费								
折旧								
养路费								
车船使用税								
运输管理费								
行车事故损失								
其他								
二、营运间接费用								
三、配送运输总成本								
四、周转量/tkm								
五、单位成本/(元/tkm)								
六、成本降低率								

(二)分拣成本核算

1.分拣成本具体项目

配送环节分拣成本计算，是指分拣过程中所发生的费用，按照规定的成本计算对象和成本项目，计入分拣成本。

(1)工资与职工福利费。根据“工资分配汇总表”和“职工福利费计算表”中分配的金额计入分拣成本。

(2)修理费。辅助生产部门对分拣机械进行保养和修理的费用，根据“辅助生产费用分配表”分配的金额计入分拣成本。

(3)折旧。根据“固定资产折旧计算表”中按照分拣机械提取折旧金额计入成本。

(4)其他。根据“低值易耗品发出凭证汇总表”中分拣成本领用的金额计入成本。

(5)分拣间接费用。根据“配送管理费用分配表”计入分拣成本。

2.编制分拣成本计算表

物流配送企业月末应编制配送分拣成本计算表(表 9-2)，反映配送分拣总成本。

表 9-2　分拣成本计算表

编制单位　　　　　　　　　　　　　　　　　　　　　　　　　年　　月份　　（单位：元）

项 目	计算依据	合计	分拣品种			
			货物甲	货物乙		
一、分拣直接费用						
工资						
福利						
修理费						
折旧						
其他						
二、分拣间接费用						
分拣总成本						

(三)配装成本的计算

1.配装成本的具体项目

配装成本是指配装过程中所发生的费用按照规定的成本计算对象和成本项目进行计算。

(1)工资及福利费。根据“工资分配汇总表”和“职工福利费计算表”中分配的配装成本的金额计入成本。

(2)材料费用。根据“材料发出凭证汇总表”、“领料单”及“领料登记表”等原始凭证，配装成本耗用的金额计入成本。

直接材料费用中，材料费用数额是根据领料凭证汇总编制“耗用材料汇总表”确定的；在归集直接材料费用时，凡能分清某一成本计算对象的费用，应单独列出，以便直接计入该配装对象的成本计算单中；属于几个配装成本对象共同耗用的直接材料费用，应当选择适当的方法，分配计入各配装成本计算对象的成本计算单中。

(3)辅助材料费用。根据“材料发出凭证汇总表”、“领料单”中的金额计入成本。

(4)其他费用。根据“材料发出凭证汇总表”、“低值易耗品发出凭证”中配装成本领用的金额计入成本。

(5)配装间接费用。根据“配送间接费用分配表”计入配装成本。

2.编制配装成本计算表

物流配送企业月末应编制配送环节配装成本计算表(表 9-3)，以反映配装过程发生的成本费用总额。

配装作业是配送的独特要求，只有进行有效的配装，才能提高送货水平，降低送货成本。

表 9-3 配装成本计算表

编制单位　　　　　　　　　　　　　　　　　　　　　　　　年　　月份　　（单位：元）

项目	计算依据	合计	配装品种			
			货物甲	货物乙		
一、配装直接费用						
工资						
职工福利费用						
材料费						
辅助材料费						
其他						
二、配装间接费用						
三、配装总成本						

(四)流通加工成本的核算

1. 流通加工成本具体项目

(1)直接材料费。流通加工的直接材料费用是指对流通加工产品加工过程中直接消耗的材料、辅助材料、包装材料以及燃料和动力等费用。与工业企业相比,在流通加工过程中的直接材料费用,占流通加工成本的比例不大。

(2)直接人工费用。流通加工成本中的直接人工费用,是指直接进行加工生产的生产工人的工资总额和按工资总额提取的职工福利费。生产工人工资总额包括计时工资、计件工资、奖金、津贴和补贴、加班工资、非工作时间的工资等。

(3)制造费用。流通加工制造费用是物流中心设置的生产加工单位为组织和管理生产加工所发生的各项间接费用。主要包括流通加工生产单位管理人员的工资及提取的福利费,生产加工单位房屋、建筑物、机器设备等的折旧和修理费、生产单位固定资产租赁费、机物料消耗、低值易耗品摊销、取暖费、水电费、办公费、差旅费、保险费、试验检验费、季节性停工和机器设备修理期间的停工损失以及其他制造费用。

2. 流通加工成本项目的归集

(1)直接材料费用的归集。直接材料费用中,材料和燃料费用数额是根据全部领料凭证汇总编制的"耗用材料汇总表"确定的;外购动力费用是根据有关凭证确定的。

在归集直接材料费用时,凡能分清某一成本计算对象的费用,应单独列出,以便直接计入该加工对象的成本计算单中;属于几个加工成本对象共同耗用的直接材料费用,应当选择适当的方法,分配计入各加工成本计算对象的成本计算单中。

(2)直接人工费用的归集。计入成本中的直接人工费用的数额,是根据当期"工资结算汇总表"和"职工福利费计算表"来确定的。

(3)制造费用的归集。制造费用是通过设置制造费用明细账,按照费用发生的地点来归集的。制造费用明细账按照加工生产单位开设,并按费用明细账项目设专栏组织核算。流通加工制造费用表的格式可以参考工业企业的制造费用表的一般格式。由于流通加工环节的折旧费用、固定资产修理费用等占成本比例较大,其费用归集尤其重要。

3. 编制流通加工成本计算表

物流配送企业月末应编制流通加工成本计算表(表 9-4),以反映配送总成本和单位成本。

表 9-4 流通加工成本计算表

编制单位　　　　　年　　月份　　(单位:元)

项 目	计算依据	合计	流通加工品种				
			产品甲	产品乙			
直接材料							
直接人工							
制造费用							
合 计							

任务二 配送成本控制

【任务描述】

本项任务是掌握配送成本控制的途径,认识到配送计划制定的重要性。在实际工作中,能够制定简单的配送计划,能够运用配送策略,并能追求配送的合理化。

一、加强配送的计划性

(一)加强配送计划的必要性

在配送活动中,临时配送、紧急配送或无计划的随时配送都会大幅度增加配送成本。临时配送由于事先计划不善,未能考虑正确的装配方式和恰当的运输路线,到了临近配送截止日期时,不得不安排专车、单线进行配送,造成车辆不满载、里程多。紧急配送往往只要求按时送货,来不及认真安排车辆配装及配送路线,从而造成载重和里程的浪费。而为了保持服务水平,又不能拒绝紧急配送。随时配送对订货要求不做计划安排,有一笔送一次。这样虽然能保证服务质量,但是不能保证配装与路线的合理性,也会造成很大浪费。

(二)配送计划的种类

1. 配送主计划

指针对未来一定时期内,对已知客户需求进行前期的配送规划,便于对车辆、人员、支出等作统筹安排。

2. 每日配送计划

针对配送主计划,逐日进行实际配送作业的调度计划。

3. 特殊配送计划

指针对突发事件或者不在主计划规划范围内的配送业务,或者不影响正常性每日配送业务所作的计划。

(三)配送计划制定的步骤

1.确定配送计划的目的

物流业务的经营运作是以满足客户需求为导向的,并且需要与企业自身拥有的资源、运作能力相匹配。

2.收集相关数据资料

主要的资料包括:产品需求量变化等相关统计数据、当年销售计划、生产计划、流通渠道的规模以及变化情况、配送中心的数量、规模、运输费用、仓储费用、管理费用等。

3.整理配送的七要素

配送计划七要素分别是:①货物:指配送标的物的种类、形状、重量、包装、材质、装运要求等;②客户:指委托人、收货人;③车辆:指配送工具,需根据货物的特征、数量、配送地点以及车辆容积、载重量等来决定选用什么样的车辆配送;④人员:指司机或者配送业务员;⑤路线:指配送路线,可以根据一定的原则指定配送路线,也可根据司机经验适当调整;⑥地点:指配送的起点和终点;⑦时间:不仅仅指在途时间,还包括搬运装卸时间。

4.制定初步配送计划

初步配送计划应该包括:配送线路的确定原则、每日最大配送量、配送业务的起止时间、使用车辆的种类等,并且可以有针对性地解决客户现存的问题。

5.与客户协调沟通

在制定了初步的配送计划之后,一定要与客户进行沟通,请客户充分参与意见,共同完善配送计划。

6.确定配送计划

经过与客户几次协调沟通之后,初步配送计划经过反复修改最终确定。

◆【知识拓展9.2】配送计划的内容

计划的项目	具体内容
分配地点、数量与配送任务	综合考虑车辆数量、地点的特征、距离、线路,将配送任务合理分配,使配送业务达到配送路线最短,所用车辆最少,总成本最低,服务水平最高。
确定车辆数量	拥有较多的配送车辆可同时进行不同线路的配送,提高配送时效性,但会增加成本。应权衡客户服务水平和车辆数量的关系。
确定车队构成以及车辆组合	配送车队一般应根据配送量、货物特征、配送路线选择、配送成本分析进行自有车辆组合,可考虑引用外部车队,调节好自有车辆和外部车辆的比例。
控制车辆最长行驶里程	过核定行驶里程和行驶时间评估工作量,避免因司机疲劳驾驶造成交通隐患,全面保证人员以及货物安全。
车辆容积、载重限制	选定配送车辆需要根据车辆本身的容积、载重限制结合货物自身的体积、重量考虑最大装载量,不浪费车辆的有限空间,降低配送成本。
路网结构的选择	配送中心辐射范围通常为60 km,通过其配送点可形成很多区域网络,所有的配送方案都应该满足这些区域网络内各个配送地点的要求。
时间范围的确定	在制定配送计划时应对交通流量等影响因素予以充分考虑,或与客户协商,尽量选择夜间配送、凌晨配送、假日配送等方式。
与客户作业层面的衔接	考虑客户方面是否有作业配合,是否提供随到随装条件,是否需要搬运装卸等候,停车地点距货物存放地点远近等。
达到最佳化目标	配送的最佳化目标是指:按"四最"的标准,在客户指定的时间内,准确无误地按客户需求将货物送达指定地点。

(四)配送计划的实施

1. 下达配送计划

配送计划确定后,将到货的品种、规格、数量分别通知用户和配送点,以便用户做好接货准备,配送点做好配送准备。

2. 按计划给配送点进行配货

各配送点按配送计划审定库存物品的保有程度,若有缺货情况应立即组织进货。同时配送点各职能部门按配送计划进行配货、分货包装、配装等工作。

3. 装车发运

各理货部门按计划将各用户所需的各种货物进行配货后,将各用户货物组合装车,发货车辆按指定线路送达用户,并通知财务结算。

(五)配送申报制度

为了加强配送的计划性,需要制定配送申报制度。所谓配送申报制度,就是零售商店订货申请制度。解决这个问题的基本原则是:在尽量减少零售店存货、尽量减少缺货损失的前提下,相对集中各零售店的订货。应针对商品的特性,制定相应的配送申报制度。

1. 鲜活商品实行定时定量申报、定时定量配送

为保证商品的鲜活,零售店一般一天申报一次,商品的量应控制在当天全部销售完为度。实行定时定量申报的商品,在商品量确定以后,分店除特殊情况外,不必再进行申报。由配送中心根据零售店的定量,每天送货。

2. 普通商品实行定期申报、定期配送

定期申报是指零售店定期向配送中心订货,订货量为两次订货之间的预计需求量。实行定期申报有以下优点:

(1)各零售店的要货相对集中。零售店同时发出订货申请,配送中心将订货单按商品分类、汇总,统一完成配送。

(2)零售店不必经常清点每种产品的盘存量,减少了工作量。

(3)零售店是向众多单个消费者销售商品,不确定因素多,实行定期申报,零售店只需预测订货周期较短时间内的需求量,降低了经营风险。零售店定期发出订货申请,配送中心定期送货。送货的时间间隔与订货的时间间隔一致,例如,每 7 天订一次,每 7 天送一次货。

实行定期申报的关键是如何确定合理的时间间隔。时间太长,每次的发货量必定很多,这无疑将配送中心的存货分散到零售店储备;时间太短,每次发的货过于零星,既增加了配送难度,也增加了配送次数。一个合理的时间间隔应该使零售店保持较少的库存而又不缺货的前提下,集中零售店的订货。在实际操作中应通过数据来分析和经验来确定。

二、确定合理的配送路线

配送路线合理与否对配送速度、成本、效益影响很大,因此,采用科学方法确定合理的配送路线是配送的一项重要工作。确定配送路线可以采用各种数学方法和在数学方法基础上发展和演变出来的经验方法。无论采用何种方法都必须满足一定的约束条件。

一般的配送要考虑以下约束条件:

(1)满足所有零售店对商品品种、规格、数量的要求。

(2)满足零售店对货物到达时间范围的要求。

(3)在交通管理部门允许通行的时间内进行配送。

(4)各配送路线的商品量不超过车辆容积及载重量的限制。

(5)要配送中心现有的运力允许的范围之内配送。

三、进行合理的车辆配载

各零售店的销售情况不同,订货的品种也往往不一致。这就使一次配送的货物可能有多个品种,这些商品不仅表现在包装形态、运输性能的不一,而且表现在密度差别较大,有的甚至相差甚远。密度大的商品往往达到了车辆的载重量,但体积空余很大;密度小的商品达到车辆的最大体积时,达不到载重量。单装实重或轻泡商品都会造成浪费,如果实行轻重商品配装,即会使车辆达到满载,又充分利用车辆的体积,大大降低运输费用。合理配裁的原则是轻重商品的合理搭配。

四、选择合理的策略

(一)混合策略

混合策略是指配送业务一部分由企业自身完成,一部分交给第三方物流公司完成。这种策略的基本思想是,尽管采用纯策略(即配送活动要么全部由企业自身完成,要么完全外包给第三方物流完成)容易形成一定的规模经济,并使管理简化,但由于产品品种多变、规格不一、销量不同的情况,采用纯策略的配送方式超出一定程度不仅不能取得规模效益,反而还会造成规模不经济。而采用混合策略,合理安排企业自身完成的配送和外包给第三方物流完成的配送,能使配送成本最低。例如,美国一家百货生产企业计划在芝加哥投资 700 万美元新建一座仓库,后来采用租赁公共仓库。结果发现,如果企业在附近租用公共仓库,增加一些必要的设备,再加上原有的仓储设施,企业所需的仓储空间就足够了,但总投资只需 20 万元的设备购置费,10 万元的外包运费,加上租金,也远远没有 700 万元之多。

(二)差异化策略

差异化策略的指导思想是:产品特征不同,顾客服务水平也不同。当企业拥有多种产品线时,不能对所有产品都按同一标准的顾客服务水平来配送,而应按产品的特点、销售水平,来设置不同的库存、不同的运输方式以及不同的储存地点,忽视产品的差异性会增加不必要的配送成本。例如,一家生产化学品添加剂的公司,为降低成本,按各种产品的销售量比重分为 ABC 三类产品。A 类产品的销售量占总销售量的 75%以上,B 类产品占 20%左右,C 类产品则为 15%左右。对 A 类产品,公司在各销售网点都备有库存,B 类产品只在地区分销中心备有库存而在各销售网点不备有库存,C 类产品连地区分销中心都不设库存,仅在工厂的仓库才有存货。经过一段时间的运行,事实证明这种方法是成功的,企业总的配送成本下降了 20%之多。

(三)延迟策略

1. 实行延迟策略的基本思路

传统的配送计划安排中,大多数的库存是按照对未来市场需求的预测数量设置的,这样就存在着预测风险,当预测量与实际需求量不符时,就出现库存过多或过少的情况,从而增加配送成本。延迟策略的基本思路就是对产品的外观、形状及其生产、组装、配送应尽可能推迟到接到顾客订单后再确定。一旦接到订单就要快速反应,因此采用延迟策略的一个基本前提是信息传递要非常快。

2. 实行延迟策略的基本条件

一般说来,实施延迟策略的企业应具备以下几个基本条件。

(1)产品特征。模块化程度高,产品价值密度大,有特定的外形,产品特征容易表述,定制后可改变产品的容积或重量。

(2)生产技术特征。模块化产品设计、设备智能化程度高、定制工艺与基本工艺差别不大。

(3)市场特征。产品生命周期短、销售波动性大、价格竞争激烈、市场变化大、产品的提前期短。

3. 实行延迟策略的方式

实施延迟策略常采用两种方式,生产延迟(或称形成延迟)和物流延迟(或称时间延迟),而配送中往往存在着加工活动,所以实施配送延迟策略既可采用形成延迟方式,也可采用时间延迟方式。具体操作时,常常发生在诸如贴标签(形成延迟)、包装(形成延迟)、装配(形成延迟)和发送(时间延迟)等领域。美国一家生产金枪鱼罐头的企业就通过采用延迟策略改变配送方式,降低了库存水平。这家企业为提高市场占有率曾针对不同的市场设计了几种标签,产品生产出来后运到各地的分销仓库储存起来。由于顾客偏好不一,几种品牌的同一产品经常出现因某种品牌的畅销而缺货,而另一些品牌却滞销压仓。为了解这个问题,该企业改变以往的做法,在产品出厂时都不贴标签就运到各分销中心储存,当接到各销售网点的具体订货要求后,再按各网点指定的品牌标志贴上相应的标签,这样就有效地解决了供求不一致的矛盾,从而降低了库存。

(四)标准化策略

标准化策略就是尽量减少因品种多变而导致附加配送成本,尽可能多地采用标准零部件、模块化产品。如服装制造商按统一规格生产服装,直到顾客购买时才按顾客的身材调整尺寸大小。采用标准化策略要求厂家从产品设计开始就要站在消费者的立场去考虑怎样节省配送成本,而不要等到产品定型生产出来了才考虑采用什么技巧降低配送成本。

五、处理好配送成本和配送服务之间的关系

(一)配送成本和配送服务之间的关系

配送服务的目标就是以尽可能低的配送成本来实现较高的配送服务。一般来说,配送成本与配送服务的关系有以下 4 种形式。

1. 保持配送服务不变前提下,考虑降低配送成本

通过改变配送系统的方法,在保持既定的服务水平下,来寻求降低成本的途径,即追求效益的提高。

2. 在成本不变的前提下提高服务水平

这是在现有的成本水平下,通过有效的利用投入的成本来改善配送诸功能,提高服务水平,体现的是一种追求成本绩效的做法。

3.配送服务水平和成本均增高,即为了提高服务水平不惜增加成本

这是大多数企业在提高服务水平时的状态,也是企业在特定的顾客或特定的商品面临竞争时所采取的战略措施,它主要通过增值物流服务来实现。

4.成本降低服务水平提高,用较低的成本来实现较高的配送水平

这是一种双赢的措施。通过对企业物流系统的流程再造,实现一种新的企业物流模式,达到降低成本、提高服务水平的目的。

(二)配送合理化的实现

配送合理化判断的标志

(1)库存量。库存是判断配送合理与否的重要标志。具体指标有以下两个方面。一方面是指库存总量。库存总量在一个配送系统中,从分散于各个客户转移给配送中心,配送中心库存数量加上各客户在实行配送后的库存量之和应低于实行配送前各客户库存量之和。另一方面是指库存周转率,由于配送企业的调剂运作,可以以低库存保存高的供应能力,库存周转一般应快于原来各企业库存周转。

(2)资金。总的来讲,实行配送应有利于资金占用率的降低及资金运用的科学化。具体判断标志包括资金总量和资金周转,资金总量是用于资源筹措所占用流动资金总量,随着储备总量的下降及供应方式的改变必然有一个较大的降低。从资金运用来讲,由于整个运行节奏加快,使资金充分发挥周转作用,因而同样数量的资金,过去需要较长时期才能满足一定供应要求,配送之后,在较短时期内就能达此目的。所以资金周转是否加快,是衡量配送合理与否的标志。资金必然应当从分散投入改为集中投入,以增加调节作用。

(3)成本和效益平衡。成本和效益是判断配送合理化的重要标志。对于不同的配送方式,可以有不同的判断侧重点。例如,配送企业、客户都是各自独立的以利润为中心的企业,因而配送不但要看总效益,而且还要看对社会的宏观效益及对两个企业的微观效益,不顾及任何一方,都必然出现不合理现象。又例如,如果配送是由客户集团自己组织的,则配送主要强调保证能力和服务性,那么,效益主要从总效益、宏观效益和客户集团企业的微观效益来判断。

(4)供应保证。配送的重要一点是必须提高对客户的供应保证能力。供应保证能力可以从以下方面判断:①缺货次数。缺货次数要减少,或者缺货率下降。②配送企业集中库存量。对每一个客户来讲,其数量所形成的保证能力应高于配送前单个企业保证的程度才算合理。③即时配送能力。这一能力必须高于未实行配送前客户紧急进货的能力和速度才算合理。特别需要强调的一点是,配送企业的供应保障能力,是一个科学的合理的概念,而不是无限的概念。具体来讲,如果供应保障能力过高,超过了实际的需要,也是不合理的。所以追求供应保障能力的合理化也是有限度的。

(5)社会运力节约。末端运输是目前运力使用不合理、浪费较大的领域,因而人们寄希望于以配送来解决这个问题。运力使用的合理化是依靠送货运力的规划和整个配送系统的合理流程,以及与社会运输系统合理衔接来实现的。送货运力的规划是任何配送中心都需要花力气解决的问题,而其他问题有赖于配送及物流系统的合理化。对于是否节约了社会运力,可以按以下标准判断:①社会车辆总数减少,而承运量增加为合理;②社会车辆空驶减少为合理;③一家一户自提自运减少,社会化运输增加为合理。

(6)客户企业仓库、供应、进货人力和物力节约标志。实行配送后,各客户库存量、仓库面积、仓库管理人员减少为合理;用于订货、接货、搞供应的人员数目应减少才为合理。

(7)物流合理化标志。配送必须有利于物流合理。这可以从以下几个方面判断:①是否降低了物流费用;②是否减少了物流损失;③是否加快了物流速度;④是否发挥了各种物流方式的最优效果;⑤是否有效衔接了干线运输和末端运输;⑥是否不增加实际的物流中转次数;⑦是否采用了先进的技术手段。

(三)实现合理化配送的6项措施

1.推行一定综合程度的专业化配送

通过采用专业设备、设施及操作程序,取得较好的配送效果并降低配送过分综合化的复杂程度及难度,从而追求配送合理化。

2.推行加工配送

通过加工和配送结合,充分利用本来应有的这次中转,而不增加新的中转求得配送合理化。同时,加工借助于配送,加工目的更明确,和用户联系更紧密,更避免了盲目性。这两者有机结合,投入不增加太多却可追求两个优势、两个效益,是配送合理化的重要经验。

3.推行共同配送

通过共同配送,可以以最近的路程、最低的配送成本完成配送,从而追求合理化。

4.实行送取结合

配送企业与用户建立稳定、密切的协作关系。配送企业不仅成了用户的供应代理人,而且承担用户储存据点,甚至成为产品代销人,在配送时,将用户所需的物资送到,再将该用户生产的产品用同一车运回,这种产品也成了配送中心的配送产品之一,或者作为代存代储,免去了生产企业库存包袱。这种送取结合,使运力充分利用,也使配送企业功能有更大的发挥,从而追求合理化。

5.推行准时配送系统

准时配送是配送合理化重要内容。配送做到了准时,用户才有资源把握,可以放心地实施低库存或零库存,可以有效地安排接货的人力、物力,以追求最高效率的工作。另外,保证供应能力,也取决于准时供应。从国外的经验看,准时供应配送系统是现在许多配送企业追求配送合理化的重要手段。

6.推行即时配送

即时配送是最终解决用户企业担心断供之忧,大幅度提高供应保证能力的重要手段。即时配送是配送企业快速反应能力的具体化,是配送企业能力的体现。即时配送成本较高,但它是整个配送合理化的重要保证手段。此外,用户实行零库存,即时配送也是重要手段保证。

【项目回顾】

通过本项目的学习,我们对物流成本、配送成本的含义、配送成本的特征有了较为明确的认识,知道了配送成本的构成,体会到了配送成本核算的难度,领会了配送成本的节约对企业的重要性。并初步掌握了降低和控制配送成本的方法和策略。这一项目可以帮助我们在以后的工作中更好地树立成本节约意识,并能更好地控制和降低成本。

课后训练

一、理论训练

(一)不定项选择题

1. 以下属于配送成本特征的是(　　)。

A. 隐蔽性　　B. 配送成本削减具有乘数效应

C. 二律背反　　D. 配送成本的明确性

2. 假定某企业销售额为10 000元,配送成本为1 000元。如果配送成本降低5%,就可以得到50元的利润,又假设这个企业的销售利润率为2%,则意味着配送成本降低5%引起销售额增加百分之多少(　　)。

A. 25%　　B. 20%　　C. 15%　　D. 10%

3. 配送成本一般由以下哪些项目构成(　　)。

A. 配送运输费用　　B. 分拣费用

C. 配装费用　　D. 流通加工费用

4. 每当节假日前,部分家电厂家都会采取一些促销措施,致使家电销售量突然增加,此时,家电配送中心为了满足用户的需要,就需制订(　　)。

A. 补充配送计划　　B. 特殊配送计划

C. 日配送计划　　D. 变更配送计划

5. 在制订配送计划时要对配送的功能要素进行整理,这些功能要素包括(　　)。

A. 货物与客户　　B. 配送路线、车辆与人员

C. 配送费用及成本　　D. 配送地点与时间

6. 配送计划的实施主要包括以下内容(　　)。

A. 制定配送计划　　B. 按计划给配送点进行配货

C. 下达配送计划　　D. 装车发运

7. 要制定配送计划时,鲜活商品比较适合采取以哪种申报制度(　　)。

A. 定时不定量申报　　B. 定期申报

C. 定时定量申报　　D. 定期定量申报

8. 下列哪些市场特征适合采取延迟策略(　　)。

A. 产品生命周期短　　B. 销售波动性大

C. 价格竞争激烈　　D. 销售量稳定

9. 以下属于形成延迟的有(　　)。

A. 标签　　B. 包装　　C. 装配　　D. 发送

10. 以下属于时间延迟的有(　　)。

A. 标签　　B. 包装　　C. 装配　　D. 发送

(二)判断题

1. 不同的配送模式,配送成本构成差异较大。相同的配送模式下,由于配送物品的性质不同,其成本构成差异也很大。(　　)

2. 针对配送主计划,逐日进行实际配送作业的调度计划称为配送日计划。(　　)

3. 所谓混合策略,是指将企业自身完成的配送和外包给第三方物流完成的配送结合起来,

从而使配送成本最低。(　　)

4. 所谓差异化策略是指针对不同的客户提供不同的服务水平。(　　)

5. 采用延迟策略的一个基本前提是信息传递要非常快。(　　)

6. 对于模块化程度低的产品可以采取延迟策略。(　　)

7. 设备智能化程度高的产品适合采取延迟策略。(　　)

8. 延迟策略是指尽量不要提早生产加工或配送等活动。(　　)

9. 标准化策略就是尽量减少因品种多变而导致附加配送成本，尽可能多地采用标准零部件、模块化产品。(　　)

10. 从配送合理性角度来说，配送只要实现集中库存总量等于各客户分散库存总量，就意味着实现了配送的合理化。(　　)

(三)简答题

1. 简述配送成本的特征。

2. 简述配送成本的构成。

3. 简述配送计划制定的程序。

4. 为控制和降低配送成本，如何使用合理的配送策略？

5. 如何实现配送的合理化？

二、案例讨论：溢价的布鲁克林新鲜啤酒

布鲁克林酿酒厂(BrooNyn Brewery)在美国分销布鲁克林拉格和布朗淡色啤酒，并且已经经营了3年。虽然在美国它还没有确立起一种国家名牌，但在日本市场却已为其创建了一个每年200亿美元的市场份额。

Taiyo资源有限公司是Taiyo石油公司的一家国际附属企业，Hiroyo贸易公司建议布鲁克林酿酒厂将啤酒航运到日本，并通过广告宣传其进口啤酒具有独一无二的新鲜度。

这种做法不仅是一个令人感兴趣的营销战略，而且也是一种独一无二的物流作业，因为高成本使得目前还没有其他哪一家酿酒厂通过航空将啤酒出口到日本。布鲁克林啤酒厂于1989年11月装运了它的第一箱布鲁克林拉格到达日本，并在最初的几个月里使用了各种航空承运人。最后，日本金刚砂航空公司(Emery Worldwide—Japan)被选为布鲁克林酿酒厂唯一的航空承运人。金刚砂公司之所以被选中，是因为她向布鲁克林酿酒厂提供了增值服务。金刚砂公司在其J. F. K.国际机场的终点站交付啤酒，并在飞往东京的商务航班上安排运输。金刚砂公司通过其日本报关行办理清关手续，这些服务有助于保证产品完全符合新鲜要求。

啤酒之所以能达到新鲜要求，是因为这样的物流作业可以在啤酒酿造后的1周内将啤酒从酿酒厂立接运达顾客手中，而海外装运啤酒的平均订货周期为40 d。啤酒的新鲜度使之能够超过一般价值定价，高于海运装运的啤酒价格的5倍。虽然布鲁克林拉格在美国是一种平均价位的啤酒，但在日本，它是一种溢价产品，获得了极高的利润。

拉格的高价并没有阻碍啤酒在日本的销售。1988年，即其进入日本市场的第1年，布鲁克林酿酒厂取得了50万美元的销售额。1989年销售额增加到100万美元，而1990年则为130万美元，其出口总量占布鲁克林酿酒厂总销售额的10%。

后来，布鲁克林酿酒厂改变包装，通过装运小桶装啤酒而不是瓶装啤酒来降低运输成本。虽然小桶重量与瓶装啤酒相等，但减少了玻璃破碎而使啤酒损毁的机会。此外，小桶啤酒对保护性包装的要求也许较低，这将进一步降低装运成本。布鲁克林酿酒厂正准备要把这种啤酒出口到其他国家。(资料来源:http://www.exam8.com/zige/wuliu/anli/201009/1609244.html 经编者整理)针对以上案例讨论以下问题:

1.布鲁克林酿酒厂在降低物流成本做了哪些努力?

2.你觉得鲁克林酿酒厂是不是还可以通过其他措施进一步降低成本?

三、实战训练:配送成本的控制

1.实训技能点

配送成本的构成;配送成本的控制。

2.实训任务

请选择本市的某一制造企业或商贸企业或服务型企业,对其进行访谈,完成下列任务:

(1)了解该企业的物流成本项目构成。

(2)分析该企业的物流成本占总成本的比例。

(3)提出降低该企业物流成本的若干意见。

项目十　电子商务下的物流配送

通过本项目的学习,我们将能完成以下学习目标:

【知识目标】

1.明确电子商务的含义。

2.了解电子商务与物流的关系。

3.掌握电子商务物流配送的特点。

4.掌握电子商务物流配送的模式选择。

【能力目标】

1.能区别电子商务物流配送与传统配送的区别。

2.能结合电子商务的模式分析其所选择的配送模式。

3.能分析电子商务物流配送中存在的问题,并能提出一些合理化建议。

【背景资料】

长兴公司是一家新兴的电子商务公司,公司自身拥有一个大型的电子商务平台,公司在网上销售各类小家电、手机、数码产品、服饰、图书等产品,公司在华东区域具有一定的优势。近年来随着公司业务的不断发展壮大,公司发现在物流方面出现了一些问题,尤其是在成本控制、市场响应和客户满意度方面存在不足。公司于是找到了昌荣物流有限公司,希望能为公司的物流提供一套有效的解决方案。昌荣物流经过研究后部署公司员工去调研下列问题:

1.电子商务下物流配送有什么特点?

2.如何提高电子商务企业物流配送的服务水平?

3.电子商务下有哪些物流配送模式?

任务一　认识电子商务与物流的关系

【任务描述】

本项任务要求我们了解电子商务与物流的关系,包括电子商务的概念、电子商务与物流的关系。

一、电子商务与物流的概念

电子商务是经济和信息技术发展并相互作用的必然产物。对于电子商务的概念目前还没有一个确定的标准。目前能够被大多数人接受的是由美国提出的：电子商务是一种商务活动的新形式，通过采用现代信息技术手段，以数字化通信网络和计算机装置替代传统交易过程中以纸介质作为信息载体的存储、传递、统计、发布等环节，从而实现商品和服务交易以及交易管理等活动的全过程无纸化，并达到高效率、低成本、数字化、网络化、全球化等目的。根据我国国情，有关专家将国外的定义与中国的现状相结合，扩大了美国的电子商务定义的范围，提出了包括物流电子化的广义的电子商务概念：

(1)电子商务是实施整个贸易活动的电子化。

(2)电子商务是一组电子工具在商务活动中的应用。

(3)电子商务是电子化的购物市场。

(4)电子商务是从售前到售后支持的各个环节实现电子化、自动化。

电子商务的概念包含了信息流、资金流、商流和物流(图 10-1)。

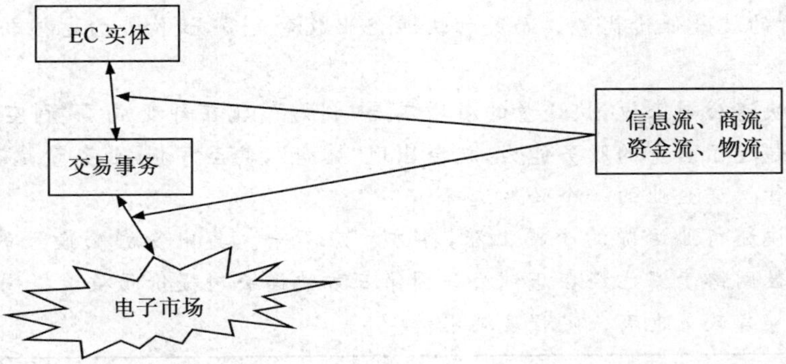

图 10-1 电子商务模型

物流一词最早出现于美国，物流这一概念最早是美国的阿奇·萧(Arch Shaw)在 20 世纪初提出的，美国物流协会对物流的定义是："物流是为了符合顾客的需要，所发生的从生产地到销售地的物质、服务以及详细的流动过程，以及为使保管能有效、低成本的进行而从事的计划、实施和控制行为。"我国的国家标准《物流术语》的定义是："物流是物品从供应地向接收地的实体流动过程。根据实际需要，将运输、储存、搬运、包装、流通加工、配送、信息处理等基本功能实施有机结合。"可见，物流是若干领域经济活动系统的、集成的、一体的现代概念。它的基本含义可以理解为"按用户要求将物的实体从供给地向需要地转移的过程。"物流涵盖了第一、第二、第三产业和全部社会再生产过程，因而是一个非常庞大而且复杂的领域。国民经济全部工农业产品生产和制造过程，除了在加工和再生产的时间以外，全部都是物流的时间。

◆【知识拓展 10.1】网络购物引爆物流公司"爆仓"

电子商务为人类带来一次史无前例的产业革命，其结果就是将人类真正带入信息化的社会。在电子商务的发展过程中，人们发现作为支持有形商品网上商务活动的物流，不仅已成为有形商品网上商务活动的一个障碍，而且也已成为有形商品网上商务活动能否顺利进行的一个关键因素。

我国快递行业跟不上电子商务业迅猛增长的势头，早已成为卡住网售黄金季节的“瓶颈”。往年网购旺季时快件流量的激增，季节性爆仓也偶有发生，但在2010年，全国多家快递公司的连锁爆仓仍令整个行业措手不及。中投顾问高级研究员黎雪荣表示，爆仓主要有两方面原因，一方面是电子商务迅速发展，但物流产业的人力、基础设施等投入都赶不上电子商务发展速度，出现了部分供需失衡的现象；另一方面则是由于目前柴油供应紧张，运力受到一定限制，所以到货周期变慢。

易观国际高级分析师陈寿送指出，“在美国，物流产业的发展则是先于电子商务行业的”。中国物流产业起步比较晚，甚至可以说是电子商务的发展带动了物流产业的发展。但某种程度上，目前物流产业的发展速度并没有跟上电子商务的发展。

目前中国民营快递公司一直处于数量多、规模小、实力弱的状态，这和整个行业的低价竞争有很大关系。“目前民营快递企业业务集中在中低端市场，大概80%业务量来自网购，网购本身打的就是低价优势。而民营快递企业数量太多，议价能力也很弱，这就是一个恶性循环。”

对于民营快递公司来说，快递量的激增本是“利好”，现在却变成了“利空”。一旦快件量的增加峰值超过了自身的服务能力，就会出现“爆仓”，甚至亏损，业务量越多，亏损越多，涨价成为了民营快递企业的一个必然选择。

对于目前快递行业运费的小幅上涨，各方反应不一。其中受影响最大的则是网购群体。目前大多数网络卖家已经在店铺公告因第三方快递公司提价而被迫提高运费，而部分商铺以前的免邮费政策也有一定程度缩水。

二、电子商务与物流的关系

(一)物流是电子商务的重要组成部分

电子商务的本质是商务，商务的核心内容是商品的交易，而商品交易会涉及4方面：商品所有权的转移，货币的支付，有关信息的获取与应用，商品本身的转交。即商流、资金流、信息流、物流。其中信息流既包括商品信息的提供、促销行销、技术支持、售后服务等内容，也包括诸如询价单、报价单、付款通知单、转账通知单等商业贸易单证，还包括交易方的支付能力、支付信誉等。商流是指商品在购、销之间进行交易和商品所有权转移的运动过程，具体是指商品交易的一系列活动。资金流主要是指资金的转移过程，包括付款、转账等过程。在电子商务环境下，这4个部分都与传统情况有所不同。商流、资金流与信息流这3种流的处理都可以通过计算机和网络通信设备实现。而物流作为四流中最为特殊的一种，是指物质实体的流动过程，具体指运输、储存、配送、装卸、保管、物流信息管理等各种活动。对于少数商品和服务来说，可以直接通过网络传输的方式进行配送，如各种电子出版物、信息咨询服务、虚拟产品等。对于大多数商品和服务来说，物流仍要经由物理方式传输。

(二)物流是实现电子商务的保证

物流作为电子商务的重要组成部分是实现电子商务的重要保证。如图10-2电子商务流程图可以知道，离开了现代物流，电子商务过程就不完善。

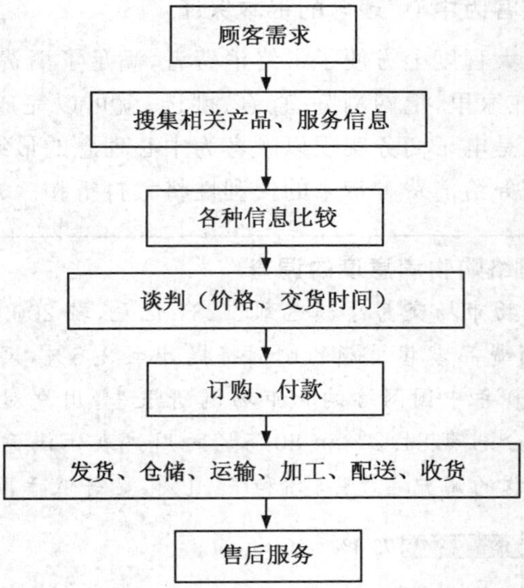

图 10-2 电子商务一般流程图

(三)物流保证生产的顺利进行

无论在传统的贸易方式下,还是在电子商务时代,流通都是由生产决定的,生产的顺利进行需要各类物流活动的支持和保证,而流通对生产有反作用。生产的全过程从原料的采购开始,便要求有相应的供应物流活动将所采购的材料到位,否则,生产就难以进行;在生产的各工艺流程之间,也需要有原材料、半成品的物流过程,即所谓的生产物流,以实现生产的流动性;部分余料、可重复利用的物资的回收,也需要所谓的回收物流;废弃物的处理需要废弃物物流。可见,整个生产过程实际上包含了系列化的物流活动。合理化、现代化的物流,通过降低费用从而降低成本、优化库存结构、减少资金占压、缩短生产周期,保障了现代化生产的高效运行。相反,缺少了现代化的物流,生产将难以顺利进行,无论电子商务是多么便捷的贸易形式,仍将是无米之炊。

(四)物流服务于商流

在商业活动中,商品所有权在购销合同签订的同时,便由供方转移到了需方,而商品实体并没有因此而到达需方。在电子商务条件下,顾客通过网络购物,完成了商品所有权的交割过程,但电子商务活动并未结束,只有商品和服务真正到达顾客手中,商务活动才告终结。在整个电子商务中,物流实际上是以商流的后续者和服务者的姿态出现的。没有现代化的物流,轻松的商务活动只会退化为一纸空文。

【同步训练 10.1】说明电子商务下物流如何服务是商流?

(五)物流是实现以"顾客为中心"理念的根本保证

电子商务的出现,在最大程度上方便了最终消费者,满足了消费者追求便利性的需求。电子商务时代消费者只要坐在家里,上网浏览、查看、挑选,就可以完成购物活动,消费者面临着更多、更快捷的选择。物流是电子商务实现以顾客为中心理念的最终保证,如果没有现代物流技术和管理的支撑,电子商务给消费者带来的便利性将大打折扣。

◆【知识拓展 10.2】对网络购物满意度的调查

2010 年,我国网络购物市场交易总额达到 5 231 亿元,较 2009 年实现翻番增长。网购市场交易额占全年社会消费品零售总额的比例将提升至 3.5%,网络购物在我国发展可谓是前途无限。然而据 2010 年中国网络购物市场调研报告,用户对网络购物满意度最高的环节是支付和网站使用,分别有 84.2%和 80.5%的用户表示满意。用户满意度较低的环节是售后和物流服务,满意的用户占 73.4%和 75.1%,显著低于网站和支付环节。

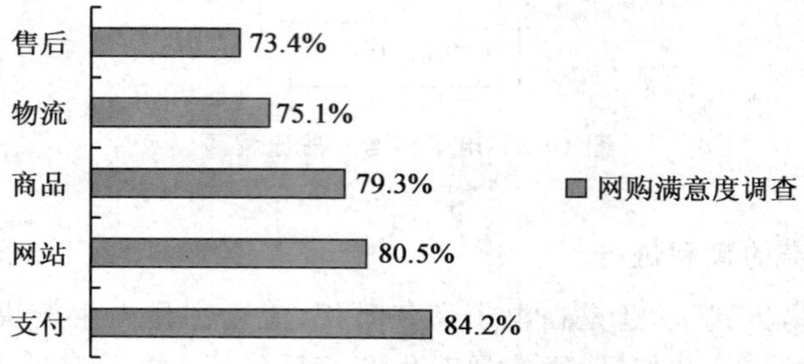

用户对网络购物各个环节满意度

任务二 认识电子商务与物流配送

【任务描述】

本项任务要求我们了解电子商务与物流配送的关系,包括电子商务配送的概念、电子商务物流配送的特点、电子商务对物流配送的影响。

一、电子商务配送的含义

电子商务下的配送和以往的配送是完全不同的配送,是建立在社会化、信息化、系统化基础上的物流配送。它是指物流配送企业采用网络化的计算机技术实现整个贸易活动的电子化、快速化。针对社会需要,按照客户的要求,对企业所提供的商品进行一系列分类、整理、配货、配装、送货等活动,以准确的时间、变量、地点为客户提供满意服务的配送。电子商务物流配送彻底改变了传统流通领域的经营方式和盈利模式,更有力地支持了现代制造企业的产品制造和流通企业的市场营销战略。电子商务下的物流配送能使商品的制造和流通较传统的物流配送方式更容易实现信息化、自动化、现代化、社会化、智能化、合理化效益化,更方便地做到货畅其流,物尽其用,减少生产企业的库存,加速资金周转,提高物流配送效率,降低物流配送成本，进而降低商品的成本和价格，提高全社会的购买力，改善人民生活水平，提高社会福利。

二、电子商务配送的特点

企业在电子商务条件下的配送和传统的配送是截然不同的，物流配送的特点主要表现在以下几点：

1. 物流配送信息化

物流配送信息化表现为物流配送信息的商品化、信息收集的数据库化和条码化、信息处理的电子化和计算机化、信息传递的标准化和实时化、信息储存团数字化等方面。条码技术、数据库技术、电子订货系统、电子数据交换、快速反应及有效客户反应、企业资源计划等在物流配送管理中得到广泛应用。没有物流的信息化，任何先进的技术设备都不可能应用于物流配送领域，信息技术在物流配送中的广泛应用改变了物流配送的方式和服务模式。

2. 物流配送自动化

自动化的基础是信息化，自动化的核心是机电一体化，自动化的外在表现是无人化，自动化的效果是省力化和效率化。另外，自动化还可以扩大物流配送作业能力、提高劳动生产率、减少物流配送作业的差错等。物流配送自动化有条码、语音、射频等自动识别系统、自动分拣系统、自动存取系统、自动导向车、货物自动跟踪系统等。这些自动化设施设备已经在物流配送作业流程中，在我国还未得到广泛应用。

3. 物流配送网络化

物流配送服务领域网络化的基础也是信息化，这里指的网络化有两层含义：一是物流配送系统的计算机通信网络，包括物流配送中心与供应商或制造商的联系要通过计算机网络，另外与下游顾客的联系也要通过计算机网络通信。例如，配送中心向供应商发出订单，就可以使用计算机通信方式，借助于电子订货系统（EOS）和电子数据交换技术（EDI）来自动实现，物流配送中心通过计算机网络收集下游客户的订货的过程也可以自动完成。二是组织网络化及所谓的企业内部网。物流配送网络化是物流信息化的必然结果，是电子商务下物流配送活动的主要特征之一。全球网络资源的可用性及网络技术的普及为物流配送的网络化提供了良好的外部环境，物流配送网络化成为物流配送的必然趋势。

4. 物流配送智能化

物流配送智能化是物流配送自动化、信息化的一种高层次应用。物流配送作业过程中大量的运筹和决策，如库存水平的确定、运输配送路径的选择、自动导向车的运动轨迹和作业控制、自动分拣、物流配送中心经营管理的决策支持等问题都需要借助于大量的智能化来解决。在物流配送自动化过程中，物流配送智能化是一项必要的不可回避的技术难题。

5. 物流配送柔性化

柔性化原是生产领域为实现“以顾客为中心”而提出的，但要真正做到柔性化，也就是根据顾客的需求的变化来灵活调整生产工艺，没有配套的柔性化物流配送系统是不可能实现的。20 世纪 90 年代以来，生产领域提出的 FMS、C1MS、MRP、ERP 等概念和技术的实质就是将生产、流通进行集成，根据顾客的需求组织生产，安排物流配送活动。柔性化物流配送活动正是适应生产、流通与消费者对商品需求多样化、差异化和个性化，而发展起来的新兴物流配送模式。

◆【知识拓展10.3】关于柔性化的说法

柔性化是一组数控机床和其他自动化的工艺设备，由计算机信息控制系统和物流自动储运系统有机结合的整体。柔性制造系统由加工、物流、信息流三个子系统组成。

柔性制造系统是由统一的信息控制系统、物料储运系统和一组数字控制加工设备组成，能适应加工对象变换的自动化机械制造系统(Flexible Manufacturing System，FMS)。FMS的工艺基础是成组技术，它按照成组的加工对象确定工艺过程，选择相适应的数控加工设备和工件、工具等物料的储运系统，并由计算机进行控制，故能自动调整并实现一定范围内多种工件的成批高效生产(即具有"柔性")，并能及时地改变产品以满足市场需求。FMS兼有加工制造和部分生产管理两种功能，因此能综合地提高生产效益。FMS的工艺范围正在不断扩大，可以包括毛坯制造、机械加工、装配和质量检验等。20世纪80年代中期投入使用的FMS，大都用于切削加工，也有用于冲压和焊接的。采用FMS的主要技术经济效果是：能按装配作业配套需要，及时安排所需零件的加工，实现及时生产，从而减少毛坯和在制品的库存量，及相应的流动资金占用量，缩短生产周期；提高设备的利用率，减少设备数量和厂房面积；减少直接劳动力，在少人看管条件下可实现昼夜24 h的连续"无人化生产"；提高产品质量的一致性。(编者整理)

三、电子商务配送与传统配送的比较

传统的物流配送是在商品经济不太发达的计划经济时期或市场经济发展初期所进行的一种物流配送活动。那时的物流配送是与当时社会经济发展水平相适应的，由于社会生产力发展水平有限，社会再生产过程中的生产、流通、分配和消费的矛盾主要集中在生产过程，也就是生产能力的不足同人们消费的矛盾，所以，此时的市场特征是卖方市场。而电子商务配送是市场经济比较发达，生产力发展水平较高，社会分工较细，社会再生产过程中的主要矛盾已由生产领域转向流通领域的结果，此时的市场已由卖方市场变为了买方市场，同时计算机技术、网络技术、通信技术的发展和广泛应用也为电子商务配送提供了基础条件。

电子商务配送和传统配送都是送货，但二者区别在于：传统配送可能是一种偶然的行为，而电子商务配送却是一种固定形式，是一种有确定组织、确定渠道，有先进装备和先进技术，而且准确度很高的送货；传统配送是生产企业或流通企业的一种推销手段，而电子商务配送则是社会化大生产，高度专业化分工，高度信息化、网络化的产物，是符合商品生产及商品流通社会化的发展趋势；传统配送是被动的，只能满足顾客的部分需求，有什么送什么，有多少送多少，而电子商务配送则是主动的，将顾客的需求作为目标，完全根据顾客对货物需求的数量、品种、时间和地点等送货；传统配送一般只送自己生产或销售的货物，而电子商务配送是按照顾客需要组织货源。

传统配送过程是有多个业务流程组成的，受人为因素影响和时间影响很大。网络应用可以实现整个过程的实时监控和实时决策，新型物流配送的业务流程都由网络系统连接，当系统的任何一个神经末端收到一个需求信息时，该系统都可以在极短的时间内作出快速反应，并可以拟订详细的配送计划，启动各个作业环节，而这一切工作都是由计算机根据人们事先设计好的程序自动完成的。

在传统物流配送管理中，由于信息交流的速度慢，所需的时间长，企业完成一个配送过程的时间也比较长。随着网络信息技术的应用,人们进行信息交换的时间大大缩短,任何一个有关配送的信息和资源调配的指令通过网络可以在瞬间完成。

传统的物流配送企业需要建有一定规模的仓库,并且要有大量的商品储存,防止发生缺货的现象导致企业发生缺货损失。而电子商务系统配送,网络化的虚拟企业将分散在各地的分属不同企业的仓库,通过网络系统连接起来使之成为虚拟仓库,进行统一管理和调配,配送服务的范围和货物调度的数量和种类显著增加,这样不仅可以降低库存,节约资金,还可以保证并且提高服务质量。同时,企业在组织资源的速度、规模、效率和资源的合理配置上都比传统的物流配送更具优势。在电子商务配送方式下,人们认识到收集、储存、掌握信息比储存商品更经济,更有效。

◆【知识拓展 10.4】网络人群消费动机分析

2010年中国网络购物市场研究报告显示,网络购物人群的消费动机中追求求方便快捷、价格便宜是用户进行网购的主要动机。有50%的用户认为方便快捷是其使用网购最主要的原因。在追求便捷的消费心理推动下,大而全的购物商城和每日一团的团购网站得到了快速发展。其次是价格便宜,有24.8%的用户网购最主要的原因是价格便宜。还有9.1%的用户为了节省时间而网购。主要由于时尚有趣而选择网络购物的用户有4.3%。看到周围人在网上买东西而开始网购的用户有1.7%。物流配送方面,用户满意度最高的是京东商城、凡客诚品,满意度分别为86%和83.2%。相对而言,通过自建物流提供配送服务的购物网站,配送满意度较高。除了易趣网,用户对淘宝网的物流服务满意度相对也较低,满意用户为66.6%。从中可以看出网络购物对现代化的物流配送的巨大需求。

四、电子商务对传统物流配送的影响

电子商务的产生和发展对传统物流配送的影响主要表现在以下几方面:

1.改变了传统物流配送的观念

传统的物流配送企业需要建有一定规模的仓库,并且要有大量的商品储存,以备企业送货的需要,而电子商务系统网络化的虚拟企业将分散在各地的分属不同企业的仓库,通过网络系统连接起来使之成为虚拟仓库,进行统一管理和调配使用,服务范围和货物调度的数量和种类增加了。这样,企业在组织资源的速度、规模、效率和资源的合理配置上都是传统的物流配送所不可比拟的,在电子商务配送方式下,使人们认识到收集、储存、掌握信息比储存商品货物更经济,更方便灵活,更能应对市场风险。

2.网络对物流配送的控制改变了物流配送管理程序

企业的管理方法与管理手段是密切相关的,管理手段不同管理方法随之改变。先进电子商务系统的使用,会给一个企业带来全新的管理方法。传统物流配送过程是由多个业务流程组成的,受人为因素影响和时间影响很大。网络技术的应用可以实现整个过程的实时监控和实时决策。新型物流配送的业务流程都由网络系统连接,当系统的任何一个神经末端收到一个需求信息时,该系统都可以在极短的时间内作出快速反应,并可以拟订详细的配送计划,启动各个作业环节,这一切工作都是由计算机根据人们事先设计好的作业程序自动完成的。

3.物流配送效率会大大提高

在传统物流配送管理中,由于信息交流的速度慢,所需的时间长,企业完成一个配送过程的时间也比较长，随着网络信息技术的应用，人们进行信息交换的时间大大缩短，任何一个有关配送的信息和资源调配的指令通过网络可以在瞬间完成，效率得到了大大的提高。

4. 网络系统的应用，简化了物流配送过程

传统物流配送整个过程比较复杂，而通过网络化的新型物流配送系统的设计，就可以大大缩短这一过程。在网络支持下的新技术可以在网络环境下更加方便灵活地被使用。它使物流配送周期缩短，其组织方式也会发生变化，计算机系统管理可以使整个物流配送管理过程变得简单和容易，网络上的营业推广和销售可以使用户购物和交易过程变得更有效率，费用更低。

【同步训练 10.2】电子商务下的配送与一般的配送有何区别？

任务三　选择电子商务物流配送模式

【任务描述】

本项任务要求我们了解电子商务下物流配送的模式，掌握电子商务下物流配送模式的选择。

一、电子商务物流配送模式

物流配送具有系统性和协作性的特点，将商品经济活动中所有的供应、生产、销售、运输、库存及相关的信息流动等活动视为一个动态性的系统总体，需要供应商、分销商、消费者及第三方共同配合才能完成。但是，由于我们国家受计划经济体制的影响，物流配送在系统性和协作性方面还有很多工作要做。改革开放以来，尤其是我国加入世界贸易组织以后，为了应对国内和国际市场的竞争，物流配送企业也在不断探索适合自身发展的物流配送经营模式和盈利模式，形成了以下几种电子商务配送模式：

1. 自营物流配送模式

采用自营物流配送模式的企业主要是一些工商企业（即货主企业），尤其是规模较大的工商企业，为了满足企业自身对原材料、零部件和商品采购及本企业商品销售的需要，利用企业原有的人力资源、仓库、专用线、运输设施设备和装卸设备及分销网络，自行开展物流配送活动，这种模式有利于企业供应、生产和销售的一体化作业，系统化程度相对较高，既可以满足企业内部原材料、半成品及产成品的配送需要，又可满足企业对外拓展市场的要求。如海尔成立电子商务有限公司和国内一些 B2C 企业建立自己的物流配送公司等。

2. 第三方物流配送模式

第三方物流配送是指物流配送业务的供方、需方之外的第三方去完成的物流配送服务的物流配送运作方式。第三方就是指提供物流配送交易双方的部分或全部物流配送功能的外部服务提供者，是电子商务配送社会化、专业化的一种形式。工商企业不拥有自己的任何物流配送实体，将本企业对商品的采购、储存和配送等业务都交由第三方完成。如在淘宝上开店的个

人用户一般都选择快递公司来完成货物的配送工作。

◆【知识拓展 10.5】淘宝合作的物流企业

合作物流公司	运费(元)	时效(d)
E 邮宝	14	3～5
申通 E 物流	38	1～2
圆通	11	1～2
中通速递	10	2～3
宅急送	7.5	2
韵达快运	9	2
天天快递	6.5	1～2
汇通快运	8.0	2
顺丰	14	1

3. 自营和外包相结合的配送模式

采用这种模式的企业是因为，投资建立一个完整的物流配送体系的风险太大，建设周期比较长，而且占用企业较大的资金量，一旦企业的经营业务有较大波动，就会出现企业物流配送系统资源的闲置或紧张，给企业的经营活动带来被动。企业自身有一部分配送资源，但有时不能满足企业零时性需要，还需要把一部分物流配送业务外包给第三方物流配送企业来完成。

4. 战略联盟配送模式

企业要想既降低风险，又能获得满意的物流配送服务送企业或供应商建立战略伙伴关系。

总之，电子商务配送是未来经济的发展趋势，我们要想在这种趋势中得到很好的发展和壮大，必须选择一个最适合我们企业自身发展需要的电子商务配送模式。2010 年主要购物网站选择的物流配送模式如表 10-1 所示。

表 10-1　2010 年国内主要购物网站物流配送模式

购物网站	支付方式(除网银和信用卡)	物流配送	赔付制度
淘宝网	支付宝卡通、货到付款	第三方物流	先行赔付，7 天退换
拍拍网易	财富通	第三方物流	先行赔付，7 天退换
趣网	安付通	第三方物流	
京东商城	货到付款、快钱、支付宝、财付通、中国移动手机支付	自营物流	价格保护　售后 100 分
当当网	货到付款、快钱、支付宝、财付通、首信易支付	第三方物流	退换货服务
凡客诚品	支付宝、财富通、快钱、网汇通、货到付款	自营物流	退换货服务
卓越网	支付宝、首信易支付、货到付款	自营物流	退换货服务
麦考林	财付通、快钱、支付宝、货到付款	第三方物流	10 天无条件退货
新蛋网	支付宝、财付通、快钱、环迅、货到付款	自营物流	退换货服务
红孩子	货到付款、财付通、快钱、支付宝、中国移动手机支付	自营物流	退换货服务
1 号店	财付通、支付宝、银联、招商银行、快钱、万隆卡、货到付款	第三方物流	退换货服务

二、电子商务配送模式分析

电子商务配送模式虽然有上面几种，但从大的方面讲，可以分为两种，即自营模式和外包模式。无论企业采用哪种方式，都应该趋利避害，尽可能地充分利用其优势，尽量避免其对企业的危害。两种模式的优劣主要体现在以下几个方面：

1. 自营电子商务配送模式

自营模式是指企业自己拥有并管理经营企业的电子商务配送系统和配送设施设备。这种模式的优点是：第一，可以使企业的原有的物流配送设施设备得到尽可能的利用，减少资源的闲置和浪费；第二，在企业富余人员较多的情况下，由企业自己来经营和管理电子商务配送系统和配送设施设备，可以解决企业部分人员的就业压力；第三，便于企业对整个电子商务配送系统的控制，使之更好地为企业的产品制造和市场营销服务。

自营电子商务配送模式的不足主要表现在：第一，自营模式投资巨大，周转期长，企业的投资经营风险大；第二，分散企业的人力、物力、财力，不利于企业的专业化经营，不利于企业把有限的资源用在优势产业上，充分发挥其核心竞争力；第三，当企业的业务量较大时，企业的物流配送成本可能还可以承受，当业务量较小时，物流配送成本就会增加，不利于企业的规模化经营的需要；第四，当企业产品结构或服务区域范围需要调整时，就会出现原有的物流配送设施、设备等较难适应新业务的需要的情况。

2. 外包电子商务配送模式

外包电子商务配送模式就是把企业的物流配送业务，通过契约的方式承包给第三方物流配送企业来完成。这种将电子商务配送外包模式的优点体现在：第一，符合社会专业化分工协作的要求，有利于规模化经营，可以提高物流配送效率，降低物流配送成本；第二，可以把企业的各种资源用在有竞争优势的地方，增强企业的核心竞争力；第三，方便企业的业务调整，当企业的产品结构或经营空间需要调整时，可以同其他物流配送企业再签订物流配送服务的协议；第四，可以减少企业投资物流配送系统的投资风险。

企业采用外包电子商务配送系统的缺点表现在：第一，不利于本企业对物流配送渠道的控制，有时会使企业受制于人；第二，当企业的业务量很大时，物流配送业务外包，反而不利于企业降低物流配送成本。因为自营物流配送业务时固定成本大，变动成本小，若物流配送业务外包，则所有成本都是变动成本，当企业业务量很大时。外包配送业务的物流配送成本会超过成本平衡点时的成本。所以，企业是采用电子商务物流配送业务自营模式还是外包模式还应考虑企业业务量的大小。

在以上两种电子商务物流配送模式中，外包模式更符合社会经济发展的趋势。无论是制造企业、流通企业，还是物流企业，都必须走社会化、规模化、专业化、信息化和标准化的道路，才更有竞争力。

【同步训练 10.3】请分别列举采取自营物流配送模式和外包物流配送模式的电商企业各一家，并谈谈你更倾向于哪种物流配送模式。

◆【知识拓展 10.6】中国电子商务市场面临的物流挑战

科尔尼公司发布了其最新撰写的"深度解析中国电子商务市场:增长机遇与物流挑战并存"白皮书。该白皮书研究了中国电子商务市场进一步发展的推动因素,网商面临的机会和挑战,尤其是在物流方面。科尔尼认为,如果网商能迅速正确地应对物流挑战,则其发展不会因物流市场的滞后而受阻碍。

在短短五年中,中国的电子商务市场俨然已经成为一股不容小觑的力量。从2004年的49亿元至2009年的2 134亿元,市场规模以超过90%的年复合增长率快速增长。综合易观国际及艾瑞咨询的市场预估,截至2014年中国的电子商务市场规模将超过11 500亿元。

文中指出,网购领域的三大趋势,将进一步刺激市场规模的增长和竞争方式的改变;网上购物渠道的拓展进一步刺激网购交易量的增长;B2C交易量的增加对客户体验和递送服务质量要求;地域分布的延拓扩大递送服务覆盖范围。

这些趋势将导致急剧增多的网购订单需要处理和递送,更多的商品需送至相对偏远的地区,同时客户对递送速度和服务质量的要求不断提高。物流以其在客户体验过程中的重要地位,将愈加成为电子商务差异化竞争的关键点。如何提供快速可靠的递送服务,同时有效控制物流成本,对网商的盈利性增长举足轻重。

基于对电子商务和物流行业的深刻认识,科尔尼认为网商可以运用三种战略来应对这些挑战:

自建网络。许多大型网商选择建立自己的内部物流网络,以确保质量。通过控制和改进物流服务资源,来提升递送速度,改善客户体验,促进业务增长。同时,设立新的服务标准,提高行业竞争门槛。

外包。由于规模和能力的欠缺,大多数网商还是会选择将其送货服务外包给第三方快递或物流公司。科尔尼将中国的快递公司分为两大类:大型网络和基本服务。这类快递公司具较大的网络覆盖面,通常依靠加盟模来实现网络的迅速扩张。这类公司大多数只提供基本服务,而较为复杂的服务,如货到付款(COD),在他们许多服务区域内仍然是一大挑战。

小型网络和更复杂的服务。这一类快递公司主要以自营为主,大多数公司的网络覆盖面相对较小,且他们的服务侧重于在区域范围内提供完备的增值服务,如货到付款(COD)、定制的送货服务和仓储。这类公司的代表包括部分本地民营企业(如特能),以及大部分国际公司。他们中许多公司尽管网络覆盖有限,但是能提供更广泛的、可靠一致的服务。

科尔尼公司指出,随着电子商务的快速发展和物流挑战的日益突出,当前正是网商和物流服务商寻求发展的最佳时机。由于电子商务广泛的服务地域范围和迅猛的发展,单靠网商的内部物流能力不足以提供最佳解决方案,真正有效的方案更可能在于网商和领先物流企业之间的战略合作。科尔尼预期在不久的未来,网商和新兴物流领先企业之间的伙伴关系将成为市场成功的关键,并改变中国电子商务的物流市场格局。

【项目回顾】

通过本项目的学习，使我们对电子商务环境下的物流配送有了初步的认识，明确了电子商务物流的含义和基本特征。掌握了电子商务物流配送的几种不同模式。这一项目将为我们今后在电子商务物流配送的实践工作中做好准备。

课后训练

一、理论训练

(一)不定项选择题

1. 电子商务包括(　　)。

A. 物流　　B. 资金流　　C. 信息流　　D. 商流

2. 以下对商流的描述正确是有(　　)。

A. 商流是实现物的实体流动　　B. 商流包括流通

C. 商流是物的所有权的转移　　D. 物流包括商流

3. 电子商务物流配送的特点有(　　)。

A. 物流配送信息化　　B. 物流配送自动化

C. 物流配送网络化　　D. 物流配送智能化　　E. 物流配送柔性化

4. 物流配送的信息技术有(　　)。

A. 条码技术　　B. 数据库技术

C. 电子订货系统　　D. 电子数据交换

5. 物流配送网络化包括(　　)。

A. 物流配送系统计算机网络化　　B. 物流配送组织网络化

C. 企业网络化　　D. 信息网络化

6. 电子商务物流配送模式包括(　　)。

A. 自营模式　　B. 第三方物流模式

C. 自营与外包相结合　　D. 战略联盟模式

7. 电子商务的目的包括(　　)。

A. 高效率　　B. 低成本　　C. 数字化　　D. 全球化

8. 自营配送模式的不足之处有(　　)。

A. 能发挥企业核心竞争力　　B. 投资大

C. 经营风险大　　D. 不利于提升服务质量

9. 淘宝网采用的主要是以下哪种配送(　　)。

A. 第三方物流配送　　B. 自营配送

C. 共同配送　　D. 协同配送

10. 企业选择第三方物流配送模式的好处是(　　)。

A. 投资小　　B. 能够提供专业化的服务

C. 风险低　　D. 成本高

(二)判断题

1. 电子商务的本质是电子信息技术。(　　)

2. 物流是连接生产和消费的纽带。(　　)

3. 电子商务是电子化的购物市场。(　　)

4. 商流服务于物流。(　　)

5. 电子商务配送和传统配送都是送货,没有任何区别(　　)

6. 物流是电子商务的重要组成部分。(　　)

7. 商务的核心内容是商品的交易。(　　)

8. 企业在规模较小时比较适合采用自营物流配送的方式。(　　)

9. 第三方物流配送模式不容易产生规模经济的优势。(　　)

10. 物流配送自动化还可以扩大物流配送作业能力、提高劳动生产率、减少物流配送作业的差错等。(　　)

(三)简答题

1. 广义电子商务包含的内容。

2. 说明电子商务与物流的关系。

3. 说明电子商务物流配送的影响。

4. 分析电子商务下物流配送的模式。

二、案例讨论:让四方受益的物流宝

在 2008 年的时候,腾讯下属企业拍拍网的朋友找到我,提及 c2c 的一个仓储物流的一个计划,谈了很长时间,这大约是我们并不知道淘宝的仓配一体化的计划的情况下讨论并制定的一个类似淘宝仓配一体化的规划案,并一直讨论到 2009 年底,腾讯拍拍发了一份 offer 给我,那时候,淘宝的仓配一体也已经开始上线了,淘宝的仓配一体化也就是物流宝。

从淘宝的仓配一体化的概念,我们可以看到一些极为熟悉的东西,这些东西,在很早之前在亚马逊这家企业上也曾经看到过,而且亚马逊到现在还在做,并将之发挥到极致。

淘宝的仓配一体化,实际上我们很容易理解,我曾经和一些朋友很仔细的分析过,淘宝这样的举动,实际上是四方受益,并有效的将前期的成本中心,直接转化为利润中心,并且得到了更高的客户体验,培养了更多的商户的对淘宝的依赖性,淘宝操作越简单,商家很容易产生依赖心理,一心想着,我负责货源和放在平台上卖了数钱就行了,其他全交给淘宝。像这样生意谁不愿意去做呢?这实在是太方便了,任何人,甚至忙得不行的上班族也可以做自己的第二产业。

淘宝仓配一体需求分析

卖家需求。淘宝上的中小型卖家群体相当大。马大帅自己也说过,淘宝是为中小型企业(卖家)服务的,但中小型的卖家的难点在于,如何用较有限的资金去完成一些可能会超过承受力的一些服务或运作,例如,库存问题,订单量不多且不集中导致对供应商或物流公司没有更有力的议价能力,从而造成在整个供应链环节上的成本过高,这个现象也造成了更多的希望加入淘宝,而因为成本总是还在门口徘徊,而这个并不符合马大帅建立大淘宝概念的初衷。

买家的需求。当卖家成本过高,没办法的情况下,将部分的成本转嫁到买家身上时,买家就头疼了,买家就会去光顾一些山寨的商家,信用度不佳的但价格足够吸引人的一些商家进行消费,一旦消费体验不佳,对淘宝产生了逆反及排斥心理,真正头疼的将会是淘宝,如果不有效的建立一个合理的有效的入驻机制,最终最大的损失方将会是淘宝。

物流公司的需求。很多物流公司在交流的时候总是会提及,不是他们不想做淘宝的生意,而是淘宝的生意太难做,倒也不是价格上的问题,价格是低,但总归会有些利润的,真正的难点在于淘宝的商家过于分散，取货的成本相当的高，这样一核算，实际是没有利润了，一不小心可能还会亏，物流这个行业的特质在于，人力成本低，人力成本低有一个大概的共性，就是人员的普遍学历不高，质素相对较低一些，甚至包括一些老板，他们是很实在的，挣钱的生意，他们努力地做，不挣钱的是碰也不会碰的。我们仔细地看一看淘宝商城中的几个指定的快递公司，如顺丰、联邦、百世、特能、星辰急便等，我找了两家公司的高管聊了，联邦给出淘宝的价是原价的8折左右，但淘宝给特能的价格是一票5块钱！为什么会相差这么大？不关企业规模的事，不关企业诚信的事。只有一点，谁可以提供更好的客户体验，谁就可以有更高的议价能力。这点可以看到，实际淘宝是在做一种权衡，低价的商家发相对弱一些的物流公司，高价值对服务有较高要求的商家发相对可靠及服务相对要好的物流公司。

仓配一体可以具体操作及产生的效果。

仓储的集散整合。淘宝做平台，除了做线上的平台，也会做线下的平台，淘宝将成千上万的小商家的货源集中到淘宝大仓进行集中管理、运作。这些成本，包括场地、设备、系统、拣货等各种仓储作业及营运成本，原本是由各个商家独立承担的，但在进行统一化管理，将整个大仓的成本转嫁到每个商家，每个订单，每一件产品上去，这样成本有效地进行了分摊，而这些成本对于商家原来支付的成本而言，几乎可以忽略不计。而中小型的商家只需支付少许的仓库管理费用则可以完成原本需要更多成本完成的工作，这样的政策对中小型的商家有着不小的吸引力。这实际上是双方受益！

物流的集散整合。上述已经说明，淘宝上的中型商家，因为订单量少且不集中，而造成对物流公司没有议价能力，物流公司则因为取件区域过于分散，取件成本过高造成物流公司不愿意去接受这样的商家的订单配送或不肯以较合理的价格进行合作，这是双方的一个很心疼的地方，一方面商家看着自己的成本比别人高，一方面物流公司看着明明可以挣的钱，却因为怕风险过高而不敢去接。淘宝的仓配一体的计划在于将平台的中小型商家进行集中储存，集中发运。一个商家每天发个几单十几单，和100个商家每天发个几百单上千单的概念完全不同，对着物流公司有着很大的吸引力，集中提货，集中发运，这是物流公司更乐意看到的，试问，每天发多少个订单才算有议价能力呢？100单？1 000单？大家都知道淘宝每天要出去多少个订单吧。北上广三个区域商家进驻已经是很可观的数字了，这样对物流公司的议价能力就大大提高了。物流公司也解决了取货成本高的问题了。

资金的集散整合。实际上在以上所述中，很关键的环节是没有提及到的，就是资金流通的问题，如果一旦全线开通可以选择的信用卡支付或代收货款服务的话（打个比方而已，我知道有支付宝），难道要物流公司在收到款了，有退货了，再一个一个商家去退款或货吗？不不，这个是不合理的！没有物流公司愿意和几百上千家商家单独结算，单独退款，单独退货。我们想一想，有支付宝啊，有支付平台啊，有哪家企业比支付宝更方便的进行账款的清算和分流呢？无非也就是一个程序进行一个小小的更新罢了，物流公司将货款直接打到淘宝官方指定的平台，由平台进行对各个订单的商家进行资金的分流，退货则更好说，中小型的商家的货本来就放在淘宝的大仓嘛，哪取的就退回哪，这是行规！

为什么有支付宝了，还要开通货到付款！因为这是国情，这是市场需求，一二级城市可能会接受并习惯了支付平台的运作，但二级以前城市消息的消费者呢，会更倾向看到实物后，再付款。当然这中间接受度不高的原因来自网上的电视上的更多的一些虚假产品或山寨消息的不良引导，造成了普遍不信任线上购物的一种心态，所以在市场没有整合好，没有完善前，开通货到付款是必经的一个过程，这也是为什么大型的B2C会采用自建物流中心或找区域性的货到付款的配送公司的重要原因之一。这些目的就是：一是培养市场的消费习惯，二是提升客户体验，三是主导消费市场。这三点有必要循序渐进，最终达成一个较完美的远景。

淘宝的仓配一体化让四方受益

第一方，淘宝本身。淘宝除了吸引更多买卖双方加入外，以服务来获取更大的市场份额，并通过整合的业务，将原来上的一些成本中心转化为利润中心（如仓储、设备、系统、账务等）。另外还可以有效地控制一些山寨货来侵害淘宝本身的一个市场口碑。

第二方，卖家。卖家的成本更低，操作更方便，只管货源和推广，其他的时候就等着收钱。仓储的运营、作业成本、储存、物流的发货，对账清算等成本，不再为了没有议价能力而头疼。

第三方，买家。卖家受益，就不会将额外的成本费用分摊到买家身上，购物更方便，因不同卖家下的不同的订单却只需一笔运费。购物成本更低，且使用淘宝平台的商家大多为合法的标牌的商家，购物风险降低，购物成本降低，这将会是买家感觉最实惠的受益之一。

第四方，物流公司。物流公司避免了高额的提货成本，简化了对账及返款的流程，可能价格是不高，但是有很大的量，足够大到让物流公司眉开眼笑了。

（资料来源：http://www.exam8.com/zige/wuliu/anli/201101/1806440_2.html 经编者整理）

结合以上案例，讨论以下问题：

1. 请用图形说明物流宝的物流模式。

2. 请讨论物流宝让四方受益体现在哪些方面。

三、实战训练：电商的物流配送模式选择

1. 实训技能点

电子商务物流配送模式的选择。

2. 实训任务

通过网络或实地考察某一家电子商务公司，了解该公司所采取的配送模式，并分析其优缺点。

参考文献

[1] 唐少麟.物流方案设计[M].北京:机械工业出版社,2010.
[2] 吕军伟.物流配送业务管理模板与岗位操作流程[M].北京:中国经济出版社,2005.
[3] 钱芝网.配送管理实务情景实训[M].北京:电子工业出版社,2009.
[4] 李静,李选芒.配送作业的组织与实施[M].北京:北京理工大学出版社,2010.
[5] 苗爱华.配送中心运营管理[M].北京:电子工业出版社,2008.
[6] 季永青,李佑珍.运输管理实务(二版)[M].北京:高等教育出版社,2008.
[7] 叶伟媛.物流基础[M].北京:知识产权出版社,2006.
[8] 杨爱明,李述容.配送管理实务[M].大连:大连理工大学出版社,2009.
[9] 杨敏.配送中心运营管理[M].北京:北京理工大学出版社,2007.
[10] 高明波.物流运输管理实训[M].北京:中国劳动社会保障出版社,2006.
[11] 陈修齐.物流配送管理[M].北京:电子工业出版社,2004.
[12] 吴斌.配送管理实务[M].北京:科学出版社,2007.
[13] 孙红.物流配送中心管理[M].北京:高等教育出版社,2005.
[14] 闫子刚.物流运输管理实务[M].北京:高等教育出版社,2006.
[15] 江少文.配送中心运营管理[M].北京:高等教育出版社,2006.
[16] 刘联辉.配送实务(二版)[M].北京:中国物资出版社,2009.
[17] 朱凤仙.物流配送实务[M].北京:清华大学出版社,2008.
[18] 严霄蕙.运输与配送管理[M].大连:大连理工大学出版社,2010.
[19] 陈平.物流配送管理实务[M].武汉:武汉理工大学出版社,2007.
[20] 祁洪祥.配送管理[M].南京:东南大学出版社,2006.
[21] 张晓莺.运输管理实务[M].武汉:武汉理工大学出版社,2007.
[22] 刘娜.物流配送[M].北京:对外经贸大学出版社,2004.
[23] 宋杨.物流配送[M].大连:大连理工大学出版社,2006.
[24] 黄海滨.电子商务物流管理[M].北京:对外经济贸易大学出版社,2007.